감도(感度)의 기준이 다른 배스 전용

피라루쿠

코베아 낚시 기술의 핵심

코베아만의 독자적인 핸들 제조법,
TNA (Transparency & Amplification)공법 적용
밀폐된 그립 속 공기층이 브랭크를 통해 전해지는 진동을 증폭!!
입질의 패턴까지 전달되는 고감도 기능

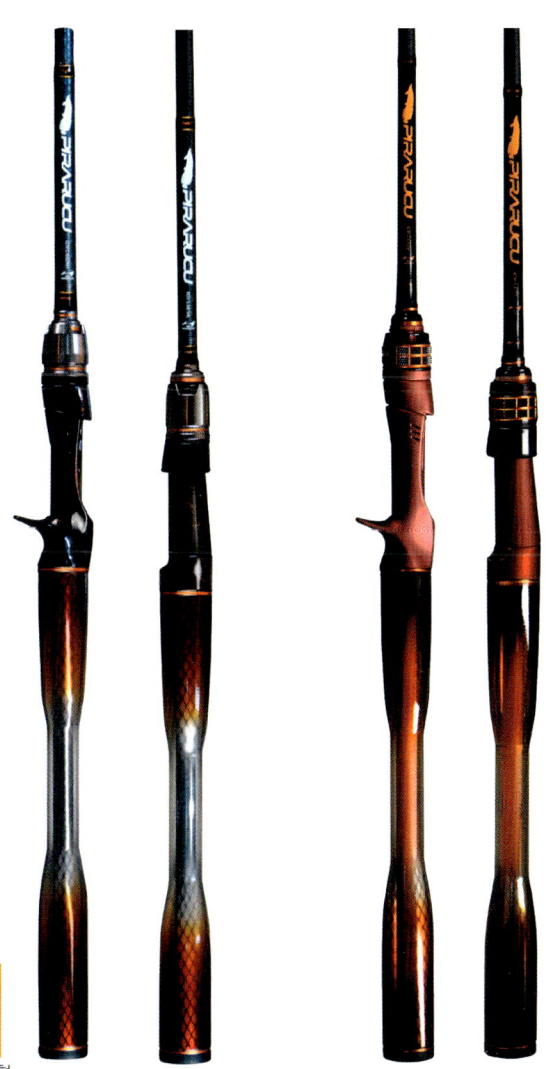

피라루크 고급형
스펙 확인 GO! 〈고급형〉   〈보급형〉 피라루크 보급형
스펙 확인 GO!

코베아쇼핑몰

코베아 공식 인스타그램

GHOST

스타일리시한 유럽 스타일 '고스트'

대형 텐트로 경량성을 유지하면서 내구성까지 구현한 탁월한 설계 밸런스
자연과 어울리는 우아한 컬러와 세련된 디자인
코베아 고스트

GHOST PHANTOM
₩ 1,250,000

GHOST PLUS
₩ 1,050,000

GHOST SHELTER
₩ 730,000

KOVEA Beyond the limits

(주)비젼코베아 인천광역시 계양구 서운산단로1길 87 (서운동)
A/S 및 제품문의 Tel : 1588 - 5515

CONTENTS

PROLOGUE
10 가족, 친구, 연인과 함께 텐트 치고 물고기 낚으며 놀아요!

PART 1 입문하기
22 캠핑낚시의 조건 / 24 월별 캠핑낚시 베스트 / 28 캠핑낚시를 즐기는 방법
30 캠핑낚시 상식 / 36 낚시 도량형 표준표 / 37 수산자원 포획금지기간과 포획금지체장

PART 2 캠핑장비의 선택과 활용
40 텐트 / 46 타프 / 50 침낭·매트리스 / 52 스토브 / 54 화로 / 55 랜턴
56 가구 / 58 코펠 / 59 파워뱅크 / 60 캠핑사이트 만들기 / 64 차박 / 66 캠핑카

PART 3 어종별 낚시법과 낚시터
76 가자미 배낚시 / 78 가자미 원투낚시 / 82 갈치 배낚시 / 84 갈치 연안낚시 / 86 견지낚시
91 고등어 배낚시 / 92 고등어 연안낚시 / 93 광어 배낚시 / 95 광어 연안낚시 / 96 꺽지낚시
98 대구 배낚시 / 100 무늬오징어 에깅 / 102 무지개송어낚시 / 104 문어 배낚시 / 106 바다좌대낚시
107 배스낚시 / 111 보구치 배낚시 / 112 보리멸 원투낚시 / 113 붕어낚시 / 117 붕장어 원투낚시
118 빙어 얼음낚시 / 122 전갱이 대낚시 / 123 주꾸미 배낚시 / 125 참돔 배낚시
128 피라미 대낚시 / 131 학꽁치낚시 / 132 한치 배낚시

PART 4 요리
136 물고기 손질과 보관 / 139 물고기 회 맛있게 먹는 방법 / 140 회 뜨기 / 147 가자미 조림
148 꺽지 회·매운탕·소금구이, 누치 찜·구이·어죽 / 149 대구 찜 / 150 도다리 쑥국
151 무지개송어 삼나무판구이 / 152 문어숙회냉채 / 153 보구치 회무침 / 154 붕장어 소금구이
155 빙어 튀김 / 156 우럭 매운탕 / 157 주꾸미 데침 / 158 참돔 양념장구이 / 159 피라미 도리뱅뱅이

PART 5 캠핑&피싱 매듭법
162 캠핑 소품 활용·매듭법 5 / 165 낚시 기본 매듭법 11

171 판권

PROLOGUE

가족, 친구, 연인과 함께
텐트 치고 물고기 낚으며 놀아요!

물가에 텐트를 쳐놓고 물고기를 낚아 요리해 먹을 수 있는 캠핑낚시는 밖에서 먹고 자는 것에서 더 나아가 낚시를 통해 자연과 교감하는 야외생활이라는 점에서 펜션이나 민박의 그것과는 비교할 수 없다. 요즘엔 럭셔리하면서도 편리한 캠핑장비와 낚시장비가 출시되고 있어 거친 자연 속에서도 아늑하고 손쉽게 집밖의 캠핑낚시를 즐길 수 있다.

사진_우정한, 박준모

흥분과 설렘이 가득한 낚시 준비. 오늘은 뭐가 낚일까?

오늘은 아빠와 물고기 잡는 날. 견지낚시에 나선 부자 캠퍼들.

계곡에서 즐기는 나만의 여유. 이것이 솔로캠핑의 낭만!

단출한 캠핑 짐만 싸들고 오르는 계곡. 백패킹을 하면 오지의 물고기를 만날 수 있다.

캠핑낚시의 대표낚시인 원투낚시. 여성 낚시인이 백사장에서 낚싯대를 휘두르고 있다.

짜릿함! 희열! 물고기를 걸었을 때 내가 자연 속에 살아있다는 것을 느낀다.

겨울낚시의 꽃. 여성 낚시인이 무지개송어를 뜰채에 담고 있다.

빙판은 아이건 어른이건 모두 동심으로 돌아가게 만든다. 빙어 캠핑낚시의 한 장면.

밤이 찾아왔다. 루어가 감성랜턴처럼 반짝인다.

노릇노릇하게 익어가는 빙어. 캠핑낚시는 직접 낚은 물고기를 요리해 먹는 즐거움이 있다.

물고기가 익어가는 캠핑장의 밤.

낚시 가기 전 실습 중. 캐스팅 방법을 배우고 있다.

캠핑낚시의 조건
낚시방법이 쉽고 낮에 잘 낚여야 한다

이 책에서 다루는 캠핑은 가족이 함께하는 패밀리캠핑이다. 낚시인이 혼자서 또는 낚시 동료와 떠나는 캠핑이라면 사실 낚시가 주가 되고 캠핑은 뒤로 밀리기 쉽다. 낚시는 알아서 하고 평소보다 편한 잠자리와 먹거리를 챙기는 정도다. 하지만 아이들이 함께하는 캠핑에선 잠자리며 먹거리를 함부로 할 수 없다.

낚시는 아이들이 더 좋아한다. 아내가 함께 낚시를 즐길 수 있으면 캠핑낚시만큼 더 훌륭한 아웃도어 콘텐츠도 없을 것이다. 그러기 위해선 가족 모두 낚시를 즐길 수 있도록 준비를 해야 한다. 가족낚시를 위한 콘텐츠가 필요한 것이다.

10년 전 캠핑업체가 주최한 캠핑행사를 취재한 적이 있다. 강원도의 대형 캠핑장을 빌려 진행된 행사는 캠핑문화의 다양성을 목적으로 캠핑과 접목할 수 있는 카약, 트레킹 등 여러 아웃도어 체험 프로그램을 준비했는데 그중 낚시도 있었다.

낚시체험 프로그램은 이름만 들으면 알 수 있는 유명 루어낚시인이 여럿 나와 강좌와 실습을 맡았는데 프로그램 초반의 높은 호응도와 달리 결과는 그리 좋지 못했다. 스피닝릴 장비 사용법과 캐스팅 요령을 익힌 참가자들은 캠핑장 옆의 강을 찾았는데 3시간 동안 진행된 낚시체험에서 아무 것도 낚지 못했기 때문이다.

주최 측에선 꺽지가 낚인다고 했지만 이날 낚시를 처음 배운 참가자들이 요행으로도 고기를 낚을 가능성은 낮아 보였다. 일단 시간대가 고기가 물기는 어려워 보이는 한낮이었고 포인트가 강 중심에 형성되어 있어 그곳까지 루어를 날릴 만한 참가자는 보이지 않았다. 고기가 안 낚이자 참가자들은 얼마 안 있어 흥미를 잃고 지루해 했다. 차라리 고기가 잘 낚이는 아침 일찍 일정을 잡고 거리가 있더라도 고기 많은 낚시터를 찾았으면 어땠을까 하는 아쉬움이 남았다.

캠핑업체의 낚시체험 프로그램 취재기

캠핑과 함께 낚시를 즐기려면 캠핑과 어울리는 낚시와 낚시터를 찾는 게 중요하다. 한 자리에 오래 머무를 수밖에 없고 밤시간이 중요한 캠핑에서 밤새 찌를 봐야 하는 붕어낚시를 즐길 수는 없기 때문이다. 캠핑에 어울리는 낚시가 따로 있는 것이다. 캠핑에 적합한 낚시의 조건을 따져보면 아래 네 가지로 정리할 수 있다.

첫째, 낮에 잘 낚여야 한다. 캠핑에서 밤 시간은 동행한 이들과 함께 시간을 보내야 한다. 캠핑의 하이라이트인 셈이다. 낚시 등 캠핑과 별개로 무엇을 따로 해야 한다면 낮에 해야 한다. 물고기는 각기 잘 낚이는 시간대가 있다. 낮에 잘 낚이는 물고기가 있고 밤에 잘 낚이는 물고기가 있는 것이다. 붕어, 쏘가리, 메기, 장어, 동자개, 갈치, 볼락, 호래기, 한치 등은 밤에 잘 낚이는 어종이다. 그와 비교해 배스, 무지개송어, 꺽지, 파라미, 빙어, 광어, 가자미, 문어, 주꾸미 등은 낮에 입질이 잦은 물고기들이다. 낮에 물고기를 잡고 밤에 그 물고기로 요리해 먹을 수 있다면 가장 이상적인 캠핑낚시 스케줄일 것이다.

둘째, 낚시방법이 쉬워야 한다. 낚시에도 난이도가 있다. 조황에 따라 다르겠지만 어떤 낚시는 하루 종일 해서 한두 마리만 낚아도 성공인 낚시가 있다. 쏘가리, 농어, 감성돔, 참돔 등 낚시인이 아니더라도 귀한 고기로 여겨지는 물고기는 전문 낚시인이 몇 번이나 낚시를 가도 못 잡고 돌아오는 일이 많다. 이런 '하드한' 낚시는 짧은 시간밖에 낚시를 할 수 없는 캠핑낚시와는 어울리지 않다. 아침 서너 시간 또는 오후 서너 시간 낚시해서 잡을 수 있는 물고기가 캠핑낚시 대상어로 적합하다. 피라미, 빙어, 고등어, 전갱이와 같이 낚시 방법이 그리 어렵지 않고 잘 낚이는 어종이 어울리는 것이다.

낚시를 처음 접하는 아이들도 조금만 요령을 익히면 물고기를 낚을 수 있다. 그런 점에서 미끼를 던져 두고 낚일 때까지 기다리기만 하면 되는 원투낚시가 캠핑낚시와 잘 맞는다. 낚싯대만 있으면 무릎 수심의 여울에서 피라미, 모래무지 등을 쉽게 낚을 수 있는 견지낚시도 캠핑낚시와 궁합이 잘 맞는다. 물고기를 방류해 놓은 민물 유료낚시터, 바다좌대낚시터, 배낚시는 입어료나 뱃삯을 지불해야 하긴 하지만 물고기를 낚을 확률이 매우 높아 캠핑과 접목해 시도해볼 수 있는 낚시방법이다.

잘 낚이고 낚시방법 쉬워야

셋째, 낚시장비가 단출해야 한다. 캠핑 짐은 줄인다고 해도 언제나 차 트렁크를 가득 채우기 마련이다. 동행인이 많으면 짐이 더 늘어날 수밖에 없다. 여기에 낚시 짐을 더해야 하므로 낚시장비는 간편하면 간편할수록 좋다. 낚시 장르 중엔 캠핑장비 못지않게 장비를 꾸려야 하는 것도 많다. 필수 낚시장비가 적고 비용이 적게 들며 또 단출하게도 꾸릴 수 있는 낚시 장르가 좋다. 우리가 흔히 생활낚시라고 부르는 고등어, 전갱이, 주꾸미, 문어 등이 캠핑낚시와 잘 어울린다. 캠핑낚시는 캠핑이 메인 콘텐츠다.

넷째, 캠핑할 수 있는 조건이 좋아야 한다. 낚시터 주변에 텐트를 설치할 공간이 있고 주차하기 편해야 한다. 낚시터와 캠핑사이트와의 거리가 짧으면 캠핑장에 머물면서 곧바로 낚시를 할 수 있어 더 오랜 시간 낚시를

낚시 스케줄 짜기
아침에 꼭 낚시를 해야 한다

낚시 장르에 따라 다르긴 하지만 대부분의 물고기는 동틀 무렵과 해질녘에 잘 낚인다. 시간대를 보면 아침 5~7시, 오후 4~6시라 할 수 있는데 이 시간대를 놓치면 고기를 낚기 매우 어렵다. 따라서 캠핑이 아닌 캠핑낚시를 간다면 그에 맞는 스케줄을 짜야 한다. 평소보다 더 일찍 출발하거나 다음날 일찍 일어나는 등 그에 맞는 일정을 짜는 것이다. 캠핑 일정에따라 낚시 스케줄을 어떻게 짜야할지 살펴보도록 하자.

1일
나들이 가듯 떠나서 하루를 즐기고 오는 일정이다. 차박용 차량에서 머물거나 타프와 테이블 정도만 가지고 가면 되므로 캠핑장비도 단출하다. 새벽 일찍 출발해서 아침 6~7시에 곧바로 낚시를 하고 나머지 시간은 캠핑을 즐긴다. 캠핑사이트를 구축하고 낚시를 하는 것은 아니므로 낚시터와 캠핑장소가 같을 필요는 없다.

1박2일
현장에 도착해서는 텐트를 설치하는 등 캠핑사이트를 구축하는 데 시간을 보내야 하므로 낚시 시간은 오후 한낮과 다음날 아침 정도다. 한낮은 낚시가 잘 안 되고 해질 무렵은 저녁을 함께 준비해야 하는 등 바쁘므로 다음날 아침낚시를 준비하도록 한다. 다음날 아침낚시를 위해 평소 먹던 술은 양을 줄이고 잠자리에 일찍 드는 게 좋다.

2박3일
캠핑과 낚시를 함께 즐기기에 가장 이상적인 일정. 금요일에 출발해 하룻밤을 묵을 경우 나머지 이틀 중 하루를 낚시에 쓸 수 있다. 첫날 밤은 캠핑을 제대로 즐기고 다음날 해질녘이나 셋째 날 아침에 낚시를 할 수 있도록 일정을 짠다. 바닷가를 찾는다면 둘째 날 배낚시나 유료 바다좌대를 타는 것도 좋다. 그곳에서 낚은 고기로 저녁요리를 한다면 더욱 근사한 캠핑낚시가 될 것이다.

즐길 수 있다. 그런 점에서 강에서 이뤄지는 견지낚시는 강변을 캠핑사이트로 이용할 수 있어 캠핑낚시와 잘 어울린다. 바닷가는 해수욕장이나 항구 주변에 운영하고 있는 유료캠핑장을 이용하면 편할 것이다.

섬 방파제를 찾은 가족 캠퍼. 바닷가 길을 걸어 낚시터로 향하고 있다.

| PART 1 | 입문하기 2

월별 캠핑낚시 베스트
민물은 붕어와 배스가 기본, 바다는 계절어종을 쫓아서

캠핑을 가서 즐길 만한 낚시를 월별로 나눠 분류해 보았다.
민물은 전국적으로 서식처가 넓고 낚시터가 많은 붕어낚시와 배스 루어낚시가 비중이 가장 크고
바다는 지역별 시기별로 낚이는 대상어종이 각기 다르므로 그에 맞춰 낚시 장르도 다양하다.

학꽁치

1월 민물 빙어 얼음낚시(전국)   **2월**   **3월** 민물 배스 연안낚시(전국)
      바다 대구 배낚시(동해북부)   바다 어구가자미 배낚시(동해북부)

바다 학꽁치낚시(동해, 남해)

대구

배스

빙어

어구가자미

붕어낚시와 배스 루어낚시는 낚시의 기본이라 할 수 있다. 붕어낚시를 익히면 낚시가 어떤 방식으로 이루어지는지 이해하게 되고 배스 루어낚시를 배우면 릴을 사용하는 낚시에 대한 학습능력이 함께 올라간다. 국민낚시로 자리 잡은 주꾸미 배낚시부터 문어 배낚시, 도다리 배낚시, 참돔 배낚시가 더 쉽게 다가오고 방파제나 포구에서 이뤄지는 릴찌낚시에도 곧 바로 응용할 수 있다. 따라서 낚시 경험이 없다면 붕어낚시와 배스 루어낚시를 먼저 해보는 것이 도움이 된다.

5월부터 10월 중 스케줄을 잡는다면 피라미 강낚시를 꼭 해보길 권한다. 그것이 대낚시든 견지낚시든 상관없다. 피라미는 낚시 경험이 없어도 누구나 잘 낚을 수 있고 그 감흥 또한 대단하다. 강변은 캠핑할 수 있는 공

전갱이

붕어

광어(넙치)

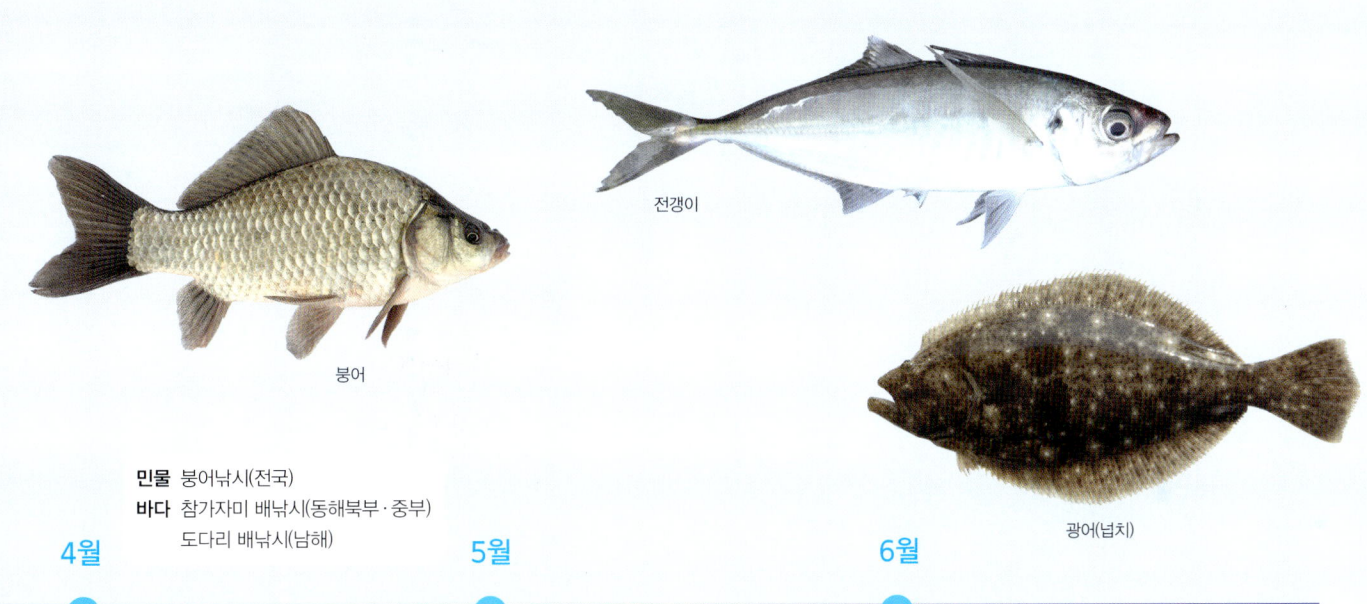

4월

민물 붕어낚시(전국)
바다 참가자미 배낚시(동해북부·중부)
도다리 배낚시(남해)

5월

민물 배스 루어낚시(전국)
붕어낚시(전국)
바다 바다좌대낚시(서해, 남해)
도다리 원투낚시(남해, 동해)
참가자미 원투낚시(동해)
돌가자미 원투낚시(서해)

6월

민물 배스 루어낚시(전국)
붕어낚시(전국)
바다 광어 배낚시(서해중부)
전갱이 좌대낚시(남해)
참돔 배낚시(서해)
한치 배낚시(남해)

우럭(조피볼락)

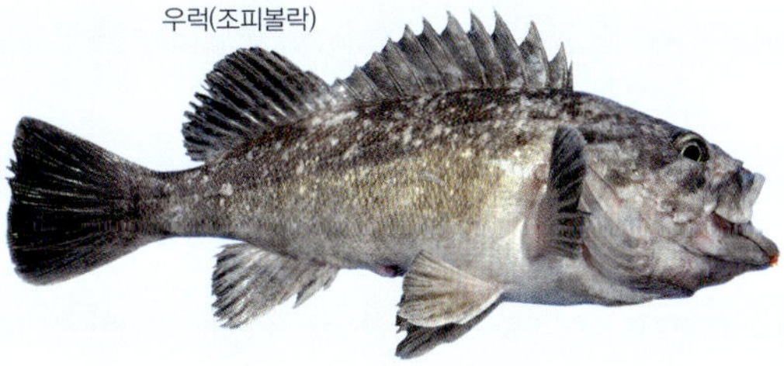

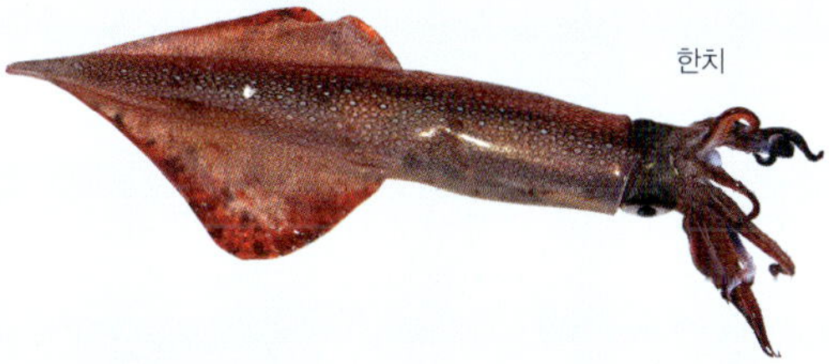

한치

참가자미

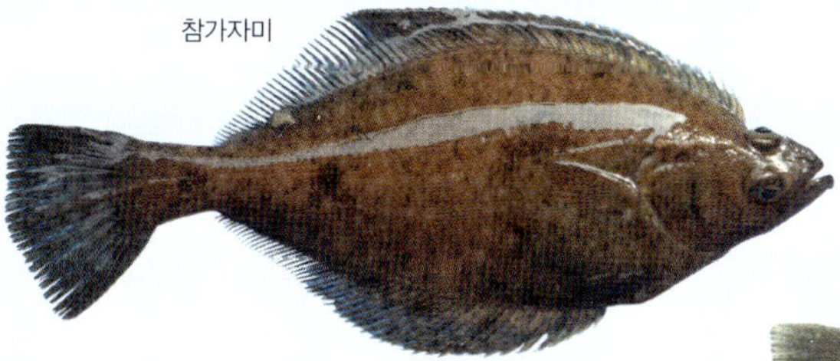

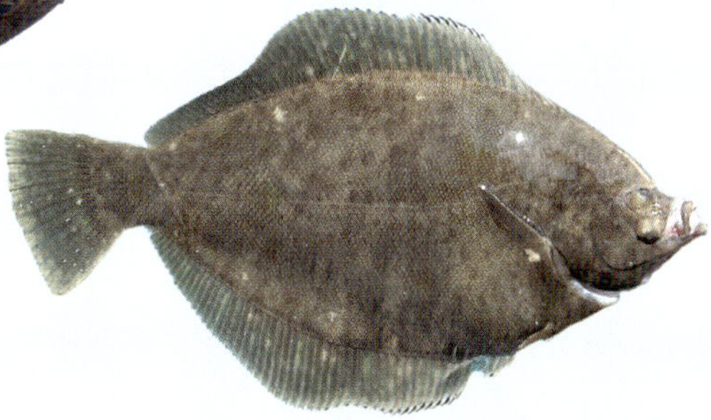

도다리(문치가자미)

간이 넉넉하고 바로 앞에서 낚시할 수 있어 캠핑낚시에 적합한 낚시 장르다. 피서철엔 아이들이 물놀이를 겸해 즐길 수 있어 가족낚시의 추억을 더 짙게 남길 수 있다.

바다낚시는 낚시에 앞서 바다에 대한 기본상식과 안전수칙, 낚싯배를 탈 경우 뱃멀미 등의 승선 상식 등을 알고 떠나면 예상치 못한 상황에 당황하지 않는다. 정부에선 어자원을 보호하기 위해 따로 금어기와 금지체장을 정한 어종이 있다. 금어기엔 해당 물고기를 낚아선 안 된다. 여기 소개하는 캠핑낚시 어종 중 금어기가 있는 물고기와 그 기간은 우측과 같다.

보리멸

보구치

민물 꺽지 루어낚시(전국)
  피라미·누치 견지낚시(전국)
  피라미 대낚시(전국)
바다 광어 연안낚시(서해)
  학꽁치 연안낚시(서해)
  보리멸 원투낚시(동해, 서해, 남해)

민물 붕어낚시(전국)
  배스 루어낚시(전국)
바다 갈치 배낚시(남해)
  무늬오징어 에깅(동해, 남해)
  주꾸미 배낚시(서해, 남해)
  참돔 배낚시(서해)

7월　　　　　　8월　　　　　　9월

민물 피라미·누치 견지낚시(전국)
  피라미 대낚시(전국)
바다 피문어 배낚시(동해북부)
  붕장어 원투낚시(서해, 남해)
  보구치 배낚시(서해)
  보리멸 배낚시(동해, 남해)

꺽지

갈치

피라미(위 수컷, 아래 암컷)

참돔

- 갈치 7.1~7.31
- 고등어 4.1~6.30 이 기간 중 해수부장관이 1개월 고시
- 대구 1.16~2.15
- 도다리(문치가자미) 12.1~1.31
- 전어 5.1~7.15 강원도와 경상북도는 제외
- 돌문어(참문어) 5.16~6.30
  5월 1일에서 9월 15일 중 46일 이상 시도 별도 지정 가능
- 주꾸미 5.11~8.31

돌문어(참문어)

민물 붕어낚시(전국)
　　　 배스 루어낚시(전국)
바다 갈치 연안낚시(남해, 서해남부·중부)
　　　 돌문어 배낚시(남해, 서해)
　　　 주꾸미 배낚시(서해, 남해)

민물 무지개송어 루어낚시(전국)
바다 고등어 연안낚시(동해, 남해, 제주)
　　　 학꽁치 연안낚시(동해)
　　　 전갱이 연안낚시(동해남부, 남해)

10월　　　　　11월　　　　　12월

민물 무지개송어 루어낚시(전국)
바다 고등어 배낚시(동해중부)

주꾸미

무늬오징어

무지개송어

고등어

캠핑낚시 | 27

| PART 1 | 입문하기 3

캠핑낚시를 즐기는 방법
미각여행 · 물고기체험 · 스포츠피싱 · 힐링 · 생활낚시

캠핑과 함께 어떤 낚시를 하면 좋을까? 낚시인 기준 대로라면 자신이 즐기고 있는 대상어와 낚시장르에 맞춰 시기에 따라 고기가 잘 낚이는 낚시터를 정하면 되겠지만 가족과 함께 떠나는 캠핑낚시에선 다음과 같은 기준에 따라 대상어와 낚시 장르를 정하면 도움이 되겠다. 가족이 함께 움직이는 캠핑낚시에서 함께 즐기고 공감할 수 있는 콘텐츠를 정해 놓았다면 준비부터 철수까지 스케줄을 짜기가 훨씬 수월할 것이다.

미각여행

싱싱한 자연산 물고기를 먹을 수 있는 것은 낚시만의 장점이다. 물론 고기를 잡아야겠지만 맛있는 물고기가 있는 낚시터로 가는 길은 상상만 해도 즐겁다. 미각을 위한 캠핑낚시라면 민물이 아닌 바다를 택해야 한다. 그런데 캠퍼 가장이 알고 있어야 할 게 있다. 같은 물고기라도 제철에 나는 물고기가 맛있다는 것이다.

가령 참돔은 배낚시에 봄부터 늦가을까지 잘 낚이는데 가장 맛있는 계절은 봄과 늦가을이다. 참돔은 감성돔, 벵에돔 등 같은 돔 종류에 비해 회맛은 떨어진다. 대신 열을 가하면 육질이 단단해지고 양념맛을 100% 빨아들여 익히는 과정을 거친 요리는 훨씬 더 맛있다. PART 4의 요리 편을 활용하면 캠핑사이트에서 회 말고도 멋진 요리를 만들 수 있을 것이다.

또 보리멸이란 물고기는 낚시인 외에는 잘 모르는 어종이다. 그런데 한번 맛을 보면 다시 찾게 되는 미각어종이다. 뼈째 썰어먹는 뼈회는 물론 튀김도 별미인데 1년 중 6~8월이 되어야만 만날 수 있다. 계절별 맛있는 제철 바닷고기는 아래와 같은데 알아두면 도움이 될 것이다.

■봄 임연수어(3월)/도다리(4월)/참돔(4월)/참가자미(5월)
■여름 문어(6월)/농어, 전갱이, 성대(7월)/민어, 보구치(8월)
■가을 우럭(9월)/광어(10월)/전어, 갈치, 쥐노래미(10월)/삼치, 망둥어(11월)
■겨울 감성돔, 벵에돔(12월)/볼락, 붕장어(12월)/대구(1월)/학꽁치, 숭어(2월)

미각여행. 배낚시에서 낚은 주꾸미를 바닷가 캠핑사이트로 가져와 요리를 했다.

물고기체험

물고기를 싫어하는 아이들은 많이 보지 못했다. 아이들에겐 직접 낚지 않아도 영상이나 책에서 보던 물고기를 직접 보는 것만으로 훌륭한 자연학습이 된다. 대부분의 아이들은 고기를 직접 낚아보길 원한다.

다양한 물고기를 낚으면 더 좋다. 가장 어울리는 낚시는 강낚시다. 누치, 피라미, 갈겨니, 모래무지 등을 어렵지 않게 낚을 수 있다. 낚시 준비물이 간단하고 낚시방법도 어렵지 않아 온가족이 즐길 수 있다.

겨울에 즐기는 빙어 얼음낚시도 아이들이 좋아한다. 빙판은 어린이건 어른이건 모두 동심으로 돌아가게 만든다. 빙어는 누가 봐도 앙증맞고 귀여운 물고기다. 춘천호, 파로호가 빙어낚시터로 유명하지만 수도권 유료낚시터를 찾아도 상관없다. 유료낚시터 중엔 빙어를 방류해 겨울에 한시적으로 운영하는 곳이 제법 있다.

스포츠피싱

스포츠피싱(sport fishing)이란 낚시를 물고기라는 대자연의 일부와 겨루는 정정당당한 승부라 여기고 낚시 과정 그 자체를 중요시여기는 낚시문화다. 가장 대표적인 낚시 장르가 배스낚시다.

배스는 전국의 호소에는 대부분 서식하고 있으며 힘이 좋고 상황에 따라 다양한 방법을 운용해 입질을 유도하는 데 묘미가 있다. 배스가 잘 낚이는 시간대를 노려 두세 시간 짧은 시간 운동하듯 즐기며 캠핑사이트로 돌아올 수 있다.

힐링

낚시를 가면 일반 여행에서는 느낄 수 없는 특별한 경험을 한다. 호숫가나 바닷가에서 낚싯대를 드리우고 맞는 일출과 일몰은 또 다른 느낌으로 다가온다. 단순히 감상이 아니라 자연 속에서 무언가를 함께 나누고 있다는 느낌? 물론 고기가 잘 잡힌다면 그럴 여유가 줄어들겠지만 어쨌든 그냥 감상만 하는 소극적(?) 자세는 아니다.

배낚시를 하면 가슴이 뻥 뚫리는 해방감을 느낄 수 있다. 유람선의 그것과 다르다. 요즘 낚싯배는 휘발유를 연료로 넣은 스피드형 모터를 달아 빠르고 조용한 편이다. 출항을 해서 수평선으로 달려가는 낚싯배가 주는 스피드감과 해방감은 배낚시가 주는 즐거움이다. 또 배위에서 청정한 바다 공기 속에서 먹는 즉석 회는 먹어본 사람만이 안다.

생활낚시

생활낚시란 바다낚시 상식이 부족한 일반인도 충분히 잘 잡을 수 있는 쉽고 재미난 낚시를 통칭하는 말이다. 생활낚시 대상은 주꾸미를 비롯해 갑오징어, 호래기, 갈치, 고등어, 도다리 같은 어종으로 마릿수가 많고 대부분 배낚시로 즐길 수 있다.

이 낚시의 특징은 대상 자체가 맛이 있는 것은 물론 많이 잡혀서 두고두고 먹을 수 있다는 것이다. 주꾸미는 가을에 낚시가 이뤄지는데 몇 번 낚시를 가면 냉장고에 넣어둔 뒤 두고두고 먹을 수 있다. 아내가 좋아하는 낚시다.

라면과 함께하는
붕어 밤낚시

중고교 중엔 낚시동아리를 운영하고 있는 학교가 있다. 낚시동아리를 인솔하고 있는 지도교사들의 이야기를 들어보면 공통적으로 붕어 밤낚시를 하면서 아이들과 많은 이야기를 나눌 수 있고 더 친밀해졌다고 한다.

캠핑사이트에서 모닥불을 펴놓고 이야기를 나눌 수도 있지만 아이가 그마저도 흥미를 못 느낀다면 캠핑사이트에서 가까운 저수지나 유료터를 찾아 붕어 밤낚시를 함께 해보길 권한다.

낚시는 원시시대부터 이어온 사냥방법이다. 물고기를 함께 낚는다는 행위가 묘한 동질감을 주면서 미끼를 달고 찌를 보고 붕어를 낚는 과정에서 아이와 자연스레 대화가 이어진다. 특히 자정 넘어 아빠가 끓여주는 라면은 아이에게 오랫동안 기억에 남는 추억으로 남는다.

---

1 힐링. 배를 타면 시원하고 청정한 바다 공기가 캠퍼를 맞는다.
2 손맛. 배스가 수면을 가르며 강렬하게 저항하고 있다.
3 물고기체험. 직접 낚은 빙어를 어항에 살려 집까지 가지고 온 어린이.
4 생활낚시. 이렇게 마릿수로 낚은 갈치는 냉장고에 넣어 두고두고 먹을 수 있다.

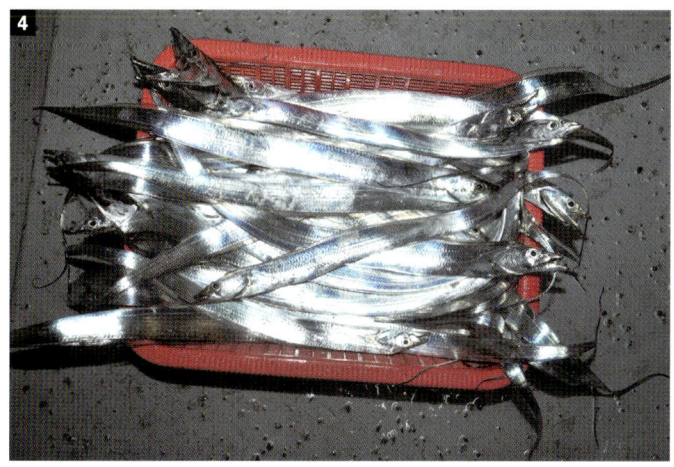

캠핑낚시 상식
낚시용어, 장비·채비, 안전·환경상식

낚시용어
채비란?
낚시에 입문하고자 하는 캠퍼들에게 '채비'란 용어도 낯선 게 사실이다. 채비란 낚싯줄, 바늘, 봉돌로 구성되어 있는 묶음을 말한다. 채비는 각 어종의 크기, 습성, 생태에 따라 낚싯줄의 굵기, 바늘의 크기, 봉돌의 무게, 이들을 연결하는 구조 자체가 각각 다르다.

하나의 낚시방법에도 여러 채비가 있다. 붕어낚시엔 외바늘채비, 두바늘채비, 가지바늘채비 등이 있다.

외국에서 들여온 낚시 장르인 루어낚시는 채비 대신 영어명인 '리그(rig)'란 표현을 쓴다. 배스낚시엔 지그헤드리그, 다운샷리그, 프리리그 등 여러 채비가 있다.

루어, 루어낚시란?
루어낚시는 미끼를 기준으로 구분한 낚시 분야 중 하나다. 미끼를 기준으로 구분한 낚시 분야는 두 가지라고 보면 된다. 지렁이나 떡밥과 같이 생물이나 천연 재료를 미끼로 사용하는 생미끼낚시, 그리고 생미끼와 비슷하게 만든 가짜 미끼, 즉 '루어(lure)'로 물고기를 낚는 루어낚시다. 루어의 사전적 의미는 '유혹하다', '꾀다'다.

가짜 미끼인 루어는 플라스틱이나 나무, 고무 등을 소재로 만든다. 물고기의 입질을 유도할 수 있도록 생미끼와 비슷하게 만들거나 비슷한 효과를 내도록 설계되어 있다. 물고기의 습성만을 노려 먹잇감과는 완전히 다른 모습으로 만들기도 한다. 우리는 이 루어를 바늘에 꿰거나 아니면 바늘이 달려 제작된 루어를 낚싯줄에 묶어 물고기를 낚는 것이다.

루어로 채워진 소품통. 좌측에 보이는 봉지엔 웜 등 소프트베이트가 담겨 있으며 오른쪽에 있는 물고기 형태의 루어가 미노우, 크랭크베이트 등의 하드베이트다.

큰 고기에 대한 표현
'대물', '-짜' 등은 낚시 대상어 중 큰 고기를 표현할 때 쓰는 말이다. 대물은 붕어라면 40cm 이상, 배스와 감성돔은 50cm 이상의 씨알을 말한다. '-짜'는 어느 이상 크기를 설명하고자 할 때 쓰는 표현으로, 40cm 이상 씨알은 4짜, 50cm 이상 씨알은 5짜 이렇게 부른다.

각 어종별로도 대물을 두고 부르는 말이 있다. 가령 누치는 70cm 이상을 '멍짜'라고 부르고 참돔은 90cm 이상 씨알을 '빠가'라고 한다. 월척은 큰 붕어에 대한 표현이다. 1척, 그러니까 30.3cm가 넘는 크기의 붕어를 부를 때 쓰는 말인 것이다.

낚시용품
낚싯줄
단사(單絲)와 합사(合絲)는 낚싯줄을 만드는 방법에 따라 낚싯줄을 분류한 것이다. 합사는 여러 줄을 꼬아서 만든 낚싯줄을 말한다. 반대의 개념은 하나의 줄로 만든 단사라고 하며 영어로 모노필라멘트라인(monofilament line)이다.

합사는 강도가 높아 같은 굵기의 단사에 비해 가늘게 쓸 수 있다는 게 장점이다. 낚싯줄이 가늘면 채비를 던지면 더 멀리 날아간다.

나일론라인, 플로로카본라인, PE라인은 낚싯줄의 소재에 따라 분류한 것이다. 우리가 쓰는 낚싯줄은 나일론라인(nylon line), 플로로카본라인(fluoro carbon line), PE라인 중 한 가지를 쓴다고 보면 맞다. 이 중 나일론라인과 플로로카본라인은 한 가닥의 실로 만든 단사이고 PE라인은 여러 실을 꼬아서 만든 합사다.

가장 많이 쓰이고 있는 나일론라인은 세 낚싯줄에 비해 가격이 저렴한 반면 강도가 약한 게 단점이다. 카본라인이라고 부르는 플로로카본라인은 나일론라인보다 비싸지만 오래 사용할 수 있고 물에 가라앉는 특성이 있다. PE라인은 가격이 비싸지만 굵기에 비해 강도가 높고 오래 쓸 수 있다는 게 장점이다.

호, lb, 파운드… 등은 낚싯줄의 굵기와 강도를 표현한 용어다. 1호, 2호, 3호와 같은 호수는 굵기를 말하고 4lb, 8lb, 12lb 등의 표기는 강도를 뜻한다. 파운드는 lb와 같은 말이다. 1파운드는 0.453kg으로서 4파운드, 4lb 라인은 수치상으로 1.812kg을 견딘다는 것을 뜻한다. 그렇다면 1호 낚싯줄은 2호 낚싯줄보다 강할까? 꼭 그럴지만은 않다. 요즘은 낚싯줄 생산 기술이 발전해 낚싯줄이 가늘어도 강도가 높은 제품이 생산되고 있다. 가령 1호 합사는 단사인 2호 나일론사보다 굵기는 가늘지만 강도는 더 높다.

장비

민낚싯대

민낚싯대는 길이와 휨새 두 가지 기준으로 설명한다. 길이는 보통 '–칸'으로 표현한다. 1칸의 길이는 1.8m다. 따라서 2칸대라고 하면 '2×1.8m=3.6m'이므로 3.6m 길이다. 그럼 2.5칸의 길이는 어떻게 될까? '2.5×1.8m=4.5m'이므로 4.5m다.

휨새는 경질, 중경질, 연질로 설명한다. 보통 경질은 앞쪽(초릿대)이 휘어지는 8:2 휨새, 중경질은 경질보다 손잡이대 쪽으로 더 휘어지는 7:3 휨새, 연질은 중간 쪽이 휘어지는 6:4 휨새를 말한다.

보통 접혀 있는 낚싯대를 뽑아서 사용한다.   초릿대

손잡이대

루어낚싯대

루어낚시에선 낚싯대를 설명할 때 강도나 파워, 휨새 등으로 특성을 설명하곤 한다. 강도와 파워, 휨새와 테이퍼(taper)는 서로 같은 말로서, 사용 가능한 루어나 봉돌의 무게, 낚싯대의 휘어지는 정도를 나타내는 말이다

강도(파워)는 사용할 수 있는 루어의 중량이나 대상어를 끌어낼 수 있는 힘을 나타내는 말이다. 단순하게 낚싯대의 빳빳한 정도를 표현한다고 보면 맞다. 울트라라이트(UL), 라이트(L), 미디엄라이트(ML), 미디엄(M), 미디엄헤비(MH), 헤비(H) 등으로 표시된다. 울트라라이트가 가장 부드럽고 헤비가 가장 빳빳하다. 하지만 이러한 분류는 소형 어종부터 대형어종까지 두루 노리는 민물용 루어낚싯대를 위한 분류로서, 큰 대상어를 노리는 바다낚시에선 미디엄라이트부터 미디엄헤비가 주로 사용된다. 그립 위쪽을 보면 미디엄라이트 등 강도 표시가 보이고 또 사용할 수 있는 봉돌의 무게를 밝혀 놓았다.

휨새(테이퍼)는 낚싯대가 휘어지는 정도를 말한다. 고기를 걸었을 때 낚싯대의 어느 위치에서 휘어지는가를 구분해 놓은 것인데 패스트 테이퍼(초리휨새), 레귤러 테이퍼(허리휨새), 슬로우 테이퍼(몸통휨새)로 분류하며 바다낚시에선 패스트 테이퍼와 레귤러 테이퍼가 주로 쓰인다.

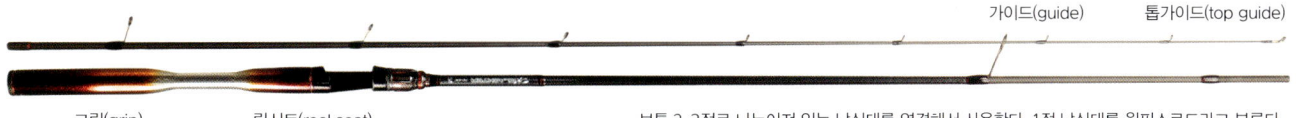

그립(grip)   릴시트(reel seat)   가이드(guide)   톱가이드(top guide)

보통 2, 3절로 나누어져 있는 낚싯대를 연결해서 사용한다. 1절 낚싯대를 원피스로드라고 부른다.

릴낚싯대

릴낚싯대는 릴을 세팅할 수 있는 낚싯대라는 점에서 루어낚싯대와 비슷해 보이지만 주로 바다어종에 맞춰 개발한 낚싯대로 길이나 강도에 있어 만들어진 훨씬 길고 또 강도도 높다. 릴낚싯대는 채비를 멀리 던질 수 있도록 설계한 원투낚싯대, 찌를 조작할 수 있도록 설계한 릴찌낚싯대로 분류할 수 있다. 릴찌낚싯대는 감성돔낚싯대 기준 5.3m 길이 1호대가 표준이다.

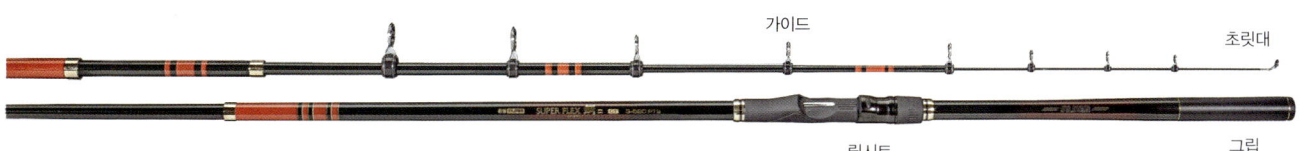

가이드   초릿대

릴시트   그립

스피닝릴의 구조와 명칭

릴 다리(reel foot)

픽업베일(pick up bail)
앞쪽으로 젖히면 줄이 풀리고 원래 상태로 닫으면 더 이상 줄이 풀리지 않는다.

드랙노브(drag knob)
드랙의 강약을 조절하는 다이얼. 드랙노브를 조절해 고기가 물었을 때 스풀에 감긴 원줄이 풀려나가는 정도를 조절할 수 있다.

역회전 방지 레버
릴의 핸들을 앞쪽 뒤쪽으로 돌릴 수 있는 장치.

스풀(spool)
낚싯줄이 감기는 실패.

핸들과 핸들노브(handle, handle knob)
릴을 감을 때 돌리는 손잡이. 그중 손에 쥐는 부분을 핸들노브라 한다.

베이트릴의 구조와 명칭

클러치레버(clutch lever)
스피닝릴의 픽업베일 기능을 담당한다. 누르면 스풀이 자유롭게 회전한다. 핸들을 돌리면 다시 원위치로 돌아가 스풀이 회전하지 않는다.

스풀
낚싯줄이 감기는 곳.

메커니컬브레이크(mechanical break)
핸들이 달려 있는 몸체 쪽에 붙어 있는 나사형 손잡이. 스풀 회전을 조절할 수 있다. 조일수록 스풀이 빡빡하게 돌아가고 풀수록 느슨하게 돌아간다.

레벨와인더(level winder)
스풀에 감긴 낚싯줄은 이 구멍을 통해 나가 가이드를 거쳐 루어와 연결된다. 핸들을 돌리면 레벨와인더가 좌우로 움직여서 낚싯줄이 스풀 어느 한쪽에 쏠리지 않고 고루 감기게 한다.

릴 다리
낚싯대 릴시트에 끼우는 부위.

스타드랙(star drag)
별 모양처럼 생겼다. 물고기를 걸었을 때 어느 정도의 힘으로 버티게 할지 조절할 수 있다.

핸들노브

바다낚시와 물때

바다낚시에서 왜 물때가 중요한가?

바닷물은 민물과 달리 정체돼 있지 않고 늘 흐른다. 밀물과 썰물에 의한 바닷물의 흐름을 조류(潮流)라 하는데, 바닷고기는 조류를 이용해 이동하고 먹이를 사냥하기 때문에 조류를 이해해야 바닷고기를 쉽게 낚을 수 있다.

조류를 이해하는 열쇠가 곧 물때다. 물때를 통하여 우리는 밀물과 썰물이 진행되는 시간과 조류의 속도를 알 수 있다. 그를 통해 조류의 유속이 적당한 날짜를 골라서 낚시할 수 있고, 하루 중에서도 최적의 조류가 흐르는 시간대에 낚시를 집중할 수 있다.

밀물과 썰물은 왜 생기나?

밀물과 썰물을 조석(潮汐)이라 한다. 조석현상이 생기는 이유는 지구 둘레를 공전하는 달의 인력이 지구 표면의 물을 당기기 때문이다. 달이 한반도의 위에 왔을 때와 지구 반대편인 유럽의 상공에 있을 때 한반도에 미치는 달의 인력이 최고조가 되어 만조(滿潮)가 되고, 달이 그 중간쯤의 상공을 지날 때 달의 인력이 최저가 되어 간조(干潮)가 된다.

물때표에서 간만조 시각 읽는 법

물때표는 국립해양조사원에서 1년간의 조석예보를 기록한 조석표를 기본으로 하여 그 위에 어민들 사이에 통용되는 물때를 기입한 것이다. 포털사이트에 물때표를 검색하면 전국 항포구의 물때를 볼 수 있다.

하루의 물때표를 봤는데 간만조 시각이 '03:42(793)▲'과 '10:03(235)▼' 등으로 되어 있다고 하자. 여기서 ▲는 만조를 뜻하고 ▼는 간조를 뜻한다. 즉 오전 3시43분에 만조가 되어 해수면 793cm에 이르고 오전 10시3분에 간조가 되어 해수면 높이는 235cm가 된다는 뜻이다.

포털사이트의 물때표

조수간만의 차가 큰 서해 간조(위), 만조 수위 비교. 간조 때 드러난 운동장 크기의 갯벌이 만조가 되자 바닷물로 메워졌다.

황금의 입질찬스 '물돌이'
밀물에서 썰물로 또는 썰물에서 밀물로 조류가 바뀌는 시간 즉 만조나 간조 전후의 시간을 물돌이라고 부른다. 이때 바닷고기들이 가장 왕성하게 움직이므로 낚시의 황금찬스가 된다. 특히 조류가 거센 지역이나 조류가 센 사리물때엔 유속이 순간적으로 느려지는 물돌이 시각에 입질이 집중된다.

사리와 조금
사리는 바닷물이 많이 들고나는 물때이며, 조금은 적게 들고나는 물때에 해당한다. 사리는 음력 보름(15일)과 그믐(30일)을 뜻하며, 조금은 음력 상현(8일)과 하현(23일)을 뜻한다. 그리고 사리 이후의 며칠간(음력 15-16-17-18일 또는 30-1-2-3일)을 '사리물때'라 하고, 조금 이후의 며칠간(음력 8-9-10-11일 또는 23-24-25-26일)을 '조금물때'라 부른다. 보름달이 떠서 달빛이 밝은 보름 사리물때인 음력 15~18일을 월명기라고 부르는데 이때는 다른 물때보다 조황이 떨어진다.

반달이 뜨는 날은 조금물때
보름달이 뜰 때와 달이 없는 그믐은 사리물때이며, 반달이 뜰 때는 조금물때다. 바닷물을 당기는 천체의 인력은 달과 태양이 일직선이 될 때 세지고, 달과 태양이 직각이 될 때 약해진다. 달-지구-태양으로 직선이 되면 보름달이 되고, 지구-달-태양으로 직선이 되면 달이 태양에 가려 그믐이 된다. 그래서 보름과 그믐엔 바닷물이 많이 들고나며 그로 인해 유속이 빨라진다. 한편 달-지구의 선과 태양의 위치가 직각이 되면 반달의 형상을 보이는데 그때는 바닷물이 적게 들고나며 유속도 느리다.

안전상식
강과 바다는 만조선 확인
바다는 하루 동안 물이 가장 많이 드는 만조와 가장 많이 빠지는 간조를 반복한다. 서해는 이 조수간만의 차가 커서 간조 때 드러난 갯바위 연안에 진입했다가 만조 때 돌아오는 길이 잠겨 낚시인이 고립되는 일이 간혹 발생한다.

바닷가 캠핑은 정해진 캠핑장이나 만조선 밖의 육지에서 이뤄지므로 문제가 없지만 장비만 들고 갯바위에 진입할 경우엔 만조선을 체크해둬야 한다. 물때표를 확인해 지금 보고 있는 바다 수위가 간조인지 만조인지 알아보고 만조선이 어디쯤인지 파악해 철수할 동선을 머릿속에 그려둔다. 이것은 민물에서도 해당된다. 바다와 가까운 하천은 바다와 마찬가지로 만조와 간조의 영향을 받아 물이 늘었다가 줄어든다. 또 기수역에 방조제가 있는 큰 강은 하루에도 몇 차례 수문을 열고 닫아 수위가 오르내린다. 물이 가장 많이 찰 때 수위가 어느 정도인지 알고 적당한 거리를 두고 캠핑사이트를 만들어야 한다.

방파제 테트라포드에 선 낚시인들. 테트라포드는 경사지고 미끄럽기 때문에 구명조끼 등 안전장구를 갖추고 진입해야 한다.

테트라포드는 안전장비 갖추고 진입

바다낚시터로 많이 찾는 방파제는 돌 등을 쌓아 만든 석축방파제와 테트라포드를 쌓아 만든 테트라포드방파제로 나뉜다. 석축방파제는 파도가 크게 치지 않는 내만의 크고 작은 포구에 많다. 발판이 높지 않기 때문에 물가로 내려서지만 않는다면 위험하지 않다. 문제는 테트라포드방파제다.

'다리를 네 개 가진 구조물'이란 뜻의 '테트라포드(terapod)'는 파도를 막기 위해 방파제에 설치한 인공 구조물이다. 테트라포드는 물고기가 서식하기에 좋은 여건을 갖추고 있어 훌륭한 바다낚시터이긴 하지만 안전 면에선 빵점이라 할 수 있다. 네 개의 다리는 아무렇게나 쌓여 있어 비스듬히 경사를 이루고 있고 미끄럽기까지 하다. 따라서 어린이나 노약자는 올라서지 말아야 한다. 또 건장한 어른이라도 구명조끼와 갯바위신발 등 안전장구가 없으면 진입하지 말아야 한다. 갯바위신발은 '펠트화'로 불리는 테트라포드 전용 제품을 신어야 한다.

테트라포드에 진입할 때엔 물가에서 최소한 1m 이상 떨어져 낚시자리를 잡아야 한다. 방파제는 배가 수시로 오가는 항구에 있다. 배가 지나가면서 발생한 파도가 낚시자리까지 넘어올 수 있다.

환경상식

쓰레기로 인해 캠핑을 할 수 있는 장소가 계속해서 줄어들고 있다. 오지 캠핑을 간다거나 한적한 마을에서 텐트를 치고 하룻밤을 머물고 오는 일은 먼 나라 얘기처럼 들린다. 쓰레기 문제로 외부인의 캠핑을 막는 곳이 빠르게 늘어가고 있기 때문이다.

쓰레기 문제에 대해선 낚시도 예외가 아니어서 캠퍼와 낚시인 모두 철저한 환경의식이 필요하다. 캠핑을 하건 낚시를 하건 아니온 듯 흔적을 남기지 말아야 한다. 그러기 위해선 다음을 꼭 지키도록 하자.

1회용품 줄이고 쓰레기 되가져 가야

1회용품을 줄인다. 캠핑과 낚시 쓰레기 중 취사를 위한 1회용품이 상당수를 차지한다. 캠핑장비에 기본적으로 취사도구와 식기가 들어 있지만 음식을 만들기 위해 구입해곤 하는 물품들이 있다. 스티로폼 포장지에 담긴 고기나 판매용 김치, 통조림용품, 종이컵, 컵라면 용기 등이다. 이 1회용품은 크기가 작고 가벼워서 부주의나 바람에 의해 바닥에 버려질 확률이 높다. 꼭 사용해야 하는 1회용품은 다 쓰고 난 후 미리 마련해놓은 쓰레기봉투에 바로바로 버리도록 하자.

가져간 쓰레기는 되가져온다. 낚시터 현장에서 생긴 쓰레기를 쓰레기봉투에 담아 다시 가져오는 것이다. 종량제쓰레기봉투는 거주하고 있는 곳에서 사서 가지고 가도록 하자. 현지의 종량제쓰레기봉투를 구입해서 현장에서 처리하는 것도 방법이지만, 그러기엔 캠퍼와 낚시인의 수가 너무 많다.

유료 캠핑장이서 처리장소가 있는 것이라면 몰라도 야외에선 쓰레기봉투를 버릴 곳이 사실 마땅치 않다. 그냥 두고 가면 지자체에서 치우겠지 하고 놓고 가면 그곳 주변이 쓰레기장이 되는 것을 많이 봤을 것이다. 그래서 종량제쓰레봉투에 쓰레기를 담았다고 해서 두고 올 생각은 아예 하지 말자.

캠핑낚시 중 나온 쓰레기를 종량제쓰레기봉투에 나누어 담았다.

뱃멀미 예방법
멀미약은 배 타기 2~3시간 전에 미리

뱃멀미는 육체적 피로와 정신적 두려움이 합쳐져서 발생한다. 따라서 배를 여러 번 타다 보면 기우뚱대는 배의 움직임에 몸이 익숙해지고 파도에 대한 두려움도 없어져서 멀미를 하지 않게 된다. 낚싯배는 높은 파도를 이길 수 있게 설계돼 있고, 위험한 상황에선 해양경찰에서 출항을 통제하며, 또 해경이 통제하지 않더라도 선장이 판단하여 위험하다 싶으면 출항하지 않기 때문에 일단 바다로 나서면 배와 선장을 믿어도 된다.

배를 처음 탈 때엔 멀미약을 복용하는 게 좋다. 멀미약은 항히스타민제라는 진정제인데 귀 밑에 붙이는 약과 마시는 약 두 가지 중 하나를 택하되 두 가지를 한꺼번에 쓰는 것은 좋지 않다. 멀미약은 배를 타기 2~3시간 전에 붙이거나 먹어야 효과가 있다. 이미 멀미를 시작한 후에는 멀미약이 소용없다. 귀에 붙이는 멀미약은 떼어낸 뒤에도 3~4시간 이상 약효가 지속되므로 철수하기 3~4시간 전에 미리 떼어내야 항구에 돌아올 때쯤 정신이 맑아진다.

뱃멀미를 예방하려면 출조 전 잠을 충분히 자고 아침밥을 든든히 먹어야 한다. 공복감이 없어야 뱃멀미를 덜 한다. 만약 뱃멀미를 하면 선실에 눕거나 갑판에서 머리를 기댈 수 있는 자리를 찾아 편안한 자세로 앉아 있으면 된다. 배가 흔들리면 배와 한 몸이 되어 따라 흔들리게끔 한다. 배가 왼쪽으로 기울 때 오른쪽으로 젖히는 등, 배의 흔들림을 거슬러서 자세를 유지하려고 하면 멀미가 더하다. 일단 멀미를 시작하면 음식을 먹지 않는 게 좋다.

귀 밑에 멀미약을 붙인 낚시인.

낚시 도량형 표준표

낚싯줄의 강도 (호&파운드)

모노필라멘트(나일론+카본)				PE라인
호수	지름	인장강도		같은 강도의 호수
		파운드(lb)	Kg	
0.1	0.053			
0.2	0.074			
0.3	0.090			
0.4	0.104			
0.5	0.116	2	0.91	
0.6	0.128			
0.8	0.148	3	1.36	
1	0.165		1.68	0.1호(1.8Kg)
1.2	0.185	5	2.27	
1.5	0.205			
1.7	0.215	6	2.72	0.2호(2.7Kg)
1.8	0.220			
2	0.235	7	3.2	0.3호(3.1Kg)
2.2	0.240	8	3.6	0.4호(3.6Kg)
2.5	0.260	10	4.2	
3	0.285	12	1호(5.5kg)	0.6호(5.8Kg)
3.5	0.310			
(3.8)	0.325	14		
4	0.330			
(4.5)	0.351	16	7.8	0.8호(7.0Kg)
5	0.370	18	8	
6	0.405	22	10.3	1호(8.9kg)
7	0.435	25	2.5호(11.5kg)	1.2호(12kg)
8	0.470	30		1.5호(13.5kg)
10	0.520	35		2호(15kg)
12	0.570	40	18.5	2.5호(19kg)
14	0.620	50	22.5	3호(23kg)
16	0.660	60	27	4호(28kg)
18	0.700	70		
20	0.740	80		5호(35kg)
22	0.780	90		
24	0.810	100	45.3	6호(43kg)
26	0.840			
28	0.870		12호(50kg)	
30	0.910	130	60	
35	1.001			
40	1.045	150		

봉돌의 무게

〈민물·바다낚시용 봉돌〉 전통 척관법(푼 단위)

0.1호(1푼)	0.375g
0.2호(2푼)	0.75g
0.3호(3푼)	1.13g
0.4호(4푼)	1.50g
0.5호(5푼)	1.85g
0.6호(6푼)	2.25g
0.7호(7푼)	2.63g
0.8호(8푼)	3.00g
0.9호(9푼)	3.38g
1호(10푼)	3.75g
2호(20푼)	7.50g
3호(30푼)	11.25g
4호(40푼)	15.00g
5호(50푼)	18.75
6호(60푼)	22.05g
7호(70푼)	26.25g
8호(80푼)	30.00g
9호(90푼)	33.75g
10호(100푼)	37.50g
20호(200푼)	75.00g
30호(300푼)	112.50g
40호(400푼)	150.00g
50호(500푼)	187.50g
100호(1000푼)	375.00g

〈바다 구멍찌낚시용 봉돌〉 한·일 공통 (B·G 단위)

G8	0.07g
G7	0.09g
G6	0.12g
G5	0.16g
G4	0.20g
G3	0.25g
G2	0.31g
G1	0.40g
B	0.55g
2B	0.75g
3B	0.95g
4B	1.20g
5B(=0.5호)	1.85g
0.6호	2.25g
0.8호	3.00g
1호	3.75g
2호	7.50g
3호	11.25g

〈민물 붕어낚시용 봉돌〉 민물용 봉돌 업체의 90%가 따르는 기준

1호	2g
2호	2.5g
3호	3g
4호	3.5g
5호	4.5g
6호	5.5g
7호	6.5g
8호	7g
9호	7.5g
10호	8g

〈루어낚시용 봉돌(oz)〉 세계적으로 통용되는 기준

1/32온스	0.88g
1/16온스	1.77g
1/8온스	3.54g
3/16온스	5.31g
1/4온스	7.08g
3/8온스	10.62g
1/2온스	14.17g
1온스	28.34g
2온스	56.69g

해양수산부 지정
수산자원 포획금지기간과 포획금지체장
2021년 현재

낚시 대상	포획·채취 금지체장 또는 체중	포획·채취 금지기간·구역과 수심
감성돔	25cm 이하	5월 1일부터 5월 31일까지
개서대	26cm 이하	7월 1일부터 8월 31일까지
고등어	21cm 이하	4월 1일부터 6월 30일 중 해수부장관이 고시하는 1개월
기름가자미	20cm 이하 23년 12월 31일까지는 17cm 이하 적용	12월 1일부터 1월 31일까지
갈치	항문장 18cm 이하	7월 1일부터 7월 31일까지
낙지		6월 1일부터 6월 30일까지
넙치	35cm 이하	
농어	30cm 이하	
대구	35cm 이하	1월 16일부터 2월 15일까지
대문어(피문어)	600g 이하	
도루묵	11cm 이하	
돌돔	24cm 이하	
말쥐치	18cm 이하	5월 1일부터 7월 31일까지 다만 정치망 등은 6월 1일부터 7월 31일까지
명태	27cm 이하	
문치가자미(도다리)	20cm 이하 23년 12월 31일까지는 17cm 이하 적용	12월 1일부터 1월 31일까지
민어	33cm 이하	
방어	30cm 이하	
볼락	15cm 이하	
붕장어	35cm 이하	
살오징어	외투장 15cm 이하	4월 1일부터 4월 30일까지 정치망 금어기
연어		10월 1일부터 11월 30일까지
옥돔		7월 21일부터 8월 20일까지
용가자미	20cm 이하 23년 12월 31일까지는 17cm 이하 적용	12월 1일부터 1월 31일까지
전어		5월 1일부터 7월 15일까지 다만, 강원도와 경상북도는 제외
조피볼락(우럭)	23cm 이하	
주꾸미		5월 11일부터 8월 31일까지
쥐노래미	20cm 이하	11월 1일부터 12월 31일까지
참가자미	12cm 이하	12월 1일부터 1월 31일까지
참돔	24cm 이하	
참문어(돌문어)		5월 16일부터 6월 30일까지 5월 1일에서 9월 15일 중 46일 이상 시도 별도 지정 가능
참조기		7월 1일부터 7월 31일까지
참홍어	체반폭 42cm 이하	6월 1일부터 7월 15일까지
청어	20cm 이하	
황돔	15cm 이하	
황복	20cm 이하	

텐트
소형 돔형으로 시작, 여름엔 스크린텐트도 있어야

텐트의 종류는 다양하다. 가격도 5만~수백만원대까지 천차만별이다. 캠핑낚시용 텐트는 바람을 덜 타고 조립과 분해가 쉬운 돔형 텐트가 알맞다. 돔형 텐트는 바닥에 천이 깔려 있어 매트리스와 침낭만 놓으면 바로 잘 수 있는 제품이 적합하다.

가족 수보다 1~2인용 더 큰 것을 구입
텐트는 텐트 본체와 방수 기능을 갖춘 플라이, 그리고 텐트의 골격을 이루는 폴로 구성되어 있다. 텐트를 좀 더 튼튼하게 설치하기 위해 팩을 받고 다시 로프를 연결해 고정하는 구조다.
텐트는 잘 알려진 브랜드의 제품을 사는 게 좋다. 가족 수와 경제적 사정에 맞게 텐트를 고르면 된다. 주의할 것은 4인용 텐트는 실제로 4인 가족이 자기엔 비좁다는 것이다. 텐트 안에 이것저것 물건을 놓다 보면 좁아지게 된다. 잠자리는 어느 정도 넉넉해야 좋으므로 내 가족 수보다 1~2인용 더 넓은 텐트를 구입해야 한다.
텐트 크기를 정했다면 각 업체마다 출시된 비슷한 크기의 모델을 비교해보자. 눈여겨봐야 할 것은 제원. 각 텐트마다 중량과 접은 상태의 크기가 표시되어 있다. 어떤 제품은 너무 커서 트렁크에 들어가지 않는 것도 있다.
텐트 가방에 함께 들어있는 팩과 망치는 플라스틱 재질이라면 좀 더 좋은 제품을 따로 구입한다. 팩은 얇고 튼튼해서 잘 박히는 강철 재질로, 망치 역시 헤드가 금속으로 만들어진 제품을 장만하자.

텐트의 두 가지 종류
예전엔 텐트의 형태에 따라 캐빈형이니 삼각형이니 하고 분류했지만 지금은 텐트의 용도와 구조에 따라 구분하고 있다. 텐트는 크게 잠자는 용도의 '주거형'과 테이블과 탁자를 놓고 주방이나 거실로 활용하는 '거실형', 주거형과 거실형을 결합해서 사용하는 '결합형'으로 분류할 수 있다. 거실형 텐트는 주로 요리를 하고 밥을 먹는 용도의 텐트다. 여름엔 방충망만을 활용해 타프(그늘막)처럼 사용하기도 하고 야전침대를 놓고 잠을 자기도 한다. 결합형 텐트는 '리빙쉘(living-shell) 텐트'라고도 불리며 거실형 텐트와 소형 텐트를 결합해서 사용한다. 한 세트에 100만원이 훌쩍 넘는 고급형이다.
봄부터 가을까지 캠핑낚시를 즐긴다면 주거형 텐트와 타프만 활용해도 충분하다. 신선한 야외 공기를 마시러 온 캠핑에서 답답하게 거실형 텐트에 머무를 이유가 없기 때문이다. 결합형 텐트가 캠핑 동호인들에게 인기를 끄는데 이유는 겨울캠핑에도 사용할 수 있기 때문이다. 캠핑 마니아들도 여름엔 텐트와 타프만으로 캠핑을 즐기고 겨울에 결합형 텐트를 사용한다.

미니멀캠핑 대세, 소형 돔형 텐트 인기
요즘엔 돔형 텐트의 종류가 다양해져서 선택의 폭이 훨씬 넓어졌다. 2000년대 말만 해도 어른이 일어서도 천장에 머리가 닿지 않을 정도의 중형 텐트가 인기를 끌었으나 2010년대 후반에 들어서는 다시 소형 텐트로 돌아갔다. 이삿짐을 싸듯 많은 장비 대신 꼭 필요한 것만을 챙기되 자신의 스타일을 강조한 미니멀캠핑이 대세를 이루고 있기 때문이다.
자동텐트도 동호인들 사이에서 주가가 오르고 있는 제품이다. 캠핑장을 빨리 완성하고 싶은 것은 고수나 초보나 마찬가지. 예전엔 설치 과정에 의미를 두기도 했지만 요즘은 캠핑장에서 보내는 시간을 더 중요하게 여

수변에 소형 돔형 텐트 두 동으로 마련한 미니멀 캠핑사이트(사진의 텐트는 코베아 X 코어 N).

긴다. 우산을 펴듯 폴을 세우면 텐트가 완성되기도 하고 케이스에서 꺼내는 순간 바로 설치가 끝나는 팝업텐트도 있다. 가격이 조금 더 비싸고 고장이 나면 수리가 쉽지 않다는 단점이 있지만 텐트 설치에 스트레스를 느끼는 낚시인이라면 자동텐트를 고르면 좋을 것이다.

여름엔 방충용 장비 갖춰야

여름에 캠핑을 방해하는 최고의 적은 모기 같은 해충이다. 랜턴을 밝혀놓으면 득달같이 달려드는 벌레들 때문에 제대로 식사를 할 수 없을 정도다. 그래서 꼭 준비해야 할 것이 방충 장비다. 대표적인 장비가 스크린 텐트로서 천 대신 방충망으로 만들어진 텐트라고 보면 되는데 폴대를 연결해서 설치하는 텐트형과 타프에 연결해 사용하는 타프형 두 가지가 있다.

스크린텐트는 3~4명이 활동해도 충분한 크기의 제품을 골라야 한다. 꼭 캠핑 전문업체가 아니라도 쇼핑몰이나 대형할인점엔 여름 한 철을 바라보고 내놓은 스크린 텐트들이 있으므로 그중에서 튼튼하고 평이 좋은 제품을 고르면 되겠다.

타프형은 별도의 폴대를 설치할 필요 없이 타프에 방충망을 다는 것이다. 가격이 비싼 게 흠이지만 타프가 그늘을 형성해 주어 낮에도 활용할 수 있다는 장점이 있다. 스크린텐트는 그물이 생명이므로 버너와 같은 화기를 사용할 때 구멍이 나지 않도록 주의해야 한다.

텐트 치기 전 방수 작업 철저히

유료 캠핑장이 아닌 낚시터에서 텐트를 칠 때는 바닥 작업이 가장 중요하다. 바닥이 울퉁불퉁하거나 습기가 차있다면 밤새 불편해서 뒤척이다가 잠자리를 망칠 수 있기 때문이다. 텐트를 치기 전 먼저 뾰족한 돌 등을 치워서 평평하게 만들어야 한다. 바닥이 고르지 않으면 텐트가 상하기도 한다.

바닥 고르기 작업이 끝났다면 땅바닥의 습기를 막고 텐트를 보호하기 위해 텐트 크기의 비닐을 깔거나 방수포를 깐다. 비닐 위에 텐트를 펼쳐 얹고 폴을 끼운 후 텐트 하단에 스트링(String, 팩을 끼워 고정할 수 있게 만든 구멍)에 팩을 박는다. 사각 텐트라면 대각선 방향으로 모서리를 당겨가며 팩을 박아야 텐트 바닥이 팽팽하게 펴진다. 팩을 박을 때 주의할 사항은 지퍼를 모두 올려 문이란 문은 모두 닫은 상태여야 한다는 것이다. 팩을 박고 나중에 지퍼를 올려 닫으려 하면 잘 닫히지 않고 텐트의 모양새도 이상해질 수 있다.

팩을 모두 박고 폴을 연결해 텐트를 세우면 반은 끝난 셈이다. 타프를 설치한 상태이고 비 예보도 없다면 이대로 그냥 텐트를 사용해도 된다. 비 예보가 있다면 타프 안에 텐트를 설치하는 것도 비를 피할 수 있는 방법이다. 하지만 타프가 없다면 플라이를 설치해야 한다.

플라이를 칠 때는 텐트와 서로 닿지 않게 하는 게 가장 중요하다. 텐트 원단은 방수와 투습을 겸하게 돼있지만 플라이는 방수 기능만 갖추고 있다. 만약 텐트와 플라이가 맞닿아 있게 되면 텐트 내부의 습기가 밖으로 빠져나가지 못해 텐트에 습기가 맺혀 다시 실내로 떨어지는 결로(結露) 현상이 발생한다.

비가 온다는 예보가 있으면 텐트 주위에 고랑을 파줘야 한다. 그렇지 않으면 텐트 내부로 물이 스며든다. 플라이가 땅에 닿는 모서리 바로 밑에 삽으로 고랑을 파주어 플라이를 타고 내린 빗물이 빠져나가게 터준다. 경사가 없는 곳에선 물 배출구를 여러 군데 내놓아야 한다.

자주 쓰는 물건은 머리맡에 놓는다

텐트 바닥은 매트리스를 깔아줘야 푹신하고 바닥에 있는 요철 부위가 등에 배기지 않는다. 바닥이 일단 푹신해야 잠이 잘 오므로 아예 매트리스를 두 개 까는 사람도 있다. 잠을 잘 때는 발쪽에 출입구가 놓이도록 해야 밤중에 텐트 밖을 나갈 때 성가시지 않다. 랜턴이나 물병처럼 자주 사용하는 물건은 머리맡에 두도록 한다. 텐트의 가장자리는 습기가 스며들 수 있는 곳이므로 옷가지나 가방 등을 놓아두고 잠자리는 가운데 중심으로 편다. 안경처럼 깨지기 쉬운 물건은 텐트 벽면에 있는 수납 주머니에 넣어두는 게 좋다.

텐트는 사용 후 보관을 잘해야 오래 사용할 수 있다. 가능한 햇볕에 말린 다음 접어오는 것이 좋으나 비가 온다면 집에 가지고 와서 응달에 말린

팩과 로프 준비
강철 팩 30개, 40m 길이 로프 필요

텐트를 설치할 때 팩과 로프는 어느 정도 준비하면 좋을까? 20~30cm 길이의 강철 팩은 5개 1세트에 5천~6천원이면 구입할 수 있는데 30개 정도는 있어야 넉넉하게 사용할 수 있다.

로프는 텐트 제품에 들어있는 것을 그대로 쓰면 되지만 여윳줄을 따로 준비하는 게 좋다. 캠핑을 할 때는 로프를 돌이나 나뭇가지에 연결하거나 강한 바람이 불어서 더 길게 연결해야 될 상황이 있는데 그때 덧이어서 사용해야 하기 때문이다. 텐트를 사면 보통 20m 정도의 로프가 들어있는데 캠핑에선 40m 정도가 필요하다

망치를 사용해 팩을 박고 있다.

텐트를 설치하고 있는 캠핑낚시인들.

다. 손으로 만져보아 축축한 느낌이 전혀 없어야 하고 플라이는 한 번은 뒤집어주어야 완전히 마른다.

텐트를 해체할 때는 실내에 있는 모래나 벌레 등을 모두 털어내고 가방에 집어넣는다. 두 사람이 양쪽에서 들고 안에서 밖으로 텐트를 뒤집어내어 툭툭 털어낸다.

1~2인용 텐트는 중급 이상 모델 구입

1~2인용 텐트는 한 번 사서 오래 쓸 수 있는 제품을 고르는 게 좋다. 특별히 유행을 타는 제품이 아니고 방한과 방수의 기능에 무게를 둔 제품이 대부분이어서 처음 살 때 좋은 제품을 사면 후회가 없다. 10만~30만원이면 플라이까지 갖춰진 텐트를 구입할 수 있다.

또 차량에 싣고 다닐 장비라면 야전침대를 설치할 수 있는 텐트를 활용해도 좋다. 자동텐트라면 5분 안에 잠자리를 마련할 수 있다. 1인용 텐트를 패밀리캠핑에 함께 가져가면 여러 모로 쓸모가 있다. 넉넉한 크기의 텐트를 구입했다고 하더라도 잠버릇이 험한 아이들이 둘 정도 있으면 텐트 안은 비좁을 수 있다. 이럴 때는 낚시인이 잘 수 있는 1인용 텐트를 따로 설치하면 가족 모두 여유 있게 잘 수 있다.

수변에 설치한 2인용 텐트(사진의 텐트는 코베아 T 코어).

코베아 추천 제품

이스턴 시그니처
본체 720×430×225cm(설치 시) / 이너텐트 410(235)×250×170cm(설치 시)
루프 570×350cm / 그라운드시트 400(230)×240cm
중량 34.5kg(±0.5) / 수용인원 4인용
가격 1,780,000원

아웃백 시그니처
본체 630×350×210cm(설치 시) / 이너텐트 330(250)×220×195cm(설치 시)
루프 550×300cm / 그라운드시트 320(250)×210cm
중량 29kg(±0.5) / 수용인원 4인용
가격 1,500,000원

고스트 팬텀
본체 640×350×205cm(설치 시) / 이너텐트 300(240)×220×185cm(설치 시)
루프 420×240cm / 그라운드시트 280(220)×200cm
중량 17kg(±0.5) / 수용인원 4인용
가격 1,250,000원

스크린 300
본체 300×300×200cm(설치 시)
중량 7.7kg
가격 189,000원

고스트 쉘터
본체 375×370×190cm(설치 시) / 루프 245×240cm
그라운드시트 355×335cm / 중량 11kg(±0.5) / 수용인원 4인용
가격 730,000원

트윈 돔 II
본체 455×260×190cm(설치 시) / 이너텐트 240×220×170cm(설치 시)
그라운드시트 230×210cm / 중량 14kg(±0.5) / 수용인원 4인용
가격 390,000원

이지 돔 II
본체 420×260×180cm(설치 시) / 이너텐트 240×200×165cm(설치 시)
그라운드시트 230×190cm / 중량 10kg(±0.5) / 수용인원 4인용
가격 320,000원

와우 빅돔 골드
본체 390×275×155cm(설치 시) / 이너텐트 240×245×140cm(설치 시)
중량 11.2kg(±0.5) / 수용인원 4인용
가격 413,000원

X 코어
본체 220×250×115cm(설치 시) / 이너텐트 210×150×110cm(설치 시)
그라운드시트 200×140cm / 중량 3.2kg / 수용인원 2인용
가격 259,000원

코트텐트
본체 190×135×95cm(설치 시) / 이너텐트 190×70×90cm(설치 시)
중량 2.5kg / 수용인원 1인용
가격 160,000원(침대인 코베아 이지 코트, WS 릴렉스 코트는 별도 구매)

타프
그늘 넓은 사각타프가 좋다

타프(Tarp)는 천막을 뜻한다. 물의 침투를 막아주는 방수포(Tarpaulin)에서 비롯된 말이다. 타프 천 모서리를 1.5~3m 길이의 폴과 연결한 뒤 바닥에 세우고 로프로 고정해서 사용한다.

타프는 그늘을 만들어주고 비와 이슬을 막아주는 기능 외에 캠핑에선 더 중요한 역할을 맡았다. 타프를 사용하기 시작하면서 비로소 서구식의 캠핑문화가 활성화됐기 때문이다. 텐트는 예전에도 있었지만 지금처럼 의자나 테이블을 활용할 생각은 하지 못했다. 텐트 바깥의 타프라는 생활공간이 생기면서 사람들은 긴 시간을 텐트 주변에서 보낼 수 있게 됐다. 캠퍼들은 타프 아래 테이블과 의자를 놓고 대화를 나누거나 책을 읽으면서 캠핑생활을 즐기고 있다.

설치 쉬운 헥사타프와 쓸모 많은 사각타프

타프는 그늘을 형성해주는 천의 형태에 따라 헥사타프와 사각타프로 나뉜다. 헥사타프에서 '헥사'는 육각형을 뜻하는 헥사곤(Hexagon)에서 유래했다. 헥사타프는 사각타프보다 설치하기 쉽고 돛단배처럼 아름다운 곡선을 보여주기 때문에 캠핑장을 한층 멋스럽게 만든다. 특히 수풀이 우거진 곳에선 폴을 사용하지 않고 나뭇가지에 로프만 묶어 사용할 수 있는 등 자유롭게 구성할 수 있다. 그래서 이유 불문하고 헥사타프만을 고집하는 캠퍼들도 많다. 그러나 바람을 많이 타는 특성상 소형 제품이 대부분이어서 그늘이 작다는 단점이 있다.

타프를 꺼내 설치할 준비를 하고 있는 부자 캠퍼.

이에 비해 사각타프는 넓은 면적의 천을 사용할 수 있어서 그늘이 넓다는 게 가장 큰 장점이다. 보통 가로 세로 4~5m에 이르는 크기인데 더 큰 제품도 있다. 그늘이 넓은 사각타프는 10명 정도는 충분히 둘러앉아 식사를 할 수 있고 두 가족이 함께 사용할 수도 있다. 또 텐트가 작을 경우엔 타프 안에 텐트를 설치할 수 있어 별도의 플라이 없이 지낼 수도 있으며 바람이 심할 경우엔 한쪽 면 폴의 길이를 낮춰 바람막이로도 쓸 수 있다. 이러한 이유 때문에 많은 캠핑낚시인들이 사각타프를 애용한다. 헥사타프는 1~2인용 캠핑에 활용하면 더 적합하다.

천의 방수 기능과 폴의 강도가 기능 좌우

타프의 질은 천의 재질과 폴의 성능에 달려 있다. 천의 소재는 햇빛 차단과 방수 기능을 좌우하고 폴은 튼튼해야 강한 바람에도 타프를 지탱해주기 때문이다. 고기능 타프 제품을 살펴보면 천은 폴리에스테르 소재를 사용하고 내수압 3000 이상, 데니아(Denier, 섬유의 촘촘한 정도) 210 이상의 조건을 갖추고 있으며 알루미늄 소재의 폴을 사용하고 있다.

여기서 내수압이란 방수 능력을 뜻하는 것으로서 10mm의 원통 기둥에 얼만큼 물을 부으면 물이 새는가를 수치로 나타낸 것인데 내수압 1500은 타프 천에 1.5m 물기둥이 서도 새지 않는다는 것을 뜻한다. 데니아는 천을 이루는 섬유의 촘촘한 정도를 뜻하는 수치로서 숫자가 높을수록 섬유가 촘촘해서 튼튼하다는 의미다.

쇼핑몰이나 카탈로그를 보면 타프의 제원에 내수압과 데니아가 표기되어 있다. 하지만 천의 기능은 전문가가 아닌 이상 눈이나 촉감만으로 식별할 수 있는 게 아니어서 우리는 제원을 그냥 믿고 구입할 수밖에 없다. 성능이 검증되어 평이 좋은 브랜드의 제품을 사는 게 가장 현명한 방법이다.

폴은 알루미늄 소재가 비싸긴 해도 가벼우면서 튼튼하다. 바람을 타는 타프는 튼튼한 폴이 꼭 필요하다. 철로 만든 스틸 폴은 바람이 강하게 불면 꺾어버리는 일이 발생하여 나중에 알루미늄 폴로 교체하는 경우가 많다.

타프를 튼튼하게 고정시키기 위해서는 팩의 기능도 중요하다. 제품을 사면 20~30cm 길이의 강철 팩이 들어있는데 바람이 심하게 불면 이것마저 뽑혀 버리는 경우가 발생한다. 바람이 많이 부는 곳을 찾는다면 40cm 길이 정도의 강철 팩으로 교체하면 웬만한 바람에도 버틸 수 있다.

해변에 차박용 차량과 사각타프로 레이아웃을 짰다.

코베아 추천 제품

랜드 렉타 타프
본체 550×400cm / 중량 8.5kg
내수압 3,000mm
가격 219,000원

렉타 타프 와이드 스크린 II
본체 440×385×250cm(설치 시) / 중량 7.3kg
가격 350,000(타프 별매)

블랙펄 헥사 타프
본체 555×550(440)×280cm(설치 시) / 중량 6.1kg
내수압 3,000mm
가격 340,000원

사각타프 설치하는 법

① 타프 천을 반으로 접어서 땅에 놓는다.

② 사각타프는 2개의 메인 폴과 4개의 보조 폴로 구성되어 있다. 메인 폴 두 개를 타프와 일직선이 되게 놓는데 뾰족하게 솟아있는 상단을 천 쪽으로 향하게 한다.

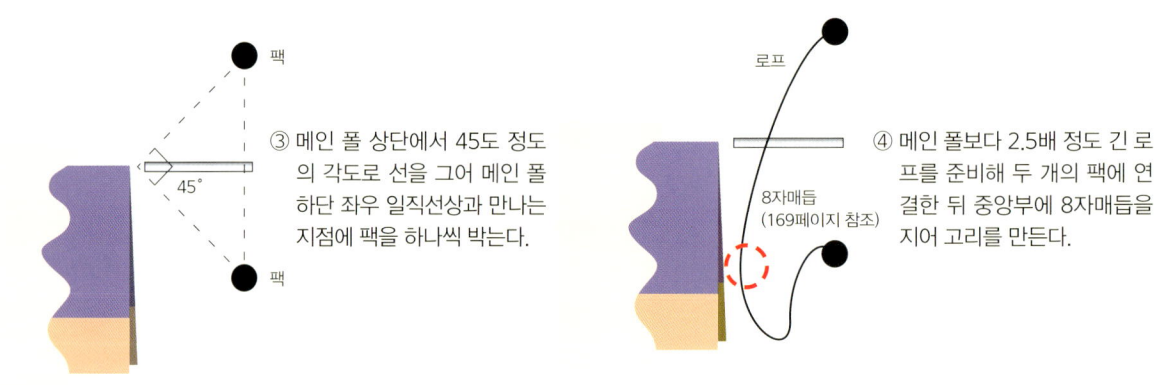

③ 메인 폴 상단에서 45도 정도의 각도로 선을 그어 메인 폴 하단 좌우 일직선상과 만나는 지점에 팩을 하나씩 박는다.

④ 메인 폴보다 2.5배 정도 긴 로프를 준비해 두 개의 팩에 연결한 뒤 중앙부에 8자매듭을 지어 고리를 만든다.

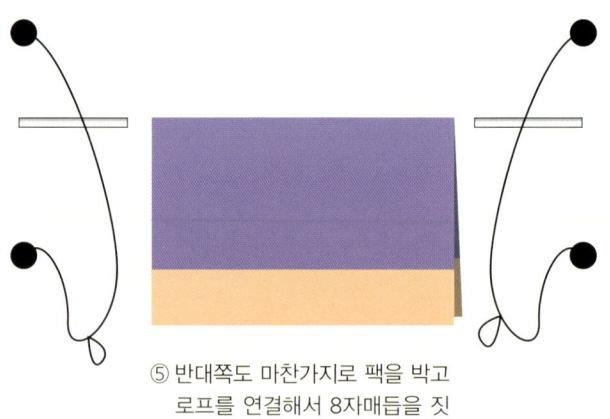

⑤ 반대쪽도 마찬가지로 팩을 박고 로프를 연결해서 8자매듭을 짓는다.

타프와 타프형 스크린텐트로 구성한 여름 캠핑사이트.

⑥ 메인 폴 상단을 천 중앙부의 연결용 고리에 끼운 후 로프의 고리를 그 위에 끼운다.

⑦ 앞뒤의 메인 폴을 세운다. 타프가 똑바로 섰는지 확인한 후 스토퍼를 이용해 로프를 팽팽하게 조정한다.

메인 폴을 일으켜 세운다

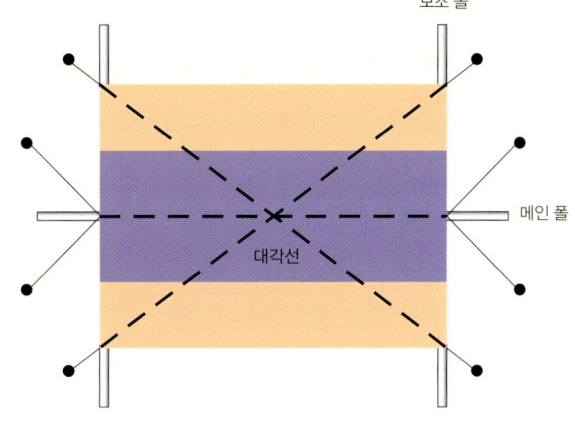

⑧ 보조 폴과 로프 연결. 사각 천을 위에서 봤을 때 대각선 방향으로 만나는 지점에 팩을 박는다. 이때 천과 팩의 거리는 메인 폴 팩을 넘지 않도록 한다. 보조 폴을 사각 모서리에 있는 연결용 고리에 끼운 후 팔자매듭을 한 로프의 고리에 끼운다.

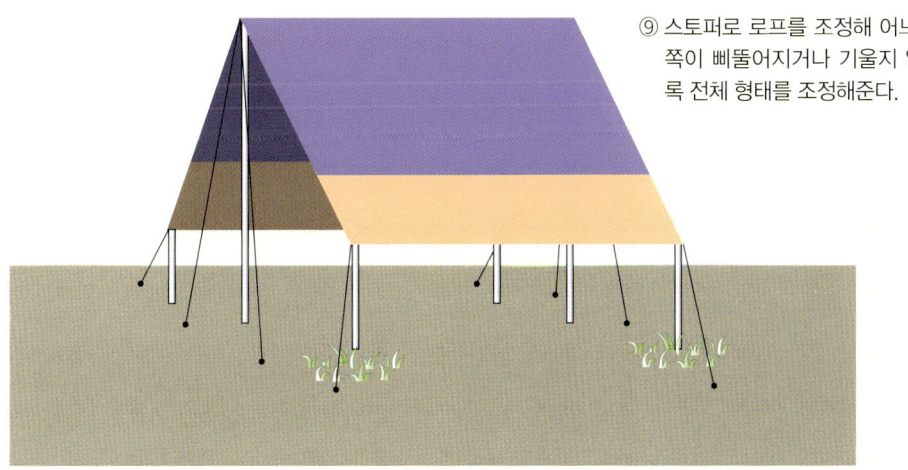

⑨ 스토퍼로 로프를 조정해 어느 한쪽이 삐뚤어지거나 기울지 않도록 전체 형태를 조정해준다.

| PART 2 | 캠핑 장비의 선택과 활용 3

침낭·매트리스
봄·가을용은 패딩침낭, 사각형이 편리

침낭과 매트리스는 캠핑에서 잠자리다. 침낭은 덮는 이불이고 매트리스는 까는 요인 셈이다. 특히 침낭은 가족의 건강을 책임지는 중요한 용품으로서 비용도 상당히 드는 물품이기 때문에 구입할 때 신중을 기해야 한다. 봄부터 가을에 활동하는 캠핑낚시에 알맞은 침낭은 방한 기능이 뛰어나지만 비싼 오리털침낭보다 저렴하고 관리가 쉬운 춘추용 패딩침낭이다.

최저온도 4도 이상인 제품 골라야
우리가 시중에서 만나는 침낭은 화학섬유를 보온재로 사용한 패딩침낭과 오리털(또는 거위털)로 보온재를 채운 오리털침낭 두 종류다. 오리털침낭은 보온력이 뛰어나고 가벼워서 고기능의 방한용품으로 꼽지만 가격이 비싸고 드라이크리닝을 해야 하는 등 관리가 어렵다. 또 보통 20만원을 넘기 때문에 가족 수만큼 구입하면 상당한 비용이 소요된다.
이에 비해 패딩침낭은 오리털침낭보다 무겁고 보온력이 떨어지긴 하지만 값이 싸고 관리가 편하다는 장점이 있다. 캠퍼들은 겨울캠핑엔 오리털침낭을 쓰고 봄부터 가을까지는 패딩침낭을 사용하고 있는데 캠핑낚시 역시 패딩침낭을 장만하는 게 경제적이다.
침낭은 더우면 덮지 않으면 그만이지만 덮어도 추위를 느낀다면 문제가

빨랫줄에 널어놓은 침낭. 낮에 침낭을 햇볕에 말리면 뽀송뽀송한 상태에서 덮고 잘 수 있다.

있는 것이다. 너무 얇은 침낭은 여름엔 문제가 없지만 봄이나 가을엔 사용할 수 없다. 제품 카탈로그나 쇼핑몰의 상품 제원을 보면 사용할 수 있는 활용 적정온도를 표기해 놓았는데 상온 10도 이상은 여름용, 상온 4도 이상은 춘추용이므로 적정온도 4도 이상인 제품을 사야 한다.

사각형 침낭이 활용도 높아
침낭은 형태에 따라 머미(Mummy, 미이라)형과 사각형으로 나뉜다. 머미형은 사람이 침낭 안으로 들어가면 미이라 모양으로 침낭이 몸을 감싸주는 형태로서 보온기능이 뛰어나야 하는 산악용으로 많이 쓰인다.
이에 비해 사각형은 우리가 덮고 자는 이불과 비슷하다. 몸에 맞게 잘라 놓은 형태로서 좌우로 움직일수 있는 공간이 있고 지퍼를 내려 펼쳐 놓으면 두 명이 함께 덮을 수 있어 활용도가 높다. 캠핑에선 사각침낭을 많이 쓴다. 또 같은 회사의 침낭 두 개를 구입하면 서로 이어서 쓸 수 있도록 만든 제품도 있다.
낚시인이라면 캠핑이 아니라도 침낭을 쓸 일이 많다. 특히 겨울낚시터에서 쓸 일이 많으므로 자신이 쓸 침낭은 보온기능이 뛰어난 오리털 보온재의 머미형을 하나 구입하면 좋을 것이다.

4~5인용 텐트엔 2인용 발포매트리스 2장 구입
매트리스는 텐트 안의 바닥에 까는 보호재이자 보온재이다. 울퉁불퉁한 바닥면으로부터 몸을 보호해주고 찬 바닥의 한기를 막아주어 몸을 따뜻하게 만들어준다. 가장 많이 쓰는 매트리스가 움푹움푹 구멍이 많이 나있는 폴리에틸렌 소재의 발포매트리스다. 1인용, 2인용 두 가지가 있는데 접이식으로 사용하는 2인용 매트를 2개 구입하면 4~5인용 텐트에 깔 수 있다.
발포매트리스 외에 공기를 주입하거나 공기주입 마개를 열면 자동하는 팽창하는 에어매트리스가 있다. 공기를 빼면 부피가 줄어들기 때문에 수납이 편리한 장점이 있지만 제품에 따라 질이 천차만별이어서 비싸더라도 좋은 것을 써야 한다. 침대와 똑같아서 질이 나쁜 제품을 사면 조금만 누워있어도 허리가 아프다. 침대 매트처럼 어느 정도 두껍고 겉감이 보온재로 만들어져 있어 누웠을 때 편안하면서 따뜻한 감촉을 주어야 한다. 여름엔 2~3인용 에어매트리스를 스크린텐트 안에 깔고 침낭만 덮고 자기도 한다.

코베아 추천 제품

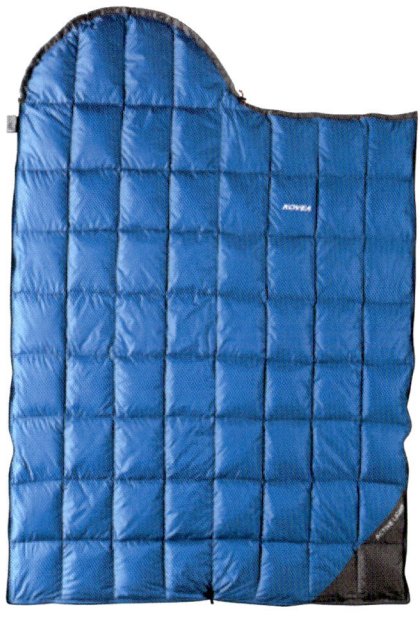

액티브 라이트
규격 195×75cm(편차 ±3cm)
중량 850g(충전재 350g)
재질 겉감 나일론 100%
　　　안감 나일론 100%
　　　충전재 덕다운 (솜털 70%, 깃털 30%)
가격 142,000원

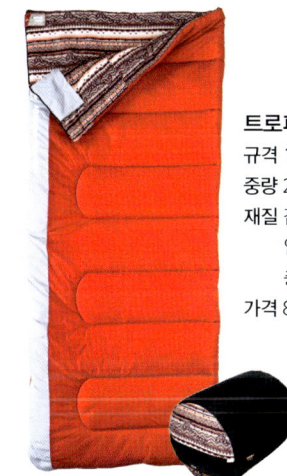

더블 EX
규격 210(190)×160cm(편차 ±3cm)
중량 5kg(충전재 3kg)
재질 겉감 폴리에스테르 100%
　　　안감 폴리에스테르 100%
　　　충전재 폴리에스테르 100%
가격 120,000원

트로피칼 1800
규격 190×85cm(편차 ±3cm)
중량 2.4kg(충전재 1.8kg)
재질 겉감 폴리에스테르 100%
　　　안감 폴리에스테르 100%
　　　충전재 폴리에스테르 100%
가격 85,000원

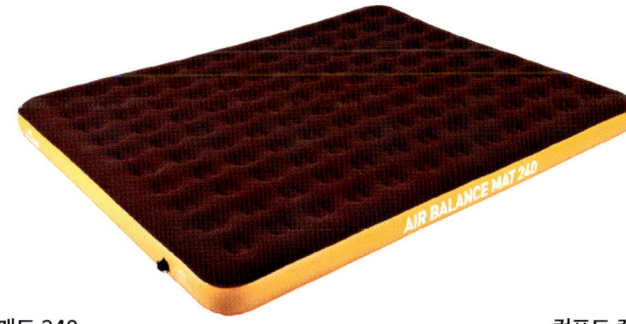
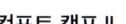

에어 밸런스 매트 240
규격　238×187×18cm(설치 시) / 38×29×19cm(수납 시)
중량 6.8kg
재질 FLOCK, PVC
가격 110,000원

컴포트 캠프 II
규격 195×65×5cm(사용 시) / ø21×67.5cm(수납 시)
중량 1.7kg
재질 상단 스트레치 패브릭 50D
　　　하단 폴리에스테르(150D TPU코팅)
가격 87,000원

스토브
요리하기 편한 2구 버너, 다기능 버너 필요

스토브(stove)는 액체 또는 기체 연료를 활용해 불을 켜는 도구로서 캠핑에선 음식을 요리할 때나 난방용으로 활용한다. 스토브를 두고 흔히 버너(Burner)라고 부르는데 캠퍼들은 취사도구 외에 난방장비로도 많이 활용한다고 해서 취사도구 의미의 버너 대신 스토브란 표현을 쓴다.

낚시인이면 가정에 부탄가스를 연료로 사용하는 휴대용 스토브를 한두 개쯤 가지고 있으므로 이것을 그대로 사용하면 되겠다. 조금 더 여유가 있다면 화구가 두 개 달린 2구용 가스버너나 바비큐, 구이 등의 조리용구가 있는 다기능 버너를 하나 더 장만해보자. 이런 캠핑용 스토브는 제품 자체에 받침대가 달려 있거나 테이블에 올려놓고 조리할 수 있도록 설계되어 요리를 편하게 할 수 있다.

우리가 사용하는 휴대용 스토브는 부탄가스를 연료로 사용한다. 부탄가스는 기온이 떨어지면 불이 약해지는 단점이 있긴 하지만 춘추용으로 활용하는 데 있어 아무런 문제가 없다. 만약 겨울에도 사용할 스토브를 구하려 한다면 캠핑용 액체연료를 사용하는 가솔린 스토브를 사용하거나 동계용 기체연료인 이소부탄가스를 사용해야 한다.

스토브 연료의 종류
스토브의 종류는 곧 연료의 종류라 할 수 있다. 어떤 연료를 사용하느냐에 따라 특성이 달라진다. 액체연료는 기체로 만드는 과정이 필요하기 때문에 번거롭다는 단점이 있다.

다기능 버너를 이용해 요리를 하고 있다.

●석유
70~80년대에 주를 이뤘던 연료. 아직까지도 석유 스토브에 애착을 갖고 있는 마니아들이 있다. 석유는 끊는점이 180~250도이기 때문에 액체 상태인 석유를 기체로 만들기 위해서는 예열이 필요하다. 화구 주변에 알코올을 붓고 불을 붙인 뒤 사용할 수 있다.

●가솔린
예열 단계를 거쳐야 하는 석유연료와 달리 높은 압력만으로도 기체로 바꿔 연료로 사용할 수 있다. 사용 전 펌프질을 해줘야 한다.

●부탄가스
가장 많이 사용하는 스토브 연료. 가격이 저렴하고 휴대가 편하다는 장점이 있다.

●이소부탄가스
부탄가스는 기온이 영하 이하로 내려가면 얼어붙기 시작해 화력이 약해진다. 이러한 단점을 보완하기 위해 출시된 연료가 이소부탄가스다. 가격이 부탄가스보다 2배 이상 비싸다.

●프로판가스
낚시인들이 부탄가스와 함께 많이 사용하는 연료다. LPG가스라고 불리는 이 기체연료는 화력이 세고 겨울에도 잘 얼지 않는다. 하지만 큰 가스통과 무게 때문에 차량이 아니면 들고 다니기 어렵다.

겨울에도 쓸 수 있는 하이엔드 스토브

캠핑낚시야 봄가을에 사용하는 부탄가스용 스토브를 구입하면 되겠지만 사철 출조를 떠나는 낚시인에겐 겨울에도 화력이 죽지 않는 스토브가 필요하다. 하이엔드 스토브란 콤팩트한 설계로 크기가 작고 가벼우며 이소부탄가스버너를 사용할 수 있거나 가솔린과 부탄가스를 함께 쓸 수 있도록 만든 제품이다. 비싸긴 하지만 현장에선 가격 이상의 기능을 발휘한다. 특히 겨울에 많이 찾는 갯바위에선 화력이 강한 스토브 하나쯤 필요하기 마련인데 그런 낚시인이라면 하이엔드 스토브를 하나 장만해보자.

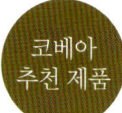
코베아 추천 제품

3웨이 올인원 (PO)-M
규격 43×12.2×23.8cm(Inner Box)
중량 3.73kg
점화방식 압전자동점화(원터치 방식)
사용연료 부탄가스(220g)
연료소비량 169g/h – 2,060kcal/h
가격 125,000원

알파인 마스터 2.0
규격 173×173×210cm(Inner Box) / 중량 845g
용량 2L(용기) / 점화방식 수동점화
사용연료 나사식 부탄가스(230g, 450g)
연료소비량 162g/h–1,916kcal/h
구성 스토브 몸체, 그릇 받침대, 전용 용기, 뚜껑,
　　　스토브케이스, 수납케이스
가격 189,000

디럭스 트윈 스토브
규격 490×298×110mm(Inner Box) / 중량 4kg
점화방식 압전자동점화 / 사용연료 나사식 부탄가스(230g, 450g)
연료소비량 162g/h(좌·우) 1,916kcal/h
가격 128,000원

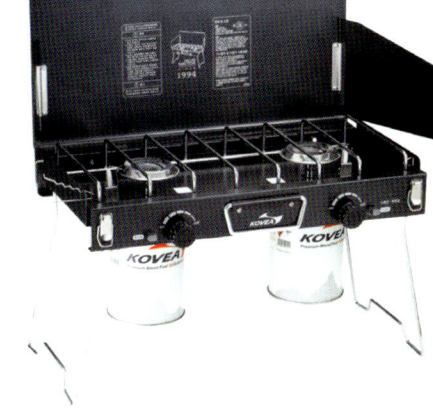

엑스온
규격 29.2×13×25.6cm(Inner Box) / 중량 1.2kg
점화방식 압전자동점화(원터치 방식) / 사용연료 부탄가스(220g)
연료소비량 174g/h – 2,058kcal/h
가격 52,000원

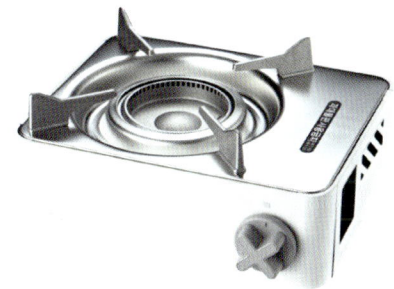

미니
규격 365×356×175mm(Inner Box)
중량 1.9kg
점화방식 압전자동점화(원터치 방식)
사용연료 부탄가스(220g)
연료소비량 110g/h – 1,301kcal/h
가격 120,000원

하이드라 멀티 퓨얼 스토브
규격 203×203×105mm(설치 시) / 82×54×78mm(수납 시)
중량 310g / 점화방식 수동점화
사용연료 화이트 가솔린, 나사식 부탄가스(110g, 230g, 450g)
연료소비량 화이트 가솔린 157g/h – 1,860kcal/h / 이소가스 131g/h – 1,550kcal/h
가격 186,000원

| PART 2 | 캠핑 장비의 선택과 활용 5

화로
불멍을 위한 필수 아이템

화로는 모닥불을 피우는 장비다. 밤에 한곳에 둘러앉아 모닥불을 피우면서 얘기를 나누는 모습은 캠핑 하면 떠오르는 그림이다. 캠핑낚시에서 화로는 빼놓지 말아야 할 필수장비다. 밤에 식사를 마친 후 가족들이 함께 둘러앉아 모닥불을 보면서 얘기를 나누다가 화로 위에 석쇠를 올려놓고 고기나 해산물을 구워 먹을 수 있으므로 여러모로 활용도가 높다.

풀세트 구입하는 게 좋아

화로의 형태는 상단 모양이 삼각형 또는 사각형을 이루는 본체와 다리, 화로받침대로 구성되어 있다. 화로에 땔감을 쓸 나무를 집어넣고 불을 피우면 된다. 만약 화로에 그릴을 얹고 고기를 굽고 싶다면 숯을 사용할 수도 있다.

화로는 본체의 외형에 따라 본체 하단이 한곳에서 만나는 깔때기 형태와 네모반듯한 상자 형태 등으로 분류할 수 있다. 크기별로 대, 중, 소로 나뉘며 클수록 비싸다. 화로에 석쇠나 철판을 올리려면 전용 받침대를 따로 구입해야 한다.

업체마다 그릴과 화로를 묶어서 판매하는데 한 회사 제품을 세트로 사는 게 좋다. 화로는 일단 큰 것이 불꽃이 크고 화력도 세기 때문에 좋다.

화로에 모닥불 피우기

화로에 장작을 쌓았다고 해서 금방 불이 붙는 것은 아니다. 불이 붙는가 싶더니 금방 꺼지는 경우가 많다. 화로에 모닥불을 피우고 싶다면 밑불을 잘 활용해서 위에 쌓아놓은 장작까지 불이 옮겨 붙게 해야 한다. 신문지, 잔 나뭇가지 등

가스토치를 이용해 화로의 장작에 불을 붙이고 있다.

을 밑에 쌓고 그 위에 장작을 쌓아올린 뒤 신문지와 잔가지에 불을 붙이면 밑에서부터 불꽃이 커지기 시작해 장작 전체로 번지게 된다. 이때 장작을 쌓은 형태가 발화력을 좌우한다. 아무렇게나 쌓는 게 아니라 잘 타는 나무 안쪽이 아래로 향하게 해야 한다.

고기 기름을 적신 휴지를 밑불로 사용하면 빠른 시간에 불을 피울 수 있다. 캠핑용 착화제는 기름에 절인 톱밥을 응축해 만든 것으로서 불을 붙이면 10분 정도 탄다. 잔가지를 쌓은 후 불붙은 착화제를 놓는다. 나뭇가지에 불이 붙으면 그 위에 장작을 쌓아 올린다.

숯을 조개탄 형태로 만든 차콜 브리켓(Charcoal briquet)이나 숯은 바비큐 연료로 많이 쓰인다. 처음에 불을 붙이기 쉽지 않은데 이때 점화 도구인 차콜 스타터를 활용하면 쉽게 불을 붙일 수 있다. 삼각 또는 사각 형태의 차콜 스타터 통 안에 차콜(또는 숯)을 집어넣은 뒤 스토브나 토치를 이용해 불을 붙인다. 차콜 하단부에 불이 붙은 게 확인되면 그릴 안에 세워놓고 10~20분 정도 그대로 놔두면 빨갛게 올라오는데 이때 차콜을 그릴 안에 쏟고 석쇠를 올린 뒤 고기를 구우면 된다.

코베아 추천 제품

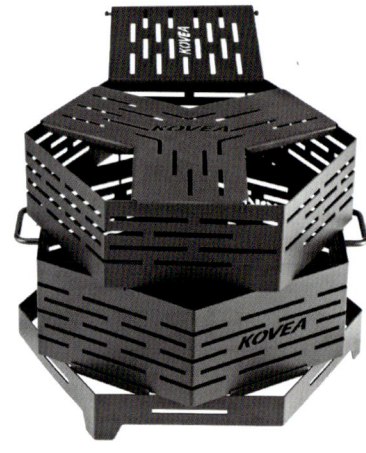

헥사 아이언 화로대
규격 본체 39.8×37.8×27.5cm(설치 시) / 43×38×13.5cm(수납 시)
사이드렉 23×18.5×27.5cm(설치 시) / **중량** 6.07kg(수납케이스 포함)
가격 169,000원

파이어 캠프 세트
규격 46×46×58cm(설치 시)
중량 16.8kg / **구성** 본체, 스탠드, 숯받이, 그릴, 바닥, 수납케이스
가격 269,000원

| PART 2 | 캠핑 장비의 선택과 활용 6

랜턴
타프용 야외 랜턴은 가스랜턴으로

새로 끼운 심지에 불을 붙이고 있다. 완전히 연소되어야 랜턴이 제 빛을 낸다.

조명기구는 텐트 내부와 타프를 밝히는 캠핑장용과 휴대용 두 가지로 분류할 수 있다. 낚시인에겐 휴대용 랜턴은 있으므로 이를 활용하면 되겠지만 캠핑용 랜턴은 타프용과 텐트용을 하나씩 구입해보자.
텐트용은 실내를 밝히는 용도로서 천장에 달아 쓰는데 연료를 사용하는 랜턴은 안전성에 문제가 있으므로 건전지를 사용하는 제품이 좋다. 타프에서 쓰는 랜턴은 가스랜턴이 훨씬 밝고 캠핑장 특유의 분위기를 낼 수 있어 좋다. 불을 붙이는 심지를 갈아 끼우는 데는 다소 요령이 필요하다. 휘발유 랜턴은 가격이 비싸고 별도로 연료를 구입해야 되지만 매우 밝고 추위에도 변함이 없다는 장점이 있다. 여름엔 가스랜턴과 건전지랜턴 두 가지만 있으면 된다.

가스랜턴의 심지 갈기

가스랜턴의 심지는 열을 빛으로 바꿔주는 역할을 한다. 6~10회 정도 사용하면 구멍이 나는 소모품이다. 심지를 갈아줄 때는 한 번 태워줘야 불순물이 제거되면서 제 빛이 나기 시작한다.

① 손잡이를 분리하면 뚜껑과 유리 케이스가 분리된다.
② 가스 연결 파이프에 심지를 끼운다.
③ 심지에 불을 붙여 전체가 완전히 탈 때까지 태운다.
④ 완전히 연소된 심지의 모습.
⑤ 랜턴에 불을 붙인다.

코베아 추천 제품

파이어 플라이
규격 7.5×6.9×10.8cm(Inner Box) / 중량 146g
최대밝기 40Lux / 점화방식 수동점화
가격 44,000원

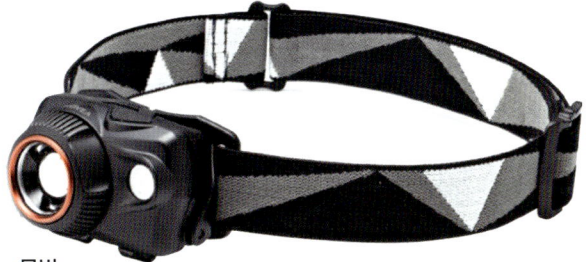

문빔
6.2×4.1×4.3cm / 중량 112g(배터리 포함)
밝기 580 Lumens / 전지 1.5V AAA x 3EA(제품에 포함)
사용 시간 2.5시간 / 40시간(최대/최소 밝기)
가격 46,000원

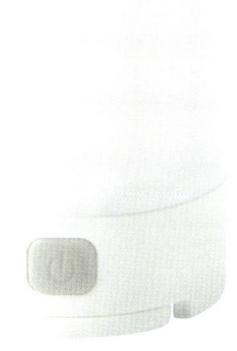

문라이트 LED 랜턴
밝기 600Lumens / 충전시간 3시간
전구 LED 랜턴등 14 x 1 W white LEDs / 무드등 7 x 0.2W RGB LEDs
사용 시간 5시간50분 ~168시간(최대/최소 밝기)
가격 38,000원

| PART 2 | 캠핑 장비의 선택과 활용 7

가구
테이블은 식탁·다용도용 2개가 기본

캠핑용품을 구입할 때 예상보다 많은 비용이 들어가서 놀라는 품목이 침낭과 테이블·의자 같은 가구들이다. 두 용품 모두 가족 수대로 마련해야 하다 보니 돈이 많이 드는 것이다. 침낭은 가족의 건강과 안전을 책임지는 필수품이므로 돈을 아낄 수 없겠지만 테이블과 의자는 최소한으로 꾸리고 나중에 필요할 때마다 추가로 장만하는 게 경제적인 지출 방법이다.

낚시의자·바비큐 의자를 활용하자

캠핑에서 테이블과 의자가 필요한 이유는 이곳에서 많은 시간을 보내기 때문이다. 식사를 하기 위해선 테이블이 필요하고 오랜 시간 대화를 나누기 위해선 편하게 쉴 수 있는 의자가 필요하다. 하지만 캠핑낚시는 낚시를 접목한 여행이기 때문에 의자에 앉아 많은 시간을 보낼 이유가 없다. 낚시인은 낚시의자가 한 두개쯤 있으므로 이를 그대로 사용하면 되겠다. 캠핑용 의자와 낚시의자를 비교해보면 낚시의자가 등받이 조절이 되고 거치 면적이 넓어 훨씬 편하다는 것을 알게 된다.

테이블은 식탁용으로 하나, 다용도로 활용할 테이블 하나, 두 개만 있으면 된다. 의자는 낚시의자를 포함해 가족 수대로 준비하자. 식탁용 테이블은 다리의 높낮이를 조절할 수 있으면 더욱 편리하다. 캠핑에선 화로 주변에서 밤 시간을 많이 보내게 되고(캠핑낚시도 마찬가지) 화로에서 사용할 낮은 높이의 바비큐 의자를 장만하게 되는데 이를 미리 구입한다고 생각하고 캠핑의자 대신 장만하는 것이다. 식탁 테이블을 밥상 높이로 낮추고 바비큐 의자에 둘러 앉아 식사를 하면 오붓한 멋이 넘친다. 바비큐 의자는 낚시용 소형의자를 써도 된다.

코베아 추천 제품

필드 릴렉스 롱 체어 Ⅲ
규격 59×73×99cm(설치 시) / 15×16×120cm(수납 시) / 35cm(시트높이)
중량 3.6kg / **내하중** 100kg / **재질** 알루미늄 프레임 / **색상** Beige, Charcoal
가격 73,000원

비비드 체어 와이드
중량 1.5kg / **내하중** 120kg / **색상** Tan, Khaki
재질 알루미늄 프레임, 나일론 + 그라파이트
가격 90,000원

티탄 플랫 체어 II - L
규격 55×55×78cm(설치 시) / 55×9×74cm(수납 시) / 35cm(시트높이) /
중량 2.8kg / 내하중 100kg / 색상 Khaki, Sunset Red
재질 알루미늄 프레임, 팔걸이 대나무, 폴리에스테르 시트
가격 83,000원

미니 BBQ 체어 세트 II
규격 36×40×28cm(설치 시) / 35×2×45cm(수납 시) / 25cm(시트높이)
중량 2kg(2EA) 내하중 100kg / 재질 스틸 프레임, 폴리에스테르 시트
색상 Mint, Orange
가격 25,000원

그라운드 체어 II
규격 40×40×40cm(설치 시) / 15×39cm(수납 시)
중량 0.7kg 내하중 80kg / 재질 폴리에스테르 / 색상 Khaki, Mustard
가격 21,000원

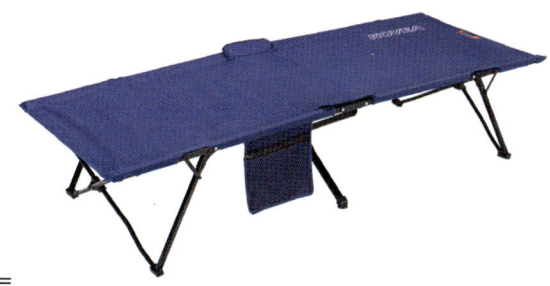

이지 코트
규격 202×78×43cm(설치 시) / 103×14×15cm(수납 시) / 40cm(시트높이)
중량 9.5kg 내하중 100kg / 재질 스틸 프레임, 폴리에스테르 시트
가격 75,000원

WS 쿨러 멀티 테이블
규격 57.5×50×45(40/30)cm(설치 시) / 60×21×12cm(수납 시)
중량 3.8kg / 내하중 30kg / 재질 상판 알루미늄
가격 79,000원

이지 라이트 테이블 (하드탑)
규격 61.5×40.5×40cm(설치 시) / 11×11×44cm(수납 시)
중량 970g(수납케이스 포함) / 내하중 30kg
재질 상판 폴리에스테르 600D, 두랄루미 프레임
가격 109,000원

AL 시스템 테이블 - A
+ 시스템 테이블 캐비닛
규격 71×46×70(55/30)cm(설치 시)
가격 52,000원(AL 시스템 테이블 - A)
     28,000원(시스템 테이블 캐비닛)

AL 미니 테이블 III
규격 60×40×23.5cm(설치 시) / 40×30×6.5cm(수납 시)
중량 1.8kg 내하중 5kg / 재질 프레임 알루미늄
가격 37,000원

코펠
백숙이나 국 끓일 들통이 필요하다

코펠은 낚시인이면 하나씩 갖고 있다. 쓰고 있던 제품을 캠핑장에서 사용하면 되겠지만 들통이나 큰 냄비 하나 정도는 마련하는 게 좋다. 캠핑장에선 평소 낚시터에서는 해먹지 않던 음식을 요리해 먹는다. 닭백숙이나 국거리 등은 큰 용기가 필요할 수밖에 없다. 5리터 전후의 큰 들통 하나만 있으면 코펠로는 요리할 수 없었던 다양한 음식을 맛볼 수 있다. 집에서 쓰고 있던 제품을 써도 되지만 뚜껑이 유리로 되어있는 제품은 깨질 우려가 있어 피하는 게 좋다. 시장이나 대형마트에서 마음에 드는 것을 골라도 상관없다.

코펠 구입에 돈을 아끼지 말자

이번 기회에 코펠을 구입하려 한다면 가격이 비싸더라도 좋은 제품을 사자. 오래 쓸 수 있기 때문이다. 코펠의 가격은 재질과 구성품에 따라 달라진다. 재질이 좋을수록 구성품이 다양할수록 가격이 비싸고 좋은 제품이다. 상급 제품들은 경질 알루미늄이나 세라믹, 스테인리스 소재로 만들었다. 웬만한 충격에도 찌그러지지 않고 반복해서 사용해도 마모가 되지 않는다.

디럭스 스텐레스 코펠 – XL
규격 ø23.5×24cm / 중량 3.3kg / 코펠 재질 스테인리스
구성 코펠(중 3.6L, 대 5.6L), 프라이팬, 국자, 주걱, 그릇 x 4EA, 접시 x 3EA, 손잡이 x 2EA, 수납케이스
가격 109,000원

원형 커플 식기세트(2인)
코펠 재질 스테인리스
구성 밥그릇(소) x 2EA, 밥그릇(대) x 2EA, 국그릇(소) x 2EA, 국그릇(대) x 2EA, 접시 x 2EA, 메쉬케이스
가격 61,000원

이스케이프
규격 ø15×16cm / 중량 511g(수납케이스 포함)
코펠 재질 알루미늄 / 구성 코펠(1L, 0.6L), 수납케이스
가격 39,000원

피에스타 캠핑컵 세트
컵 용량 300ml 소주잔 용량 50ml
본체 재질 스테인리스 304 / 구성 컵 x 4EA, 소주잔 x 4EA
가격 23,000원

파워뱅크
소형 전기용품이라면 20~28암페어가 적합

캠핑낚시는 숙박을 겸해 즐기는 특성상 많은 전기기구를 필요로 하는데 이때 간편하게 전기를 공급하는 파워뱅크가 있으면 한결 편리하다. 파워뱅크란 고성능 대용량 충전 배터리를 말한다. 파워뱅크로 작동시킬 수 있는 휴대용 전기기구의 종류는 다양하다. 처음에는 전력 소모량이 적은 소형 선풍기, 전기밥솥, 냉장고, 라디오, TV, 소형 전등 등을 쓸 때 활용했지만, 최근에는 전력 소비량이 큰 온열매트를 사용하는 캠퍼들이 늘고 있어 용량도 점점 커지는 추세다.

파워뱅크가 저렴한 자동차 배터리 등과 다른 점은 고용량과 편리성이다. 파워뱅크는 배터리보다 훨씬 가벼우면서도 더 큰 전력을 저장할 수 있어 이동이 잦은 야외레저에 적합하다. 또한 + - 단자만 있는 배터리와 달리 전면에 각종 전기장치를 연결해 쓸 수 있는 연결구를 마련해 놓았다. 핸드폰, 노트북 등을 연결해 쓸 수 있는 USB 단자, 휴대용 선풍기, TV 등을 연결하는 시가잭 단자, 그외 전기용품 등을 집게로 바로 물릴 수 있는 다이렉트 연결 단자까지 달려 나온다. 대체로 암페어 수가 높은 제품일수록 다양한 연결 단자가 제공된다. 이런 단자가 없다면 연결구가 달린 변환용 장치를 별도로 구입해야 한다.

휴대폰, 노트북 등만 쓴다면 2박3일 사용

파워뱅크는 자신이 사용하는 전기기구의 종류, 소비 전력, 사용 시간 등을 종합적으로 고려해야 한다. 용량이 너무 적은 제품을 구입하면 전기기구를 아예 작동시키지 못하거나 이용 시간이 턱없이 짧아 낭패를 볼 수 있고, 너무 큰 제품은 비싸고 무거워 실용성이 떨어진다.

휴대폰 보조 배터리도 일종의 파워뱅크로 볼 수 있으나 일반적으로 파워뱅크라고 부르는 대용량 파워뱅크는 최저 20암페어부터 최대 250암페어 제품을 말한다.

암페어는 배터리의 용량이므로 암페어가 클수록 오래 쓸 수 있다. 암페어가 커질수록 가격도 올라간다. 핸드폰, 소형 선풍기를 쓸 용도라면 20만~30만원대 20~28암페어 제품이 적당하고 온열매트와 같이 전력 소모량이 많은 전기제품을 쓰려면 70만~80만원대의 40암페어 이상 제품을 사야 한다.

20~28암페어 제품으로 핸드폰, 노트북 등만 쓴다면 전력 소모량이 적기 때문에 2박3일 정도는 무난하게 사용할 수 있다.

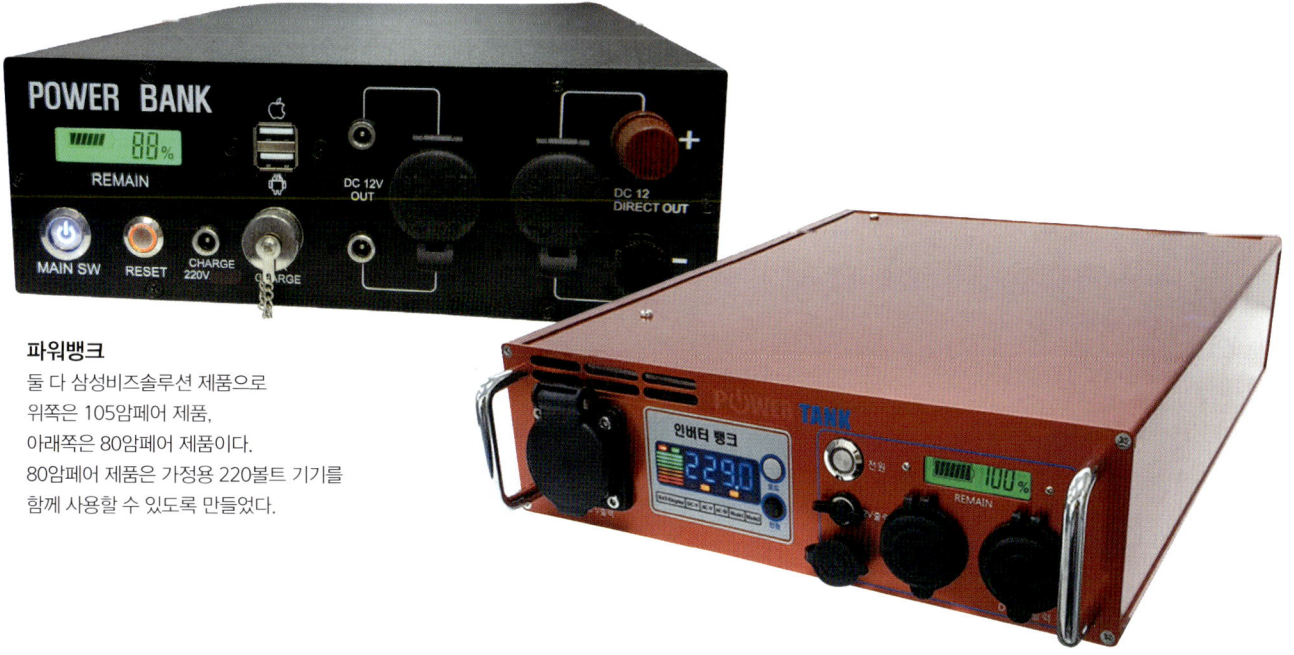

파워뱅크
둘 다 삼성비즈솔루션 제품으로 위쪽은 105암페어 제품, 아래쪽은 80암페어 제품이다. 80암페어 제품은 가정용 220볼트 기기를 함께 사용할 수 있도록 만들었다.

| PART 2 | 캠핑 장비의 선택과 활용 10

캠핑사이트 만들기
타프→텐트→가구→정리→식사 준비

캠핑낚시를 떠나기 전 캠핑용품은 미리 사용법을 충분히 익히고 떠나도록 하자. 타프와 텐트는 설치법을 어느 정도 알고 있어야 현장에서 허둥대지 않고 설치할 수 있는데 공원 같이 넓은 공간에서 한두 번 쳐보면 자신감이 생길 것이다. 특히 타프는 처음 사용해보는 것이라면 꼭 설치해보고 가야 한다. 인터넷에 '타프 설치 방법'을 검색하면 관련 동영상을 볼 수 있는데 한 번 보고 나면 이해가 빨리 된다.

타프와 텐트를 설치하다 보면 로프와 스토퍼 연결, 팩 박기 등 소품 활용법을 자연스레 익히게 된다. 스토퍼는 텐트 혹은 타프에 연결한 로프의 길이를 조절해서 팽팽하게 혹은 느슨하게 만들 수 있는 소품이다. 사용법을 알면 쉽지만 모르면 어떻게 써야 하는지 몰라 속 썩기 쉽다. 팩과 로프의 연결법도 가기 전에 배워두자. 팩 박기와 로프 활용술은 'PART 5 부록' 편을 참고하기 바란다.

강변이 최적의 캠핑 장소

캠핑낚시에 최적의 장소는 캠핑 공간이 넉넉하고 물고기도 잘 잡히는 낚시터일 것이다. 그런 대표적인 장소가 바로 강이다. 바캉스철엔 물놀이를

텐트를 설치하고 가구를 옮기고 있는 캠핑낚시인들.

차박 텐트 내부 레이아웃(사진의 텐트는 코베아 투어링 카텐트).

함께 즐길 수 있는 강이 최고의 캠핑낚시터라 할 수 있다.

강변에서 캠핑장을 잡을 때는 조금 걷더라도 물에서 멀리 떨어진 곳에 설치해야 한다. 댐을 상류에 두고 있는 강은 주기적으로 수위가 줄었다가 늘어나곤 하는데 만수위선에서 20m 정도는 떨어져야 안전하다. 풀이 누워 있거나 물이 차올랐던 흔적이 있는 곳은 최근까지 물이 차있던 곳이므로 그곳보다 멀리 떨어져서 장소를 잡는다.

만약 캠핑 기간에 큰비 소식이 있다면 망설임 없이 강 출조는 포기하고 다른 장소를 찾는다. 강은 수위가 금방 불기 때문에 안전하다고 여기는 장소끼지도 위험할 수 있다.

저수지나 바닷가를 찾는다면 숲이 있어 그늘을 만들어주는 장소를 찾는다. 하루 종일 그늘이 지는 곳이라면 굳이 타프를 칠 필요도 없다. 바닷가는 해수욕장마다 캠핑장을 운영하므로 이런 곳을 이용한다. 해수욕장 캠핑장은 대부분 소나무 숲이 있어 시원한 그늘을 제공해준다. 바다낚시터로 정한 갯바위나 방파제에서 가장 가까운 해수욕장을 캠핑 장소로 정하면 될 것이다.

오토캠핑장에서 캠핑을 해야 될 경우엔 제일 먼저 그늘진 곳을 찾고 그 밖에 차로에서 멀리 떨어져 조용한 곳, 사람들이 많이 지나가지 않아 신경 쓰이지 않는 곳, 옆 텐트와 어느 정도 떨어져 있어 프라이버시를 지킬 수 있는 곳, 강이나 바다를 바라볼 수 있는 전망 좋은 곳, 취사장에서 가까운 곳 등의 조건을 따져 정한다.

도착하면 타프부터 설치

캠핑 장소를 정했다면 타프부터 설치하는 게 순서다. 타프는 캠핑장에서 가장 넓은 공간을 차지하고 사람들이 오랜 시간 머무는 주 생활공간이기 때문이다. 타프를 설치해야 텐트를 칠 동안 가족들이 타프 그늘 아래서 쉴 수 있다. 타프를 설치한 후 아빠가 텐트를 치는 동안 나머지 가족들이 캠핑 장비를 타프 밑으로 옮겨놓고 정리하면 캠핑사이트 구축 시간이 훨씬 빨라진다.

캠핑장 만드는 순서를 살펴보면 ①타프 설치하기 ②텐트 설치하기 ③테이블과 화로 등 캠핑 가구 배치하기 ⑤텐트 내 정리하기 ⑥식사 준비하기로 정리할 수 있다.

차 트렁크 짐 수납 요령

낚시 짐과 캠핑 짐은 모아 놓으면 부피가 상당하다. 정해진 트렁크 공간을 적절하게 활용하지 못하면 넘쳐나는 짐 때문에 고생할 수 있다. 먼저 매트리스나 테이블처럼 면적이 넓으면서 평평한 짐을 가장 밑에 싣는다. 그리고 그 위에 아이스박스나 보조가방 같이 무거운 장비를 싣고 다시 그 위에 부피가 있지만 가벼운 텐트와 침낭을 얹는다. 낚시가방은 텐트와 함께 놓는다. 이렇게 짐을 쌓다 보면 군데군데 빈 공간이 눈에 띄는데 그곳에 나머지 장비들을 넣어둔다.

사진으로 보는 가구 배치와 구성

⑦ 가랜드
가랜드란 파티 분위기를 살리기 위해 천장이나 테이블 등에 장식하는 데코레이션 소품을 말한다. 아이들이나 연인과 함께하는 캠핑에선 가랜드도 준비해가자. 분위기가 훨씬 감성적으로 바뀐다.

⑥ 야전침대
야전침대는 잠을 자는 용도로만 쓰이지 않는다. 타프 아래 설치하면 의자를 겸해 누워서 책을 보는 등 편한 휴식공간을 제공한다.

⑧ 아이스박스
낚시가 아닌 캠핑용은 들고 다닐 게 아니므로 용량은 넉넉한 게 좋다. 40~50리터가 적당하다.

② 타프
사각타프로 두 텐트의 캠퍼들이 함께 생활할 수 있는 공간을 마련했다. 많은 인원을 수용할 수 있다는 게 사각타프의 장점. 여기서 식사 외 많은 시간을 보낸다.

① 텐트
이너텐트를 품고 있는 거실형 텐트 두 동으로 캠핑사이트를 만들었다. 두 가족이 함께한다면 사진처럼 타프를 설치한 뒤 텐트를 마주보게 설치한다. 타프는 두 가족의 공동 공간이다.

⑤ 랜턴
랜턴 스탠드에 걸어둔 가스랜턴. 사방이 트인 곳이나 지붕이 높은 곳에선 가스랜턴을 사용해도 상관없지만 천장이 낮은 주거형 텐트에선 전지형 랜턴이 적합하다.

③ 화로
화로 같은 화기는 타프 밖에 설치한다. 바비큐 등 요리를 해먹기도 하지만 하이라이트는 모닥불을 피우는 밤이다. 불멍타임!

차박
패밀리캠핑엔 도킹텐트가 좋다

'차박(車泊)'이란 차를 중심으로 숙식 공간을 마련한 캠핑 형태를 말한다. 차에서 잠을 자되 수면 공간이나 취사 공간을 캠핑과 접목시켰다. 캠핑카가 야외 숙박을 목적으로 차량 자체를 설계하고 만들었다면 차박은 야외 숙박을 위해 차량 내부에 캠핑장비를 더하거나 차량과 결합할 수 있는 텐트를 활용한다.

차박이 인기를 끌고 있는 이유는 편리성과 이동성에 있다. 차량 내부의 시트 등을 젖히거나 차 지붕에 설치된 텐트를 작동시키는 등 간단한 작업만으로 숙박 공간이 마련된다. 기존 오토캠핑이 캠핑사이트를 마련해 하루든 이틀이든 장기간 야외생활을 즐기는 데 반해, 차박은 마음에 드는 장소에서 머물다가 다음 행선지로 향하는 등 하루에도 여러 곳을 옮겨 다니는 여행에 초점이 맞춰져 있다.

차박의 종류
차량 활용형
타고 다니는 차량 내부를 그대로 활용하거나 일부를 개조한 형태. 시트를 젖히고 매트리스를 깔아 잠자리를 마련하는 게 가장 기본적인 차박 방법이다. 매트와 침낭만 있으면 되므로 비용이 별로 들지 않는 게 장점이다. 시트를 젖히고 내부의 자리를 정비하여 바닥 표면을 수평 상태로 만드는 작업을 '평탄화'라고 하고 차량 뒷자리의 2열 시트를 젖혔을 때 트렁크와 이어지는 면이 수평으로 평평한 상태를 '풀플랫(full flat)'이라고 한다.

차량 활용형은 혼자 여행을 다니는 솔로캠퍼들에게 인기가 있다. 트렁크 공간에 소형 테이블과 미니 버너, 1인용 코벨만 있으면 숙식 공간이 만들어지기 때문이다.

루프톱텐트형
루프톱텐트(roof top tent)는 차량 위쪽에 얹어 설치하는 텐트를 말한다. 차박이 유행하기 전 오토캠핑의 한 형태로 자리 잡았다. 루프톱텐트는 천 재질의 소프트 타입과 강화플라스틱 재질의 하드 타입 두 가지 있다. 텐트 지지대를 세우거나 버튼 하나만으로 설치할 수 있는 편의성 때문에 낚시인들 중에도 이 텐트를 사용하고 있는 사람들이 많다. 차량 내부에 매트리스를 깔고 타프를 설치하면 4인 가족이 머무를 수 있는 캠핑 공간이 마련된다. 다만 텐트 가격이 비싸고 텐트가 차량 위에 있어 주행할 때 바람 소리가 나는 등의 단점이 있다.

도킹텐트형
가장 일반화되어 있는 차박 형태다. 차량 트렁크 문을 열고 이 높이와 넓이에 맞춰 제작된 도킹텐트를 연결한다. 도킹텐트는 거실텐트로 보면 된다. 그 안에 테이블과 의자를 놓는다. 차에서 자기 싫거나 가족 수가 많다면 잠자리용 이너텐트가 연결된 제품을 구입해도 좋다. 주거공간을 더 확보하고 싶다면 타프를 설치한다.

여름엔 차량용 모기장 필수
여름 캠핑은 모기 등 해충대책이 꼭 필요하다. 차박은 캠핑 중 문을 열고 닫는 일이 많아 해충이 침입하기 쉽다. 인터넷에 '차량용 모기장'이라고 검색하면 차종에 따라 다양한 모기장 제품을 구입할 수 있다.
차를 많이 이용하는 만큼 안전을 위해 차량용 소화기도 구입해둔다. 인터넷에 '차량용 소화기'라고 검색하면 운전석 옆 등에 설치할 수 있는 제품을 구입할 수 있다.

차 위에 텐트를 얹은 루프톱텐트.

도킹텐트형 차박. 가장 대중화된 차박 형태다(사진의 텐트는 코베아 투어링 카텐트).

코베아 추천 제품

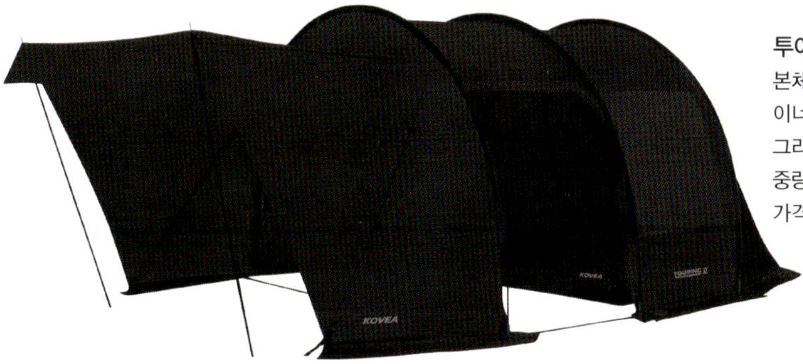

투어링 II
본체 460×285×200cm(설치 시) /
이너텐트 250(210)×210×180cm(설치 시) /
그라운드시트 240×200cm /
중량 14.5kg(±0.5) / 수용인원 4인용
가격 495,000원

투어링 카텐트
본체 390×280×200cm(설치 시) / 이너텐트 250(210)×210×180cm(설치 시)
/ 그라운드시트 240(200)×200cm / 중량 14kg(±0.5) / 수용인원 4인용
가격 485,000원

투어링 오토 쉘터
본체 440×320×220cm(설치 시) / 루프 160×160cm(설치 시)
/ 그라운드시트 300×300cm / 중량 11kg(±0.5) / 수용인원 4인용
가격 445,000원

캠핑낚시 | 65

| PART 2 | 캠핑 장비의 선택과 활용 12

캠핑카
낚시용으로는 팝업형과 트럭캠퍼 추천

캠핑카란 문자 그대로 '캠핑(Camping)'과 '차(Car)'를 합친 말이다. 여행의 편의성을 높이기 위해 침실, 화장실, 주방 등을 갖춘 캠핑룸이 있어 현지에서 숙식을 해결할 수 있는 자동차를 의미한다.

캠핑카의 장점은 편리함이다. 자동차 한 대에 주방, 침실, 욕실 등 생활에 필요한 모든 시설이 갖춰져 있다. 때문에 야외활동에 부담을 갖기 쉬운 여성들도 부담 없이 여행을 즐길 수 있다. 또한 차량이 갈 수 있는 장소면 어디든 숙식을 하며 머무를 수 있으므로 장소의 제약도 없다. 오토캠핑은 지정된 야영장이 아닐 경우 전기장치를 사용하거나 취사에 필요한 물 확보, 캠핑 사이트 구축 등 어려움이 따르는 반면, 캠핑카는 그런 불편함이 없다. 캠핑카는 오토캠핑에서 누리지 못한 색다른 즐거움과 편리함, 그리고 특별한 재미를 톡톡히 맛볼 수 있어 캠핑의 대안으로 떠오르고 있다.

우리나라에서 캠핑카를 본격적으로 생산한 시기는 1993년부터다. 수요가 많지 않았지만 현대·기아차에서 꾸준히 주문 생산했었다. 하지만 1997년 외환위기와 함께 소비가 위축되면서 생산이 중단되었다가 2000년대 접어들어서 캠핑 마니아와 동호회의 주문으로 소량 생산되었다. 2010년 전후부터는 캠핑카를 이용한 임대사업과 숙박체험 프로그램이 늘어나면서 대중적인 관심을 끌기 시작했다.

오토캠핑이 10대 자녀를 둔 30·40대가 주도한다면 캠핑카는 은퇴세대가 좀 더 적극적으로 관심을 보이고 있다. 자녀와 일에서 자유로운 나이에 캠핑카를 소유할 수 있는 경제적 여유까지 갖춘 중년층과 노년층들이 관심을 갖고 있으며 구매도 많이 하고 있다.

캠핑카의 종류

앞서 살펴본 바와 같이 캠핑카는 이동과 야외숙식이 가능한 차량이다. 미국에서는 모터홈(Motor-home) 또는 RV(Recreational Vehicle), 유럽에선 카라반(Caravan)이라고 부른다.

캠핑카는 숙식 공간인 캠핑룸과 차량의 결합 형태에 따라 결합형과 분리형으로 나뉜다.

저수지변을 지나가고 있는 캠핑카.

해변의 캠핑카. 캠핑카의 장점은 주방, 침실, 욕실 등의 생활에 필요한 시설을 갖추고 있어 어느 곳이든 장소의 제약을 받지 않고 캠핑을 할 수 있다는 것이다.

카라반. 차량 분리형 캠핑카로서 넓은 실내 공간이 장점이다.

캠핑낚시 | 67

차량 분리형 캠핑카인 트럭캠퍼. 평소엔 트럭으로 운행하다가 캠핑을 갈 때엔 캠핑룸을 트럭의 적재함에 얹는다.
사진의 트럭캠퍼는 볼트캠퍼사의 분리형 픽업 트럭캠핑카로서 캠핑룸 천정에 팝업텐트를 얹어 아파트 주차장 등 운행 높이에 따른 제약을 없앴다.

■ **결합형**

결합형은 운전공간과 숙식을 할 수 있는 캠핑룸이 결합된 일체형으로서 모터홈이라고 부른다. 주변에서 흔히 볼 수 있는 대표적인 캠핑카의 모습이 이것이다. 탑승인원은 운전자를 포함해서 4~5명, 취침 인원은 3~6인 정도다. 버스나 대형 트레일러를 활용할 경우 수용 인원은 더 늘어날 수 있으나 이 지면에서는 제외하도록 한다.

차량은 국산의 경우 스타렉스와 같은 승합차를 활용하고 있다. 지붕에 팝업텐트(pop-up tent)를 장착해 실내 공간을 더 확보한 팝업형이 인기를 끌고 있다.

■ **분리형**

차량과 캠핑룸이 분리되어 있는 형태다. 견인장치를 이용해 차량에 연결해 끌고 다니는 트레일러형과 적재함에 얹어 결합하는 트럭캠퍼 두 가지가 있다. 트레일러형을 두고 우리나라에서는 보통 카라반이라고 부르고 있다. 차량과 분리된 형태여서 실내공간이 모터홈보다 상대적으로 넓지만 좁은 길이나 험로, 후진, 주차 등 운행에 애로사항이 있다.

트럭캠퍼는 평상시에는 일반차량으로 운행하다가 캠핑을 떠날 때 캠핑룸을 트럭과 합체해서 이용한다. 짐칸에 캠핑룸을 얹는 식으로 결합한다. 합체 후에는 모터홈처럼 운행할 수 있는데 차체가 크지 않아 모터홈이나 카라반보다 운행의 제약이 적다.

좁은 길, 좁은 주차공간에서 운행 가능해야

캠핑카의 가격은 차량, 옵션, 승차인원 등에 따라 달라진다. 카라반의 경우 1천500만원에서 3천만원, 트럭캠퍼는 트럭을 포함해 5천만원 내외, 모터홈의 경우 5천만원에서 1억원 정도이다. 가격이 고가인 까닭은 대부분의 부품을 수입에 의존하기 때문이다.

캠핑카를 구입할 때는 구입 전에 자신의 여행 스타일을 꼼꼼히 점검해볼 필요가 있다. 여러 곳을 이동하는 여행에 목적을 둔다면 모터홈이 적당하고, 캠핑장에서 온종일 시간을 보내려 한다면 모터홈보다는 실내공간이 넓은 카라반이 적당하다.

그렇다면 낚시용 캠핑카는 어떤 게 적당할까? 대부분의 낚시터가 외진 곳에 위치해있고 진입로는 비포장인 경우가 많다. 또한 길이 좁고 나뭇가지가 많아 차체가 크면 진입이 곤란하다. 때문에 낚시용 캠핑카는 차체가 작으면서 좁은 길에서도 회전이 가능한 소형 모터홈 또는 트럭캠퍼가 적합하다.

캠핑카의 관심이 늘어나긴 했지만 고가인 점 때문에 선뜻 구매가 어려운 게 현실이다. 캠핑카는 캠핑을 목적으로 제작된 특성상 자주 운행하지 않기 때문에 중고 차량 중에도 새것 같은 좋은 제품들이 많다. 그래서인지 일반 차량보다 중고 시세가 높은 편인데 그래도 새 제품보다는 구입비용을 줄일 수 있어 좋다. 5천만원대의 캠핑카가 3천500~4천만원 선에서 거래되고 있다. 중고 차량 구입은 캠핑카 제작업체에서 운영하는 카페나 인터넷 캠핑카 동호회를 통해 정보를 얻을 수 있다. 중고 캠핑카를 구입할 때는 제조 기한이 3년 이내의 것을 고르도록 하고 구입 후엔 제조업체를 방문해 차량 점검을 받도록 한다

낚시인이 특별히 주문해 제작한 캠핑카 옵션.
차 하단에 낚은 고기를 살려둘 수 있는 수조를 설치했다.

2종 보통면허면 대부분 운전 가능

캠핑카는 구동식이든 견인식이든 대부분 2종 보통면허를 갖고 있으면 운전할 수 있다. 단, 중량 750kg 이상 카라반은 1종 특수면허를 취득해야 한다. 그 외에 모터홈 중 베이스 차량의 탑승인원에 따라 11인승은 1종 보통면허, 10인승 이하는 2종 보통면허를 소지하면 된다.

한 가지 알고 있어야 하는 사항은 캠핑룸은 자동차에서 탑승 공간에 해당되지 않기 때문에 운행 중에는 사람이 탈 수 없다는 것이다. 탑승석이 아닌 캠핑룸에 앉아 있다가 사고가 나면 아무런 보험 혜택도 받을 수 없다.

자동차보험은 구동식이든 견인식이든 캠핑룸까지 보험 적용을 받을 수 있다. 대신 일반 차량에 비해 두 배 가까이 보험료가 올라간다. 1톤 트럭에 캠핑룸을 얹은 트럭캠퍼의 경우 120만~150만원의 보험료가 든다. 카라반은 자동차에 견인장치를 부착하고 자동차 구조변경을 해야 보험사에서 받아준다.

캠핑카를 운행할 때는 차체의 높이에 신경 써야 한다. 차종에 따라 다를 수 있지만 모터홈의 경우 높이가 3m 전후다. 평소 승용차를 운전하던 습관으로 다리 밑이나 지하주차장에 진입했다가 낭패를 보게 된다. 또 바람의 영향도 많이 받기 때문에 고속도로에 규정한 속도를 준수하도록 하고 강풍이 부는 지역에선 속도를 줄여야 한다. 특히 견인장치를 이용해 끌고 다니는 카라반의 경우 운전에 각별한 주의가 필요하다. 우선 곡선이 많은 우리나라 도로 여건상 코너링을 할 때엔 감속을 해야 한다.

캠핑카는 차체가 크고 무겁기 때문에 일반 차량에 비해 연비가 더 든다는 점도 알아두자.

사진으로 보는 캠핑카 요모조모

사진은 하이엔드캠핑카의 트럭캠퍼다.
현대자동차의 현대포터II 1톤 3인승 트럭에 캠핑룸을 얹었다.
가족이 많을 경우 6인승 현대포터II 더블캡 트럭을 활용하기도 한다.
내외부에 TV 2대와 오디오시스템, 사이드어닝,
200W 전력의 태양광전지가 장착되어 있다.

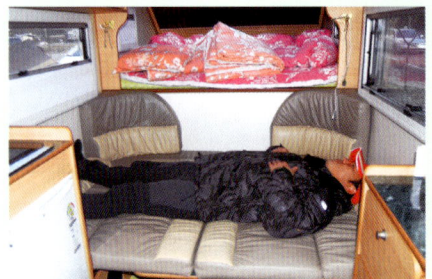
거실의 테이블을 접고 시트를 조립해 만든 3인용 침대.

TV와 주방세트, 화장실과 욕실이 들어선 캠핑카 내부 모습.

땅바닥에 고정한 캠핑룸 지지대. 숙박을 하거나 차량을 캠핑룸으로부터 분리시킬 때 사용한다.

거실 시트 하단에 장착된 히터.

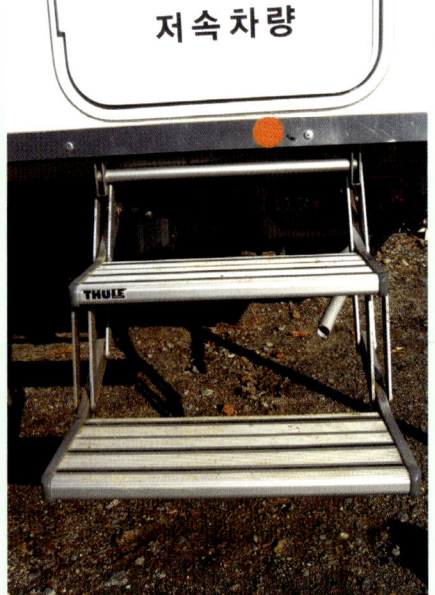

2인용 침실

외부에서 활동할 때 눈비와 햇볕을 막아주는 사이드어닝.

캠핑룸 하단의 수납공간

출입구에 만든 전동 사다리.

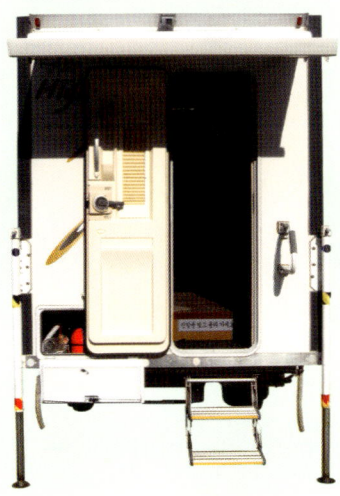

차량 하부 모서리에 캠핑룸을 연결한 모습.

캠핑룸 전용 히터의 연료통.

운전석. 좌측의 모니터는 후방카메라이고 우측은 내비게이션이다.

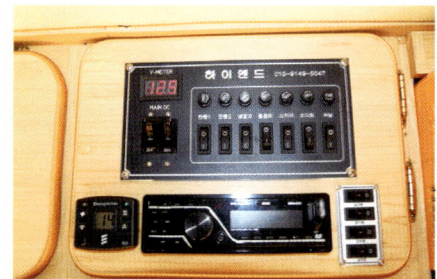
전원 조절 장치

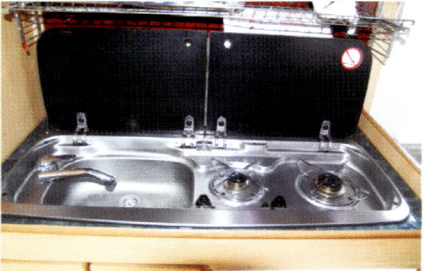
2개의 화구가 달린 주방세트

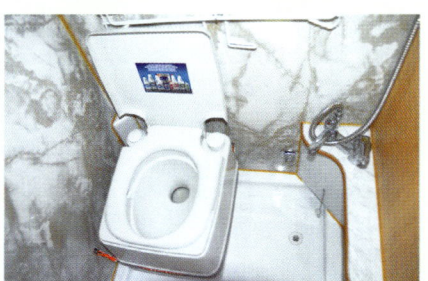
휴대용 변기와 샤워기가 달린 화장실.

PART 3
어종별 낚시법과 낚시터

가자미 배낚시

가자미 원투낚시
장비·채비도

가자미 배낚시는 동서남해 모두 낚시 인프라가 잘 갖춰져 있다. 특히 동해북부 출항지에서는 배에 비치된 낚시 장비를 그대로 이용할 수 있어 편리하다. 동해에서는 어구가자미와 참가자미, 남해에서는 도다리(문치가자미)가 주 대상어다. 여기선 가장 대중적인 인기를 얻고 있는 어구가자미, 도다리, 참가자미 배낚시를 살펴보도록 한다.

시즌과 낚시터

어구가자미는 찬 수온에 서식하는 어종이다. 그래서 주로 강원도 북쪽인 대진, 거진, 공현진, 강릉 등지의 바다에서 잘 낚이고 시즌도 겨울로 한정된다. 어구가자미는 일명 용가자미, 물가자미로도 불린다. 이 중 물가자미는 회를 뜨면 몸에서 물이 많이 나온다고 해서 붙여진 이름이다. 12월에 시즌이 열려 이듬해 4월 초 정도까지가 어구가자미 시즌이다. 그중 피크 시즌은 2~3월 두 달을 꼽는다.

참가자미는 강원북부부터 울진, 삼척 등지에서 잘 낚인다. 가자미 중 도다리(문치가자미)와 더불어 가장 맛있다. 배 테두리를 따라 노란색이 둘러져 있어 현지에서는 노랑가자미로도 부른다. 수온이 오르는 5월이면 동해중부와 동해북부 전 연안에서 낚이기 시작하는데, 25~30m 수심의 깊은 모래밭에 서식하기 때문에 배낚시로 낚아야 한다. 어구가자미(용가자미)보다 마릿수는 뒤지지만 맛이 좋아 인기가 더 높다. 6월 이후엔 백사장에서 원투낚시로도 낚을 수 있다.

도다리(문치가자미)는 동해남부에서도 잘 낚이지만 주로 남해중서부 근해의 배낚시 대상어로 인기가 높다. 대표적인 곳이 진해, 여수, 목포 등지다. 매년 3~4월에 피크를 맞으며 이때가 씨알도 굵고 먹성이 좋아 누구나 쉽게 낚을 수 있다. 길게는 6월 초까지도 입질이 이어진다. 출항지에서 10분 거리의 가까운 근해가 주요 포인트가 된다.

장비와 채비

어구가자미는 중형 전동릴을 사용한 외줄 카드채비로 낚는다. 보통 50~80m의 깊은 수심을 노리고 봉돌도 100호 가까운 무거운 것을 쓰기 때문에 수동릴로는 낚시가 힘들다. 여기에 한 번 입질이 오면 5~10마리씩 어구가자미가 매달리기 때문에 그 무게가 상당해 힘 좋은 중형 전동릴이 필수적이다. 원줄은 PE라인 4~5호를 쓴다. 채비는 어피바늘이 7~10개 달린 카드채비를 연결해 사용한다.

참가자미는 장비와 채비가 간소하다. 주로 20~30m 수심에서 낚시하기 때문에 우럭용 외줄낚싯대를 그대로 써도 되고 민물용 일반 릴대를 써도 되며, 배에서 그냥 빌려주는 자새를 써도 된다. 원줄은 나일론사 5~6호를 쓴다. 채비는 십자편대를 많이 쓴다. 편대 끝마다 목줄이 2개 또는 4개가 달렸다. 봉돌은 50호를 많이 쓴다. 어구가자미는 중층까지 떠오르지만 참가자미는 철저하게 바닥에서 물기 때문에 수직 형태로 다루는 바늘 10개짜리 카드채비보다는 바닥을 툭툭 두드리기 좋은 십자편대채비가 유리하다.

도다리는 배 위에서 근투를 할 수 있는 2~3m 길이의 짧고 유연한 릴대와 릴이면 어떤 것이든 상관없다. 수심과 조류 세기에 따라 5~20호 무게의 봉돌을 쓰기 때문에 낭창한 릴대도 상관이 없다. 원줄은 나일론사 또는 합사 3~4호가 감겨 있으면 무난하다. 채비는 5~20호 구멍봉돌을 원줄에 꿴 후 그 아래에 도래를 묶고 목줄을 연결한 방식이다. 목줄 길이는 30cm 내외면 충분하며 바늘은 목이 긴 깔따구바늘(세이코바늘)을 쓴다. 바늘 크기는 10~13호가 적당하다. 어구가자미와 참가자미를 노릴 때는 1인당 1대씩의 낚싯대를 쓰지만 도다리를 노릴 때는 1인당 서너 대를 쓸 때가 많다.

미끼

청갯지렁이가 가장 보편적으로 사용되는 미끼다. 청갯지렁이는 너무 늘어지지 않게 꿰는 게 효과적이며 바늘 끝에서 1~2cm만 남게 꿰면 충분하다. 다만 남해안 도다리 배낚시는 참갯지렁이도 많이 쓴다. 참갯지렁이는 모든 어종이 좋아하는 '맛난' 미끼여서 도다리낚시 때는 원투와 배낚시 모두 효과를 보인다.

낚시방법

어구가자미는 어군이 유영하는 수심층에 채비를 맞춰주는 것이 관건이다. 포인트에 도착하면 선장이 어탐기를 통해 어군의 유영층을 확인하고 방송으로 낚시인들에게 알려준다. 그 수심층에 맞춰 낚시하면 된다. 보통은 어구가자미도 바닥층에서 먹이활동할 때가 많으므로 일단은 바닥층부터 탐색하는 게 기본이다. 어구가자미는 탐식성 어종이라 별도의 고패질은 불필요하다. 특징은 한 번 '투둑'하고 입질을 보내온 어구가자미는 더 이상은 저항하지 않는다는 점이다. 따라서 두 번 '투둑'했다면 2마리, 5번 '투둑'했다면 5마리가 걸린 것으로 파악하면 된다. 입질이 계속 오면 기다리고, 더 이상 오지 않는다면 채비를 올려 고기를 떼어내면 된다.

참가자미는 채비 가운데 달린 봉돌로 바닥을 쿵쿵 찍는 게 유일한(?) 테크닉이다. 봉돌로 바닥을 찍어 모래먼지가 날리면 이 모습을 보고 참가자미가 다가와 미끼를 물기 때문이다. 입질은 '투둑-'하는 느낌으로 손에 전달되는데 그때마다 챔질할 필요는 없다. 참가자미는 탐식성 어종이라 가만 놔두면 목구멍까지 바늘을 삼키기 때문이다. 여유있게 한두 번 더 입질을 기다렸다가 채비를 올리면 된다.

도다리는 미끼를 꿴 채비를 근거리에 투척한 후 입질을 기다린다. 배낚시는 갯바위나 방파제와 달리 파도 영향을 받기 때문에 원줄이 늘어졌다 끌려오기를 반복하는데 그런 특징 때문에 고기가 걸렸는지 파악하기 쉽지 않기 때문이다. 입질은 대 끝을 당기는 경우도 있지만 갑자기 축 늘어지는 경우도 잦다. 이 경우는 도다리가 미끼를 물고 낚시인 쪽으로 다가갔을 때 나타나는 현상이다.

●**어구가자미 배낚시 연락처**
강원 고성 공현진낚시마트 010-3352-6692
강원 고성 용광배낚시 010-2421-0596
강원 속초 무지개배낚시 010-5694-1230

●**도다리 배낚시 연락처**
경북 울진 이프로호 010-3591-6565
경북 포항 포시즌호 010-7136-1235
경북 포항 뉴대양호 010-5235-5190
경남 진해 도리호 010-4590-1154
경남 거제 해림호 010-9234-6677
전남 장흥 블루마린호 010-9622-7777

카드채비에 주렁주렁 올라오고 있는 어구가자미.

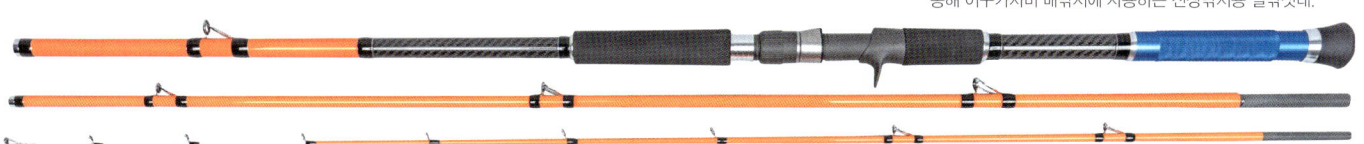

동해 어구가자미 배낚시에 사용하는 선상낚시용 릴낚싯대.

가자미 원투낚시

가자미 배낚시
장비·채비도

가자미낚시는 낚시방법이 어렵지 않아 초보자도 쉽게 할 수 있다. 가자미는 종류가 많은 만큼 동서남해 곳곳에서 다양한 낚시 방법으로 만날 수 있다. 원투낚시로는 동해안엔 참가자미, 남해안엔 도다리(정식 명칭은 문치가자미), 서해안엔 돌가자미가 낚인다. '봄 도다리 가을 전어'라는 말처럼 도다리와 가자미는 봄에 가장 잘 낚이지만 원투력을 갖추고 깊은 물골을 공략하면 여름과 가을에도 풍족한 조과를 거둘 수 있다.

시즌과 낚시터

참가자미와 도다리는 3월부터 6월까지 시즌이 형성되며 5월에 최고의 피크를 맞는다. 남해안에서는 3월 초부터 진해 내만, 통영 내만, 고흥 내만, 신안군과 해남군 내만 등에서 가자미와 도다리 원투낚시가 시작되며, 비슷한 시기에 동해는 부산, 울산, 영덕, 울진, 동해, 양양에서 가자미 어신이 시작되고, 서해 역시 3월 중순이면 보령과 태안에서 돌가자미 원투낚시가 시작된다.

돌가자미는 타 어종에 비해 시즌이 긴 편이다. 서수온에 강하기 때문에 2월부터 낚이기 시작하며 4월 중순부터 피크 시즌을 맞아 6월 초까지 이어진다. 2월 말부터 보령 대천해수욕장에서 먼저 낚이고 3월 중순 이후엔 서산 삼길포, 태안 학암포, 만리포, 꾸지나무골해수욕장 등에서 돌가자미가 올라온다.

장비와 채비

롱캐스팅이 가능한 원투대 중 30-420 또는 7-530이면 적당하다. 가자미는 힘이 센 고기가 아니어서 일반 민물 릴대로도 낚아낼 수 있지만, 많이 낚으려면 30호 무게의 봉돌을 원투해야 하고 그러기 위해서는 허리가 경질인 원투 전용 릴대가 적합하다.

릴은 3~5호 나일론 원줄이 200m 이상 감기는 백사장 원투 전용 릴을 사용한다. 80~90m의 원투가 필요한 시즌 초반에는 대형 스피닝릴이 필수다. 하지만 본격 시즌이 돼 50m 안쪽의 근거리에서 가자미가 입질할 때는 3000번 내외 크기의 중소형 스피닝릴을 써도 낚아낼 수 있다.

원줄의 경우 나일론사보다 가는 합사가 원투에 유리하다. 가자미는 미끼를 입에 넣은 후 멀리 달아나지 않고 10~20cm만 움직이기 때문이다. 인장력이 없는 합사를 쓰면 이 짧은 당김이 대 끝에 확실하게 표시가 난다.

채비는 고리봉돌 2단채비나 구멍봉돌 유동채비를 사용한다. 바늘을 여러 개 달아 쓸 경우에는 윗바늘과 아랫바늘 간격보다 목줄 길이를 짧게 해야 바늘끼리 엉키는 것을 방지할 수 있다. 채비를 직접 만들지 못하는 초보자들은 낚시점에서 판매하는 기성 제품을 구입해 사용하되, 바늘은 2개 내지 3개만 달린 제품을 고른다.

미끼

청갯지렁이와 참갯지렁이(혼무시)를 쓰는데 아무래도 비싼 참갯지렁이가 비싼 값어치를 한다. 청갯지렁이는 작은 종이곽 1곽에 2천원, 참갯지렁이는 1곽에 5천원 정도 한다. 참갯지렁이만 가지고 하루 종일 낚시하려면 500g(6만~8만원)은 있어야 하므로 가격 부담이 상당하다. 동해와 남해에서는 참갯지렁이, 서해에서는 청갯지렁이를 많이 쓴다.

낚시방법

가자미낚시는 챔질타이밍을 여유롭게 가져갈수록 유리하다. 가자미는 차츰차츰 미끼를 삼키고, 가만히 놔두면 목구멍까지 삼키므로 예신이 와도 그냥 놔뒀다가 원줄이 주-욱 늘어질 때 챔질하면 놓칠 일이 없다.

입질은 크게 두 가지 패턴이다. 하나는 대 끝을 '투두둑'하고 당기는 것이고 또 하나는 팽팽했던 원줄이 주-욱 늘어지는 경우다. 다른 원투낚시 어종에 비해 유독 가자미낚시에서 원줄 늘어짐이 잦은 이유는 가자미의 당기는 힘이 약하기 때문이다. 무거운 봉돌과 줄을 끌고 낚시인의 반대편으로는 도망가기 힘들어 표시가 안 나고 앞이나 옆으로 이동할 때 원줄이 늘어지는 것이다.

가자미는 습성상 움직이는 미끼에 강한 반응을 보인다. 따라서 채비를 던진 후 5~10분 안에 입질이 없다면 채비를 살살 끌어주며 입질을 유도할 필요가 있다.

추천 낚시터

■ 양양 물치방파제

강원도 양양군 강현면 물치리. 7번 국도변에 있어 찾아가기 쉽다. 큰 방파제와 작은 방파제 중 흰 등대가 있는 작은 방파제가 주 포인트다. 등대 가까이 30m 구간이 주 포인트로서 내항 쪽과 맞은편 큰 방파제 사이에서 강도다리가 올라온다. 흰등대 쪽에서 맞은편 빨간등대를 보고 30m 캐스팅하면 수심이 깊어지는 물골에 채비가 닿는데 이곳에서 입질이 자주 들어온다. 백사장이 바로 붙어 있어 캠핑을 함께 즐기기에 좋은 여건을 갖추고 있다.

내비 주소 강현면 물치리 7-9

백사장에서 원투낚시 채비에 낚인 돌가자미.

■ 강릉 사천진방파제

강원도 강릉시 사천면 사천진리. 빨간 등대가 있는 큰 방파제와 흰등대가 있는 작은 방파제 모두 포인트다. 큰 방파제는 방파제가 꺾이는 구간에서 내항 쪽을 노리고, 작은 방파제는 방파제 끝에서 외항 쪽으로 캐스팅한다. 두 곳 모두 수심이 깊은 물골을 공략하기 쉬운 포인트로서 강도다리가 자주 올라온다.
내비 주소 사천면 사천진리 2-93로

■ 경주 지경방파제

지경방파제의 큰 방파제로 외항으로 연결된 자갈밭이 포인트다. 원투낚시인들이 항상 자리를 잡고 있으며 캠핑은 방파제 우측 자갈밭 전역에서 할 수 있다. 그늘이 없기 때문에 낮에는 너무 더워서 텐트를 치기 힘들지만 늦은 오후에 설치하면 탁 트인 바다를 바라보며 캠핑을 즐길 수 있다. 방파제 입구에는 차박을 할 수 있는 유료 주차장과 공터도 있다.
내비 주소 양남면 수렴리 558-3

■ 영덕 장사해수욕장·갯바위

장사해수욕장과 바로 옆에 있는 갯바위는 낚시도 잘 되고 캠핑도 할 수 있는 곳이다. 길게 이어진 장사해수욕장에서는 어디든 텐트를 칠 수 있으며 차박을 할 수 있는 곳도 많다. 이미 많은 캠핑 마니아들이 여름이면 찾는 곳으로 해변이 평평하고 물놀이 할 곳이 많아 여름 휴가철에 인기가 좋다. 원투낚시는 해변에서 하며 도다리가 올라온다.
내비 주소 남정면 장사리 74-6

■ 창원 구산면 해안관광로

창원 구산면과 저도를 연결하는 저도연륙교 밑에 있는 해안관광로다. 봄이면 예전부터 도다리 원투낚시를 즐기는 낚시인들로 붐비는 구간으로 지금은 주변이 정비되어 풍경까지 1급인 곳이다. 도로 전체가 포인트로 알려져 있으며 특히 도로가 굽어지는 곳 주변에서 낚시가 잘 된다. 캠핑은 해안도로에 있는 널찍한 구간에서 할 수 있다. 대부분의 낚시인들이 도로에 있는 주차공간에 차를 대고 낚시를 하며 캠핑을 즐기는데, 도로를 너무 넓게 차지하면 오가는 차량의 통행에 방해가 될 수 있으므로 캠핑 공간은 최소화하는 것이 좋고 차박이 더 효과적이다.
내비 주소 마산합포구 구산면 구복리 304-8

■ 거제 대포방파제

진입하기 수월하고 거제도의 다른 방파제와 비교해 규모가 작아서 오붓하게 캠핑낚시를 즐길 수 있다. 주차할 공간이 넓고 텐트를 칠 자리가 많아서 많은 사람들이 하루 이틀씩 머물며 낚시를 한다. 방파제가 2층 구조로 지어졌기 때문에 1층 그늘자리가 텐트를 치기 가장 좋은 곳이다. 조류가 빠른 곳으로 방파제 콧부리를 비롯해 내항과 외항에 모두 포인트가 형성되며 여름에는 원투낚시에 도다리가 올라온다.
내비 주소 남부면 저구리 767-7

■ 남해 두곡방파제

작은 돌섬과 방파제가 연결되어 있으며 주변에 해수욕장과 갯바위가 나란히 이어져 다양한 어종이 낚이는 곳이다. 테트라포드가 없는 선착장이어서 편하게 낚시할 수 있다. 원투낚시에 도다리가 낚인다. 캠핑은 해변과 방파제 위에서 할 수 있다. 해변은 경사가 완만해 들물 때에 물이 많이 들어차므로 텐트를 설치할 때는 해변 초입에 해야 한다. 방파제에 텐트를 설치할 때는 사람의 통행에 방해가 되지 않는 한적한 곳을 이용한다. 방파제 주변은 차량진입이 금지되어 있으므로 차박은 방파제 밖에서 해야 한다.
내비 주소 남면 당항리 31-3

■ 태안 꾸지나무골해수욕장

서해안에서 돌가자미가 잘 낚이는 곳이다. 해마다 조황 기복이 있긴 하지만 바다를 마주보며 캠핑할 수 있는 여건이 이를 메워준다. 해변을 끼고 형성된 소나무 숲에 캠핑장이 운영되고 있다. 4월에서 6월까지 돌가자미가 낚이므로 바캉스철의 혼잡함을 피해 캠핑낚시를 즐길 수 있어 좋다.
내비 주소 이원면 꾸지나무길81-17, 문의 010-2637-4592(캠핑징)

■ 보령 대천해수욕장

서해 돌가자미 대표 낚시터다. 해마다 5월을 넘어서면 백사장 원투낚시에 돌가자미가 낚인다. 대천해수욕장이 워낙 유명한 관광지이고 7월부터는 관광객들이 몰려들기 때문에 5~6월이 캠핑낚시를 즐기기에 적당한 시기다. 백사장에서 돌가자미 입질 확률을 높이려면 캐스팅 거리를 늘려야 한다. 해수욕장 입구의 원투낚시 전문점 해동낚시가 도움을 받을 수 있고 차박, 캠핑장 이용 정보를 얻을 수 있다.
내비 주소 대천항로312(해동낚시 041-931-9887)

방파제에서 가자미 원투낚시를 즐기고 있는 낚시인들. 사진은 양양 물치방파제.

가자미의 종류

문치가자미(도다리)
동해부터 남해, 서해에 이르기까지 가장 넓게 서식하고 있는 가자미다. 맛이 좋기로 소문나서 참가자미보다 비싸게 팔린다. 체형이 둥글고 통통하며 등이 매끈하고 배 쪽에 아무 무늬도 없으면 문치가자미로 보면 된다.

돌가자미
비늘이 없고 등에 양쪽 지느러미를 따라 돌기가 토돌토돌 나 있기 때문에 쉽게 구분할 수 있다. 찬물에 서식하는 종으로 초봄에 일찍 낚이며 수온이 낮은 서해안에서는 8.2의 비율로 도나리보나 많이 낚인나.

강도다리
하천수가 유입되는 기수역에서 주로 낚이는 강도다리는 동해안에만 서식하는데 지느러미에 검은 줄무늬가 있어서 단번에 구별할 수 있다. 또 특이하게 광어처럼 눈이 왼쪽으로 쏠려 있다.

참가자미
동해안에서만 주로 낚이는 어종이다. 도다리보다 약간 깊은 바다의 모래바닥에 서식한다. 배 쪽에 노란 띠가 양쪽 지느러미 부위에서 꼬리 쪽으로 이어져 있다. 그래서 배만 뒤집어 보면 바로 구별할 수 있다. 용가자미나 물가자미보다 맛있는 고급 가자미다.

용가자미(어구가자미)
몸통이 마름모꼴인 것이 가장 큰 특징이다. 냉수성, 심해성 가자미로 참가자미나 도다리와 달리 군집을 이루며 연안으로 잘 나오지 않기 때문에 배낚시에 많이 낚이고 원투낚시에는 거의 낚이지 않는다.

갈치 배낚시

갈치 근해 배낚시 장비·채비도

갈치는 연안낚시와 배낚시에서 모두 낚이지만 대표적인 낚시방법은 배낚시다. 여기서 우리가 배울 낚시는 근해 배낚시다. 먼 바다 배낚시는 전문가의 테크닉이 필요하고 밤새 이뤄지므로 가족이 함께 즐기기에 어렵다.

갈치는 농어목 갈치과의 물고기다. 납작하고 긴 체형이 칼의 형태와 닮았다고 해서 '갈치'라고 부르기도 한다. 전어, 꽁치 등 작은 물고기는 가리지 않고 잡아먹는 육식성 어종이다. 갈치는 대중적이면서도 가격이 만만치 않은 고급 어종인데 길이는 중간 씨알만 돼도 1m에 육박한다. 그러나 갈치 크기를 표현할 때는 길이보다 체고(폭)를 말한다. 흔히 손가락(指)의 수에 비유해서 크기를 말하는데, 그 폭이 네 손가락이나 다섯 손가락 크기에 해당하는 4지~5지 크기면 대형어에 속한다.

갈치는 한 종류이며 낚시로 갓 잡아 은빛 비늘이 온전한 갈치를 은갈치라고 부르고, 그물로 잡아 운반하면서 비늘이 많이 벗겨진 갈치를 먹갈치라 부른다.

시즌과 낚시터

갈치낚시는 6월부터 12월까지 이뤄지며 7월 1일부터 31일까지 한 달간은 금어기여서 잡을 수 없다. 가까운 바다에서 즐기는 근해 배낚시는 시즌이 길지는 않다. 목포의 경우 8월 중순부터 10월 말까지로 볼 수 있다. 시즌 초반에 낚이는 갈치는 손가락 2개 정도 굵기의 '풀치'가 주종을 이루지만 갈수록 씨알이 굵어져 늦가을에는 4지급이 낚인다. 목포, 진해, 삼천포가 대표적인 출항지다.

배낚시에서 마릿수로 낚인 갈치.

대개 오후 늦게 출항해 항구에서 30분 안팎 거리의 잔잔한 근해에서 밤낚시를 하며 씨알은 2지 안팎으로 잘지만 남녀노소 누구나 즐길 수 있어 가장 대중적인 낚시라 할 수 있다.

장비와 채비

근해 갈치 배낚시가 이뤄지는 곳은 수심이 얕은 편이다. 깊어야 10~20m로 아주 깊다고 해도 30m가 넘지 않는다. 그래서 전동릴이나 갈치 전용 릴대 같은 전문 장비가 필요 없다. 그 대신 감성돔용 릴찌낚싯대나 바다용 민장대로 갈치를 낚는데 현장에서는 다소 허름하다고 할 정도의 장비도 사용하고 있다.

릴낚싯대 대신 루어낚싯대를 사용해도 무방하다. 볼락루어대처럼 초리가 낭창해서 갈치가 입질할 때 초리가 그대로 쑤욱 내려가는 유연한 낚싯대라야 좋다. 릴은 1000~3000번 소형 스피닝릴을 쓰며 3호 내외의 나일론 원줄을 감으면 된다. 합사라면 1호면 충분하다.

원줄에 3~15호 고리봉돌을 달고 고리봉돌에 와이어로 묶은 외바늘채비를 연결한다. 와이어로 채비를 직접 만들어서 쓰는 사람도 있지만 대부분 시중에 판매하는 것을 사용한다. 와이어채비는 낚시점에서 '갈치외바늘채비'로 불리는데 3개들이 한 봉지에 3천원 정도이며 한 봉지면 밤새 쓸 수 있다.

갈치채비에 가장 중요한 요소가 바로 케미컬라이트다. 갈치가 배의 집어등 불빛에 직접 반응하기도 하지만, 남해안 내만의 경우 물색이 아주 탁하기 때문에 갈치의 눈에 잘 띌 수 있는 불빛을 수중에서 내기 위해 목줄에 케미컬라이트나 집어등을 달아주어야 한다. 예전에는 4mm 케미컬라이트를 주로 사용했지만, 최근에는 갈치 배낚시 전용으로 출시된 LED 전구로 만든 소형 집어등이 인기를 끌고 있다.

웜은 1.5인치 볼락웜이나 3인치 그럽을 사용한다. 야광 색상이 효과가 좋다. 연안에서 3지 이상의 갈치가 낚이는 8월 이후엔 9cm 정도의 소형 미노우나 4~5인치 웜을 사용하면 굵은 씨알이 낚인다. 한편 해거름이나 동틀 무렵엔 스푼에도 갈치가 잘 낚인다.

낚시방법

릴대와 민장대를 적절히 활용하는 것이 중요하다. 낚싯배에 자리를 잡고 릴낚싯대 2대를 펴거나 릴낚싯대 한 대와 민장대 한 대를 펴는 것이 보통이다. 이렇게 릴낚싯대와 민장대를 함께 펴는 이유는 갈치가 입질하는 수심층을 빨리 파악하기 위해서다.

근해 배낚시. 낚싯배의 집어등을 밝히면 그 아래로 갈치가 몰려든다.

민장대는 수심 5m 내외를 노린다. 릴낚싯대는 바닥까지 채비를 내릴 수 있으므로 더 깊은 곳을 노려준다. 민장대로 수심 5m 내외를 노린다면, 릴대로 수심 10m 내외를 노리는 식이다. 민장대가 없다면 릴대 2대로 각각 다른 수심층을 노려주면 된다.

근해 갈치는 바닥에서 입질하는 경우가 드물다. 특히 낚싯배에서 집어등을 밝혀주기 때문에 갈치가 중층으로 떠오른다고 믿고 낚시를 시작하는 편이 낫다. 낚시를 시작했을 당시에는 바닥에서 입질이 들어오더라도 입질은 금방 끝나고 마는데, 이는 갈치가 중상층으로 부상했기 때문이다. 갈치는 수시로 입질층이 바뀌기 때문에 입질이 오다가 끊기면 부지런히 다른 수심층을 찾아야 한다.

민징대가 필요한 이유는 갈치가 중심층으로 피어올랐을 때 릴낚싯대보다 더 빨리 입질을 파악하고 빨리 걷어 올리기 쉽기 때문이다. 민장대는 여성이나 초보자도 쉽게 다룰 수 있다. 처음 낚시를 할 땐 중층을 노리다가 중층에서 입질이 없으면 릴낚싯대 채비를 서서히 바닥으로 내려본다. 반대로 민장대는 조금씩 들어 올려서 상층에 갈치가 있는지 탐색한다. 그렇게 해서 먼저 입질을 받는 쪽에 낚시를 집중하면 된다.

갈치는 길고 가는 주둥이에 달린 강한 이빨로 먹이를 쪼아서 먹기 때문에 아주 약한 입질이 계속해서 들어오는 경우가 많다. 마치 칼로 고기를 난도질한 후에 삼키는 것과 같다고 할 수 있는데, 이렇게 갈치가 고기를 썰고 있을 때 챔질을 하면 거의 100% 헛챔질로 이어진다. 헛챔질을 하지 않기 위해서는 갈치가 미끼를 완전히 삼킬 때까지 기다려야 한다. 초리가 톡톡 하며 움직일 땐 챔질하지 말고 초리가 완전히 아래로 쑤욱 내려갔을 때 살짝 챔질해서 들어 올리면 된다.

갈치 근해 배낚시 연락처

● 신해
대교낚시 055-546-3240
대박낚시 055-547-1785
대성낚시 010-4844-0011
● 목포
스타피싱호 0507-1304-3622
포인트낚시 061-287-7417

갈치용 와이어채비(위)와 5.4m 길이의 릴찌낚싯대.

갈치 연안낚시

갈치 연안낚시 장비·채비도

갈치 연안낚시는 생미끼를 사용하는 찌낚시를 하기도 하지만 요즘은 루어낚시를 많이 즐기고 있는 추세다. 여기선 루어낚시만 다루도록 하겠다.

시즌과 낚시터
방파제나 갯바위에서 이뤄지는 갈치 연안낚시는 7월 금어기가 끝난 후 8월부터 12월까지 시즌이 이어지지만 손가락 두 개 넓이의 2지 이상의 씨알은 9월부터 낚이기 시작한다.
연안 루어낚시터는 갈치가 주요 먹이인 멸치나 작은 물고기를 따라 움직이는 특성이 있으므로 먹이고기들이 많이 머무는 곳을 찾는 게 중요하다. 작은 물고기 떼가 많이 출몰하는 항만, 방파제, 갯바위가 포인트라 할 수 있는데 여수, 삼천포, 통영 해안에 주로 낚시터가 형성된다.

장비와 채비
갈치 루어낚시엔 6.6ft, 미디엄라이트 파워의 낚싯대와 2500번급 소형 스피닝릴을 사용한다. 낚싯줄은 6~10lb 정도의 나일론줄 또는 0.4~0.6호 합사를 사용하고 날카로운 갈치 이빨에 줄이 잘리는 것을 방지하기 위해 쇼크리더로 20lb 전후의 나일론사나 플로로카본사를 1~1.5m로 연결해 사용한다.
갈치용 루어는 지그헤드에 웜을 단 지그헤드리그를 사용하는데, 바늘 끝이 위로 향해 있는 일반 지그헤드와 달리 바늘 끝이 아래로 향해 있거나 트레블훅을 달아 쓰는 갈치 전용 지그헤드리그를 사용한다. 바늘 끝이 아래로 향해야 하는 이유는 물속에서 위를 보고 있다가 먹이를 덮치는 갈치의 습성 때문이다. 지그헤드의 무게는 1/16~3/8온스가 알맞다. 웜은 1.5인치 볼락웜이나 3인치 그럽을 사용한다. 야광 색상이 효과가 좋다. 연안에서 3지 이상의 갈치가 낚이는 9월 이후엔 9cm 정도의 소형 미노우나 4~5인치 웜을 사용하면 굵은 씨알이 낚인다. 한편 해거름이나 동틀 무렵엔 스푼에도 갈치가 잘 낚인다.

낚시방법
갈치가 어군을 형성하는 해거름~초저녁이나 새벽 어스름이 깔릴 때는 방파제나 연안 갯바위에서 루어로 쉽게 낚을 수 있다. 갈치는 공격성이 강한 물고기라 단순히 루어를 던져서 감는 액션만 해도 입질이 들어온다. 표층부터 하층까지 차례로 탐색해 나가면서 갈치의 유영층을 찾아내는 게 중요하다.
미노우나 스푼, 큰 웜을 사용할 때는 멀리 캐스팅한 뒤 중층 정도로 가라앉힌 뒤 로드를 툭툭 치는 정도의 저킹이나 트위칭을 섞어가며 루어를 감아 들인다.

추천 낚시터

■ 거제 대계방파제
대계방파제가 있는 대계마을은 김영삼 전 대통령의 생가가 있는 곳으로도 유명하다. 40~50m 길이의 작은 방파제로서 외항은 테트라포드, 내항은 석축으로 이뤄져있다. 낚시인이 많지 않아 조용하게 갈치낚시를 즐기기에 안성맞춤한 곳이다. 방파제 바로 앞까지 차량 진입이 가능하고, 내만의 방파제여서 날씨에 따른 영향도 적은 편이다.
내비 주소 장목면 외포리 1228-5

■ 다대방파제
다대다포항의 관문인 다대방파제는 각종 회유어종들의 전시장이라고 할 만큼 다양한 어종이 낚인다. 내항은 개펄 지형과 몽돌이 섞여 있으며 외항 쪽은 몽돌밭과 여밭이 함께 발달되어 있다. 포인트는 내항, 외항을 가리지 않고 골고루 분포해 있으나 외항 조황이 더 나은 편이다. 상황이 좋지 않을 때는 내항에서 낚시를 하는 것도 좋다. 외항 쪽 포인트는 거의 전역에서 갈치낚시를 할 수 있으나, 가장 좋은 곳은 방파제 끝부터 100m 구간이다.
내비 주소 남부면 다대리 458-3

■ 창원 삼포방파제
진해 내만 깊숙이 있는 삼포방파제는 2개의 방파제가 있는 곳으로 생활낚시터로 각광 받는 곳이다. 다른 방파제에 비해 날씨의 영향을 적게 받고 주변 공간이 널찍해 진입도 수월하다. 가로등 시설이 잘 되어 있어 여름부터 밤이 되면 피서를 나온 가족 단위의 낚시객들이 많다. 바닥이 사니질대로 이뤄져있다. 낚시는 주로 오른쪽에 있는 큰 방파제에서 많이 하나 왼쪽의 작은 방파제도 조황은 뒤지지 않는다.
내비 주소 진해구 명동 78-1

■ 남해 적량방파제
남해 창선도 동쪽 내만에 있는 곳으로서 방파제가 일자로 길게 뻗어 있다. 주변은 친수공간으로 단장되어 있어 피서지로도 좋은 장소다. 석축으로 된 내항, 테트라포드로 된 외항 모두 낚시가 잘 되는데, 내항보다는

항구에서 갈치 입질을 노리고 있는 낚시인.

외항이 갈치낚시 여건이 좋은 편이다. 방파제뿐만 아니라 방파제 주변의 선착장이나 인근 갯바위에서도 갈치는 낚인다.
내비 주소 창선면 진동리 997-17

■ **남해 은점방파제**

소박한 어촌마을의 정취를 안고 있는 은점마을 앞 은점방파제는 이웃한 물건방파제의 명성에 가려 사람들이 잘 알지 못하는 포인트다. 깨끗하게 정비된 방파제 부근은 주차를 하기에도, 캠핑을 하기에도 좋다. 2개의 방파제 중 낚시를 할 수 있는 곳은 왼쪽의 큰 방파제로서 포인트는 외항 쪽에 있다.
내비 주소 삼동면 물건리 664-23

■ **여수 방죽포방파제**

방죽포해수욕장 입구를 가로질러 뻗어있는 방죽포방파제는 여수 돌산도 내에서 가장 다양한 어종이 낚이는 곳이다. 테트라포드가 촘촘하게 박혀있는 곳이어서 낚시 발판도 좋고, 여름 해수욕철을 제외하고는 진입과 주차 공간도 좋은 편이다. 주변 수심은 5~9m이며 조류 소통이 좋아 회유성 어종이 많이 들어온다. 갈치 포인트는 주로 외항에 형성된다. 가로등이 방파제 끝까지 이어져 있어 편하게 낚시를 할 수 있다.
내비 주소 돌산읍 죽포리 282-7

갈치 연안낚시용 루어낚싯대.
사진의 제품은 연안 갯바위·방파제 바다 전용 루어낚싯대 코베아 시프리스.

■ **여수 소율방파제**

주차장이 넓고 진입로가 잘 닦여 있어 편하게 낚시할 수 있다. 테트라포드, 석축, 주변 갯바위가 어우러진 곳으로 상황에 따라 다양한 포인트 선택이 가능한 것이 장점이다. 주변 수심은 5~6m. 포인트는 방파제의 가장 끝부분부터 중간 지점까지의 외항이다. 풀치는 8월부터 낚이나 본격적인 시즌은 9월 말부터다. 11월 초까지 계속되는데 10월에 가장 굵은 씨알이 마릿수로 낚인다.
내비 주소 돌산읍 율림리 134-15

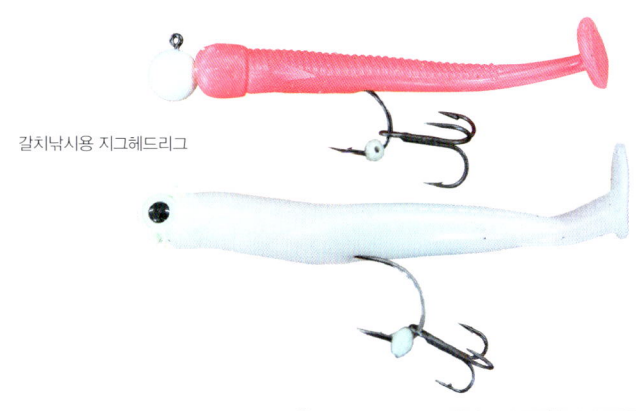
갈치낚시용 지그헤드리그

견지낚시

견지낚시 장비·채비도

견지낚시는 전 세계를 통틀어 우리나라에만 있는 고유의 낚시다. 낚시방법이 어렵지 않아 누구나 쉽게 배울 수 있고 여름엔 맑고 시원한 여울 속에 들어가 즐기므로 캠핑낚시로 제격이다. 장비도 간편해 10만~20만원 정도면 견짓대, 구명조끼, 수장대 등을 모두 구입할 수 있고 여울이 흐르는 우리나라의 강과 계곡 어디에서나 즐길 수 있다. 웨이더는 10만원 이상의 중급 제품을 구입해야 하는데 여름철 무릎 정도의 여울에서 피라미낚시를 즐기는 정도라면 입지 않아도 된다. 낚시를 배워가며 추가로 구입해도 늦지 않다.

견지낚시의 주 대상어종은 누치다. 누치는 견지낚시로 낚을 수 있는 가장 큰 물고기로 예로부터 견지낚시에선 50cm 이상의 누치는 '멍짜', 40cm 안팎은 '대적비', 30cm 미만은 '적비'라고 불렀다. 크고 힘 센 누치를 가냘픈 견짓대로 끌어내는 과정의 스릴이 견지낚시의 묘미라 할 수 있다. 누치 외에도 끄리, 피라미, 갈겨니가 자주 낚여 지루할 틈이 없다.

시즌과 낚시터

5월 초 아카시아꽃과 하얀 찔레꽃이 강변을 덮기 시작하면 본격적인 견지낚시 시즌이 열린다. 이때가 되면 누치, 끄리, 피라미, 갈겨니 등 여울의 모든 고기들이 잘 낚이며 이후 수온이 낮아지는 11월 초순까지 활발하게 낚시가 이루어진다. 견지낚시의 성수기는 피서객들이 강변을 많이 찾는 7~8월이다.

장비

견짓대는 북한강과 남한강 일대의 각 지역 견지낚시 전문점이나 견지공방에서 구입할 수 있다. 입문용으로는 중급자용 2만~2만5천원대 제품이 적합하다. 마니아급은 5만~6만원대. 유명 공방에서 만드는 명품 견짓대는 10만~15만원에 살 수 있다. 본격적으로 견지낚시에 입문하려면 일반 낚시점에서 판매하는 3천~5천원짜리 싸구려 견짓대는 피하는 게 좋다.

낚싯대가 연질대와 경질대 등으로 성질이 구분되는 것처럼 견짓대도 강, 중, 약대로 구분되는데 입문용으로는 중대가 적당하다. 이후 필요에 따라 강대와 약대를 추가로 구입한다.

강대는 멍짜급 누치, 중대는 적비급 누치와 소형어들, 약대는 잔잔한 여울에서 피라미, 갈겨니를 낚을 때 쓴다.

수장대는 여울 바닥에 꽂아서 살림망이나 썰망, 그밖에 보조용품을 매달아 놓는 도구다. 수장대가 없으면 채비나 용품이 필요할 때마다 물가로 나갔다 들어와야 하니 번거롭다. 또 하나의 중요한 역할은 지팡이다. 바닥상태를 모르는 여울로 진입할 때 수장대로 더듬어 짚어 가면 위험한 지형도 쉽게 찾아낼 수 있어 안전하다. 또 급류에서 이동할 때도 수장대에 몸을 의지할 수 있어 힘이 덜 들고 안전하다. 얕고 흐름이 약한 여울이라면 몰라도 깊고 빠른 여울에서는 수장대가 필수 안전도구다. 견지낚시 전문점에서 2단 분리형 제품을 7만~9만원에 판매한다.

웨이더는 흔히 바지장화라고 부르는 방수복이다. 견지낚시에서 필수품이다. 웨이더는 신발 바닥에 펠트가 부착된 제품을 구입해야 한다. 펠트가 부착되지 않은 신발은 이끼 낀 바위에서 미끄러져 부상을 입기 쉽다. 국산 제품 중 고급 브레더블(얇은 통기성) 소재 웨이더는 20만~25만원, 네오플랜 소재는 16만~35만원이다. 네오플렌 웨이더는 보온성이 있어 봄, 가을처럼 수온이 낮을 때는 적합하지만 여름엔 더워서 불편하다. 웨이더는 유명업체 제품이라 해도 하자와 보수가 잦은 품목이므로 AS 가능 여부를 반드시 확인해야 한다.

여울에서 넘어지면 자칫 깊은 수심까지 떠내려가 사고를 당할 수 있으므로 구명조끼는 필수품이다. 값이 싼 제품은 3만~5만원이면 구입할 수 있다.

썰망은 밑밥용 그물망을 말한다. 기계로 짠 썰망은 5천원, 손으로 짠 제품은 1만원에 판매하고 있다.

살림망은 고기를 넣어두는 그물망을 말한다. 견지낚시에선 그물코가 넓은 제품을 쓴다. 여울에서 그물코가 좁은 살림망을 사용하면 저항이 커져 살림망이 급류에 밀리며, 무게를 강하게 받아 수장대가 넘어져 분실되는 경우가 종종 생긴다.

이밖에 고기 입에 박힌 바늘을 뺄 때 쓰는 포셉스 등이 필요하다.

채비

낚싯줄은 나일론줄 1~1.5호를 사용한다. 약대로 피라미, 갈겨니를 낚을 땐 1호, 누치를 함께 노린다면 1.5호까지 쓴다. 2호는 거의 쓰지 않는다. 2호 이상의 줄을 쓴다고 해서 입질 빈도가 급격히 떨어지는 것은 아니지만 굵은 줄은 가는 줄처럼 견짓대에 밀착되지 않고 약간씩 떠서 감기므로 좋지 않다.

입문자라면 500m에 8천원~1만원짜리 덕용 나일론줄을 구입해 출조 후 풀어버리고 새로 감아서 쓰는 방식을 추천한다. 견짓대가 물에 젖은 상태에서 장시간 보관하면 낚싯줄이 점차 설장을 조이면서 견짓대에 변형이 오기 때문이다. 견지낚시는 별도의 목줄을 사용하지 않고 원줄에

견지낚시의 주 대상어종인 누치.

스침질 중의 견짓대

계곡 견지낚시. 계곡에선 피라미와 갈겨니가 낚인다. 사진은 인제 내린천 미산계곡.

바늘을 바로 묶어 쓴다.

편동은 잘라서 감아쓰는 봉돌을 말한다. 껌 크기로 얇게 만들어 필요한 길이를 잘라 쓸 수 있다. 예전엔 납을 소재로 사용했으나 낚시에서 납용품 사용을 금지하면서 동(銅) 소재로 만든 제품을 사용하고 있다. 편동의 넓이는 1cm가 적합하다.

견지낚시에선 바늘을 묶기 전에 편동을 감을 수 있는 속이 빈 고무줄을 먼저 원줄에 끼운 뒤 그 위에 편동을 감아 채비를 가라앉힌다. 견지낚시용 고무줄은 낚시점에서 판매하는 노란색 찌고무를 쓴다. 고무줄의 길이는 8cm가 적당하며 짧게 쓰는 사람은 5cm까지 쓰기도 한다. 고무줄이 길면 부력도 그만큼 세져 물살이 약할 때 멀리 흘릴 수 있는 반면 짧게 쓰면 입질 감도가 높아지지만 돌 틈에 잘 끼는 단점이 있다.

바늘은 깔따구(바늘 코가 짧고 안쪽으로 크게 굽은 농어용 바늘)바늘 5~6호를 가장 많이 사용한다. 봄, 가을에 대형급 누치를 노릴 때는 7~9호의 큰 바늘을 쓰기도 한다.

미끼

견지낚시의 미끼는 구더기다. 위생적인 양식 구더기가 1리터 기준 1만5천원 정도에 판매되는데 서울과 구리의 견지낚시 전문점이나 북한강변의 낚시점에서 구입할 수 있다. 2천~3천원어치만 사면 하루낚시를 즐길 수 있다. 구더기를 구하기 어려운 지방에서는 택배 주문도 가능하다. 스티로폼 박스에 얼음을 채워 보내므로 싱싱한 상태로 받아볼 수 있다. 고기를 불러 모으기 위한 밑밥으로는 깻묵가루를 사용하는데 1리터에 2천원 정도 한다.

낚시방법

견지낚시의 기본은 여울 형태에 상관없이 얕은 곳에서 깊은 곳으로 채비를 흘리는 것이다. 깊은 수심에 큰 고기가 많이 모여 있기 때문에 얕은 여울에 서서 깊은 소 쪽으로 깻묵가루와 구더기를 흘리면, 깊은 곳의 큰 고기들이 얕은 여울로 모여든다.

채비를 흘렸을 때 10m 하류부터 점차로 깊어지는 여울도 좋고, 채비를 태운 물줄기가 바깥쪽이 아닌 강의 중심으로 흘러드는 여울도 좋은 포인트다. 반면 물보라가 일 정도로 거친 여울에는 고기들이 오래 머물지 않으므로 피해야 한다. 오히려 그런 곳에서는 거센 물살이 한풀 꺾이며 잔잔하게 흐르는 지점이 좋은 포인트다.

구더기는 세 마리 정도를 꿴다. 구더기를 여러 마리 꿰는 이유는 작은 물고기들이 구더기의 끝 부분만 물고 몸속 내장을 쏙 빼먹을 때가 많기 때문이다. 예비용 미끼로 두세 마리를 한꺼번에 꿴다. 구더기를 물에 불린 깻묵과 함께 버무려 놓으면 미끄럽지 않아 잡기도 쉽고 미끼를 집을 때마다 밑밥을 함께 쥘 수 있어 편리하다.

견지낚시에선 유속에 맞게끔 편동 무게를 조절해서 채비가 가라앉는 속도를 조절하는 것이 가장 중요한 테크닉이다. 편동이 너무 무거우면 얼마 흘러가지 못하고 바닥에 걸려버리고, 너무 가벼우면 채비가 물살에 밀려 가라앉지 못하고 상층에서만 떠다니게 된다. 그러면 제대로 된 입질을 받기 어렵다. 봉돌을 부착한 고무줄이 서서히 흘러가며 가라앉다가 3m 정도 거리부터 시야에서 사라지면 적당한 무게다.

채비가 적당한 무게로 맞춰졌는지 확인하는 것은 원줄의 긴장도를 통해 알 수 있다. 견짓대를 상류 쪽으로 채줬다가 다시 하류로 내려주며 낚싯

낚은 피라미를 함께 살펴보고 있는 부자 낚시인.

줄을 풀어줄 때(이 동작을 '스침질'이라고 한다) 낚싯줄이 적당한 긴장 상태를 유지해야 무게가 제대로 맞춰진 것이다. 만약 낚싯줄이 헐렁한 상태로 늘어지면 채비가 무거워 바닥에 가라앉아 있다는 증거다. 이때는 다시 채비를 수거해 편동을 약간 잘라내가며 낚싯줄이 긴장된 상태로 유지되도록 조절해야 한다.

스침질 속도도 중요하다. 스침질이 빠르면 채비가 가라앉기도 전에 떠오르므로 바닥층을 효과적으로 노릴 수 없어 중상층을 떠다니는 피라미, 끄리만 주로 낚인다. 스침질을 천천히 해주면 주로 바닥층에서 활동하는 누치, 마자 등을 낚을 수 있다.

채비를 흘려주는 거리는 멀어야 10m 내외다. 집어가 잘 됐을 때는 5~8m 거리에서 가장 입질이 활발하고 멀어봤자 10m 거리에서 입질이 들어온다. 만약 그 거리까지 흘렸는데도 입질이 없다면 집어가 잘 안 된 것으로 봐도 무방하다. 입질이 없다고 해서 40~50m까지 채비를 흘릴 필요는 없다.

추천 낚시터

■ 단양 여울목

강 건너 웅장한 바위산과 시원하게 펼쳐진 강변 그리고 얕고 깊은 여울이 보는 이들로 하여금 탄성을 자아내게 하는 곳이다. 강가엔 깨끗한 자갈밭이 펼쳐져서 야영하기에 최적의 장소다. 쏘가리와 견지낚시의 명소답게 여울이 잘 발달되어있고 본 강과 샛강이 있기에 안전하게 물놀이를 즐길

단양 장대여울

수 있다. 시즌에는 캠핑족들이 차량을 가지고 강가에서 야영을 하지만 역시 쓰레기 문제가 심각해진 탓에 여울 진입로에 최근 바리케이드를 설치했다. 하지만 지자체에서 강 쪽으로 정자를 갖춘 전망대와 무료 주차장, 화장실, 급수대를 만들어놔서 낚시인들과 야영객들이 편하게 사용하도록 했다. 동틀 무렵 물안개 사이로 억새길 산책로를 걷는 싱그러움은 덤이다.

가는 길 내비에 가곡면소재지를 입력한다. 가곡면사무소를 지나 영춘면 방향으로 1.5km 진행하면 강 쪽에 기와를 얹은 2층 목조전망대와 주차장이 나타난다. 간혹 장애인 전용 주차공간을 점용하는 사례가 있어 주의해야 한다. 인근에 여럿의 토속음식점과 야영용품을 갖춘 편의점이 있다.

■ 단양 가대여울

단양군에서 펜션과 민박단지를 조성한 곳으로 뾰족 솟은 뒷산을 배경으로한 예쁜 마을 앞에 여울이 있다. 다리가 놓이기 전 가야나루터가 있던 곳으로 강을 가운데 두고 백제와 고구려의 국경을 맞댔던 곳이다. 강가에 저렴하게 이용할 수 있는 유료 캠핑장도 있다. 마을 한가운데 있는 커다란 공동주차장에 차를 대고 강으로 내려가면 우리나라에서 가장 길고 넓은 가대여울이 펼쳐진다.

장마철이 지나고 물색이 안정되면 곳곳에 야영객들이 캠핑하면서 낚시를 즐긴다. 여울 하류의 가대교 교각 주위가 깊어서 겨울에 첫얼음이 얼면 엄청나게 많은 물고기들이 동면하는 모습을 다리 위에서 볼 수 있다. 그런 이유로 지자체의 치어방류 장소 1순위가 이곳 가대여울이다. 쏘가리와 꺽지를 비롯, 누치와 피라미 등의 자원이 많아 전문 낚시인들도 즐겨 찾는 장소이다. 마을 입구의 현지 어부가 직영하는 민물 매운탕집이 맛집으로 유명하다.

가는 길 가곡면 여울목에서 상류 쪽으로 1.5km 올라가서 나타나는 가대교를 건너자마자 우회전해서 마을로 진입하면 마을 끝나는 지점에 너른 공동 주차장이 있다. 이곳에 차를 대놓고 70m쯤 거리의 강으로 내려간다.

■ 단양 장대여울

가대여울에서 약 2km쯤 상류로 향하면 향산리 늪실마을이 나타난다. 느릅나무 군락지라서 유곡 또는 늪실마을로 불리는 이곳은 여울이 길고 크다는 뜻을 지닌 장대여울이 있는 곳이다. 마을 앞 버스정류장 지붕에 '견지낚시의 명소 늪실입니다!' 라는 간판이 있을 만큼 각종 민물고기 자원이 풍부한 곳이다. 예부터 멍짜급 누치와 굵은 쏘가리가 자주 낚이는 명소여서 루어, 견지낚시 마니아의 발길이 잦다. 조형물 인근 공터나 조금 올라가서 있는 마을 체육공원주차장에 차를 대고 여울 안내판 옆으로 난 진입로를 따라 내려가다 보면 어른 키 높이로 자란 갈대숲이 반긴다. 마을에서 예초기로 풀을 정리해 놓은 억새 밭길을 따라 강변으로 들어서면 우렁찬 여울소리와 함께 가슴이 탁 트이는 멋진 풍광이 나타난다. 너른 강변은 호박돌밭이라 야영을 하려면 이미 다녀간 자릴 찾거나 바닥을 정리해야 한다. 여울 입구에 편의점이 있어서 야영 시 부족함을 해결할 수 있다.

가는 길 가대여울로부터 도로를 따라 상류로 2km를 올라가면 마을 입구에 커다란 누치 조형물이 수호신처럼 서있는 늪실마을이 나타난다. 조형물 맞은편 길 건너에 여울 안내판이 있고 그 옆으로 여울 진입로가 있다.

고등어 배낚시

우리 식탁에서 쉽게 만날 수 있는 고등어. 이 고등어가 잘 낚이는 시기는 늦가을부터 겨울이다. 동해 남부와 남해 동부에서는 이 시기를 맞아 고등어를 주 대상으로 해서 배낚시 출조가 활발히 이뤄진다.

시즌과 낚시터

큰 어군을 지어 다니는 고등어는 떼로 나타났다가 흔적도 없이 사라지는 일이 빈번하다. 시즌도 잘 알려진 것이 없다. 많은 낚시인들이 고등어 시즌을 여름이라고 알고 있는 경우가 많은데, 진짜 시즌은 늦가을부터 초겨울까지다.

1월이 되면 부산, 제주도, 동해 등지로 20cm 내외의 고등어가 연안으로 붙기 시작하는데 최근에는 그 씨알이 30cm에 육박하기도 한다. 흔히 '슈퍼고등어'라고 부르는 특대 씨알의 고등어가 붙는 시기가 늦가을부터 초겨울까지다.

장비와 채비

릴찌낚싯대에 카드채비나 카고(밑밥주머니)를 달아서 사용한다. 릴찌낚싯대는 2~3호로 더 강한 것을 사용한다. 좌대나 소형 낚싯배를 타고 고등어를 낚는다면 4m 내외의 짧은 릴찌낚싯대를 사용하기도 한다.

원줄은 3호 내외로 조금 굵게 쓰는 것이 좋으며 찌를 달지 않고 원줄에 카드채비나 카고를 바로 묶어서 낚시하는 것이 일반적이다. 고등어는 떼로 몰려들면 마구잡이로 입질을 한다. 채비보다는 밑밥이 중요한 낚시이기 때문에 장비와 채비를 조금 어설프게 준비해도 상관이 없다.

미끼

고등어가 다른 물고기와 다른 점이 있다면 지렁이를 잘 먹지 않는다는 것이다. 오로지 크릴만 먹는다고 해도 과언이 아닐 정도로 크릴에 반응이 빠르기 때문에, 밑밥과 미끼 모두 크릴만 사용하는 것이 일반적이다. 밑밥을 준비할 때도 집어제가 별 효과가 없기 때문에 크릴만 사용하는 경우가 많으며 집어제는 크릴을 뭉쳐서 멀리 던져야 할 경우에만 사용한다.

낚시방법

고등어 배낚시는 밑밥 관리가 가장 중요하다. 그 이유는 고등어가 밑밥에 아주 빠르게 반응하기 때문이다. 밑밥을 뿌릴 때 주의할 점이 있다. 고등어를 빨리 모을 생각으로 밑밥을 너무 많이 뿌리면 고등어의 활성도가 너무 올라가서 오히려 낚기가 어려워진다는 것이다. 밑밥을 뿌리면 고등어가 경계심을 가지고 수면에 보일 듯 말 듯 떠오를 정도만 뿌려야 효과가 있다.

밑밥을 뿌렸으면 고등어는 이미 낚은 것이나 다름없다. 밑밥에 고등어가 몰려들면 이때는 미끼를 따로 달지 않고 빈 바늘의 카드채비(어피바늘채비)만 넣어도 입질을 받을 수 있기 때문이다. 물론 바늘에 크릴을 달아주면 더 빨리 입질을 받을 수 있다.

고등어는 가만히 있는 먹잇감에겐 흥미를 잘 보이지 않기 때문에 낚싯대를 움직여 채비를 위아래로 조금씩 움직여 주는 것이 좋다. 미끼를 꿰지 않고 카드채비만 쓴다면 낚싯대를 털어주며 입질을 유도한다.

카드채비에 주렁주렁 달린 고등어를 들어 보이고 있는 낚시인.

고등어 배낚시 연락처
강원 양양 동해어부 010-4522-3563
경북 양포 태성2호 010-7473-8776
경북 포항 미스터루어 010-9363-6933

고등어 연안낚시

방파제나 갯바위에서 릴낚싯대에 큰 씨알의 고등어를 걸면 작은 부시리 못지 않은 손맛을 안겨준다. 가장 흔한 생선으로 여기던 고등어에 대한 가치를 알아봤는지 고등어낚시를 즐기는 사람들이 늘고 있다.

시즌과 낚시터

연안낚시나 배낚시 모두 시즌은 같다. 늦가을부터 초겨울까지 잘 낚인다. 고등어의 양이 적은 서해에서는 여름에 20cm 내외의 고등어를 잡는 경우가 많고 겨울에는 고등어가 낚이지 않는다. 반면 부산, 동해남부, 제주에서는 여름에는 잔챙이만 낚이다가 늦가을부터 초겨울에 본격 시즌을 맞이한다.

포인트는 다양하게 형성된다. 서해는 대형 방조제 주변이 포인트다. 작은 고등어가 서해로 들어올 시즌에는 광어, 주꾸미, 갑오징어, 문어가 한창 시즌을 맞기 때문에 작은 고등어를 낚기 위해 일부러 출조하지는 않는다. 남해 역시 연안낚시는 주로 대형 방파제 주변으로 붙는 녀석들을 노린다. 갯바위도 솔지만 고등어를 낚기 위해 새벽에 갯바위까지 나가는 일은 잘 하지 않으므로 가까운 대형 방파제가 포인트가 된다. 부산의 오륙도방파제, 동방파제, 포항의 영일만항북방파제 등이 겨울에 고등어가 잘 붙는 대표적인 방파제다.

장비와 채비

연안에서 고등어를 쉽게 낚을 수 있는 가장 좋은 장비는 릴찌낚시다. 큰 고등어는 대부분 바닥에 붙어 있는데, 릴찌낚시는 바닥 근처를 꾸준히 노리기 좋기 때문에 고등어낚시에도 효과적으로 활용할 수 있다.

구멍찌는 1호 내외를 쓰며 목줄은 2m 내외로 짧게 묶고 바늘은 볼락바늘 10호나 감성돔바늘 3호가 적당하다. 고등어는 주둥이가 약하기 때문에 너무 크고 강한 바늘을 사용하면 올리다가 주둥이가 찢어져서 떨어뜨리는 것이 많으므로 다소 물렁한 바늘이 좋다. 그리고 챔질할 때 너무 강하게 해도 주둥이가 찢어지기 때문에 챔질도 가볍게 해주는 것이 요령이다. 미끼와 밑밥은 모두 크릴만 사용한다.

낚시방법

방파제에서는 수면에 채비를 흘리며 낚시를 하면 된다. 하지만 고등어가 잘 붙는 발판이 높은 뜬방파제의 경우 채비를 흘리기보다는 릴대에 카드채비를 연결해서 사용하는 것이 고등어의 입질을 받는 데 더 효과적이다. 그 이유는 여러 개의 바늘을 사용해서 고등어의 수심층을 빨리 파악할 수 있고 20cm 내외의 고등어는 바늘 하나로 일일이 입질을 받는 것보다 카드채비로 한 번에 여러 마리를 올리는 것이 빠른 조과를 거두는 비결이기 때문이다.

뜬방파제에서 고등어낚시를 할 때는 채비를 먼저 내린 후 그 자리에 밑밥을 조금 뿌린다. 밑밥을 뿌리고 채비를 내리면 채비가 내려가는 도중에 집어된 고등어에게 미끼를 빼앗기기 때문에 순서를 헷갈리면 안 된다.

밑밥에 고등어가 집어 되면 곧바로 낚싯대를 통해 어신이 전달되는데 챔질을 한다는 생각으로 릴을 한 바퀴 감아주고 잠시 기다리면 나머지 바늘에도 고등어가 걸린다. 이런 방식으로 한 번에 서너 마리의 고등어를 올리면 금방 아이스박스를 채울 수 있다.

감성돔용 릴찌낚시 채비를 그대로 사용한다면 채비를 내린 후 밑밥을 뿌려주고 감성돔낚시와 마찬가지로 바닥에서 입질이 들어오기를 기다린다. 릴찌낚시는 마릿수 조과가 떨어지지만 바닥층에 있는 큰 씨알의 고등어를 낚을 수 있는 것이 장점이다.

고등어용 카드채비
고등어낚시 밑밥용 크릴

방파제에서 낚인 씨알 굵은 고등어.

광어 배낚시

광어 배낚시 장비·채비도

광어의 표준명은 넙치다. 동해와 남해는 광어 자원이 많지 않은 반면 서해에는 광어가 집중적으로 서식하고 있어, 서해에서 가까운 수도권 바다낚시의 주 대상어가 되고 있다. 광어 배낚시는 장비가 간단하고 테크닉이 어렵지 않아 초보자도 쉽게 낚을 수 있다.

시즌과 낚시터

서해의 경우 광어 루어낚시 본격 시즌은 5월 중순~10월 중순이다. 먼 바다인 격포 왕등도, 보령 외연도, 태안 격렬비열도 등에서는 11월 중순까지도 낚시가 가능하다. 광어의 산란기는 수온이 11~17도를 형성하는 2~6월 사이로 길다. 뻘과 모래가 섞인 바닥부터 암초대까지 서식범위도 광범위하다.

갯바위 상륙이 금지된 태안과 인천 앞바다는 주로 배낚시가 보편화되어 있다. 광어 배낚시 출항지로는 군산의 비응도와 야미도, 보령 오천항과 무창포항, 안면도 영목항, 영흥도 진두선착장 등이 대표적이다.

장비와 채비

6~7ft, 2m 전후 길이의 선상낚싯용 베이트낚싯대를 산다. 채비를 내리고 올리는 배낚시 특성상 스피닝릴보다 베이트릴이 더 편리하다. 광어 배낚시는 10~20m 수심에서 낚시하고 20~40호(75~150g) 무게의 봉돌을 사용한다. 이 정도를 충족시키는 선상낚싯대라면 아무 것이나 상관없다고 할 수 있다. 다만 초리 쪽이 잘 휘어지고 허리힘은 강한 휨새여야 입질을 파악하고 광어를 끌어내는 데 무리가 없다.

베이트릴은 염분에 강한 바다용을 산다. 민물용 베이트릴을 사용하면 염분에 부식될 위험이 있다. 고급 사양의 바다용 베이트릴은 민물용보다 대구경 기어를 사용해 고기를 끌어내는 힘도 훨씬 강하다.

광어 배낚시용 채비하면 다운샷리그(down shot rig)를 떠올릴 정도로 이 채비가 대표적이고 위력도 강력하다. 그래서 광어를 노리기 위해 다운샷리그를 사용하는 낚시를 광어다운샷이라고 줄여서 부른다.

다운샷리그는 미국에서 건너온 채비로 우리말로 풀어쓰면 '아랫봉돌채비'라 할 수 있다. 이 채비의 바늘에 말랑말랑한 가짜 미끼, 웜을 단다. 다운샷리그의 장점은 봉돌과 바늘이 분리되어 있어 무거운 봉돌을 사용해도 웜과 결합된 바늘이 자연스럽게 움직이며, 웜이 바닥의 봉돌보다 25~35cm 위에 매달려 있어 물고기의 눈에 쉽게 띈다는 것이다. 다만 초리 쪽이 잘 휘어지고 허리힘은 강한 휨새여야 입질을 파악하고 광어를 끌어내는 데 무리가 없다.

광어다운샷에 가장 많이 쓰이는 웜은 물고기 형태의 섀드(shad)웜이다. 유선형의 몸통에 꼬리 형태가 조금씩 다른 제품이 출시되고 있다. 가장 많이 쓰는 꼬리 형태는 일자형과 제비꼬리형이다. 동전형 꼬리는 파동이 커서 물색이 탁할 때 효과적인 것으로 알려져 있다. 4~5인치 크기를 주로 쓰며 색상은 흰색과 펄이 들어간 빨간색, 머리 쪽이 빨갛고 꼬리 쪽이 흰색인 레드헤드가 인기다.

낚시방법

채비를 내린 후 봉돌이 바닥에 떨어진 것이 느껴지면 고패질을 하지 말고 일단 그대로 놓아둔다. 광어는 먹이고기 중 비실거리거나 힘없이 가라앉는 약한 개체를 공격하는데, 웜의 액션이 현란해지면 건강한 물고기

수면에서 강렬하게 저항하고 있는 광어.

광어 배낚시. 선두에 선 낚시인들이 입질을 기다리고 있다.

선상 루어낚싯대에 묶어놓은 다운샷리그.

인 줄 알고 사냥을 포기할 수도 있다. 고패질 없이 조류에 천천히 하늘거리는 웜에 입질 빈도가 더 높다.

봉돌과 웜의 간격은 한 뼘, 25~30cm가 좋다. 광어는 바닥에 매복해 있다가 덮치는 녀석이므로 봉돌과 너무 떨어뜨리는 것은 좋지 않다. 조류가 셀 경우 목줄이 휘어져 웜이 바닥에 닿을 수 있으므로 이때는 봉돌과 바늘의 간격을 50~60cm로 벌려주는 게 좋다.

광어는 대부분 바늘이 입 안에 박힌 상태에서 대 끝을 가져가는 형태로 입질이 들어온다. 이때 챔질은 낚싯대를 살짝 들어주는 것만으로 충분하다. 간혹 광어가 바늘 끝만 살짝 무는 경우가 종종 있는데 이때 너무 세게 챔질하면 입술이 찢어지고 만다.

서해 광어다운샷 낚싯배 연락처

인천 루키나호 010-9076-8858
인천 수퍼노바호 010-3005-4004
인천 영흥도 프로배낚시 010-4905-0344
태안 마검포항 뉴패밀리3호 010-5301-7555
태안 마검포항 바다사랑호 010-3459-4086
태안 태풍투어낚시 041-674-7936
보령 오천항 메가피싱호 010-4755-0335
보령 오천항 씨빙이루어낚시 010-8825-9800
보령 무창포항 총각피싱 010-2712-0804
전북 군산 에이스호 010-3335-1003
전북 군산 비응항바다낚시 010-4870-4724
전북 부안 격포항 서울낚시 063-581-1162

광어 연안낚시

동서남해 중 광어 자원이 풍부한 바다가 서해인 것은 분명하나 연안에서 광어를 낚기 위해서는 섬으로 가야 한다.

시즌과 낚시터
시즌은 배낚시와 비슷하다. 5월 중순부터 시작해 10월 말까지 이어진다. 서해의 중거리 섬의 방파제나 갯바위에서 모래, 자갈과 수중여가 있는 곳만 찾는다면 광어를 만날 확률이 높다. 흔히 광어는 모래밭에 사는 걸로 알려져 있지만 실제로는 모래와 암반이 뒤섞인 지형에 더 많이 서식한다.

장비와 채비
캐스팅이 쉽고 비거리가 긴 스피닝릴 장비를 쓴다. 스피닝릴 2500~3000번이 적합하다. 낚싯대는 6~8ft 라이트~미디엄라이트 파워면 충분하다. 광어는 발밑까지 끌려와서도 바늘털이가 심한 어종이므로 너무 뻣뻣한 대는 피하는 게 좋다.

원줄은 2~3호 카본사나 1~1.5호 PE라인을 쓴다. 캐스팅 거리가 길고 굵기 대비 강도가 높은 PE라인을 많이 쓰는 추세다. PE라인은 캐스팅할 때 충격을 줄여주고 여 쓸림을 막아주는 용도의 목줄인 쇼크리더를 연결한 후 루어를 묶어야 한다. 쇼크리더는 PE라인 원줄보다 한두 단계 높은 강도의 카본사를 연결해 쓴다.

가장 많이 쓰는 채비는 지그헤드리그로 그 외 다운샷 리그, 바이브레이션 등이 쓰인다. 지그헤드는 1/4온스~2/1온스를 많이 쓴다. 수심 5m 이내에서는 5/8온스, 7~8m 수심이라면 1/2온스, 수심이 10m라면 1/2온스를 쓴다.

지그헤드용 웜은 3~4인치 그럽이 가장 많이 쓰인다. 붉은색, 오렌지색, 흰색, 검은색 계열이 잘 먹히고 반짝이가 섞여 있는 제품도 효과가 좋다.

광어 연안낚시용 루어낚싯대. 사진의 제품은 농어·광어용 바다루어 낚싯대 코베아 쥬피시.

낚시방법
가장 중요한 테크닉은 바닥을 느끼는 것이다. 광어는 바닥층에 있으므로 바닥을 더듬지 못하면 입질을 받기 어렵다. 일단 지그헤드에 웜을 꿰어 던져서 지그헤드리그가 바닥에 착지하는 느낌을 감지한다. 따라서 지그헤드를 무거운 순서대로 교체해가며 바닥을 쉽게 느낄 수 있는 무게를 택한다.

기본적인 낚시 요령은 단순 릴링이다. 루어를 캐스팅한 뒤 루어가 바닥에 닿을 때까지 기다린다. 수면에서 팽팽한 상태로 계속 끌려 내려가던 원줄이 멈추면 루어가 바닥에 닿은 것이다. 루어가 바닥에 닿았으면 바닥을 살짝 스칠 정도의 속도로 릴링한다. 이 방식을 반복하면서 포인트를 탐색한다.

추천 낚시터
보령_장고도, 삽시도, 녹도, 외연도
군산_연도, 고군산군도, 십이동파도, 흑도, 직도, 어청도
격포_위도, 왕등도

광어를 낚기 위해 방파제에 진입하고 있는 낚시인들.

꺽지낚시

꺽지 루어낚시
장비·채비도

꺽지는 커야 20cm 내외로 몸집이 작다. 강가의 작은 돌 틈에 숨어 살며, 그곳에 매복해 있다가 지나가는 작은 물고기나 벌레를 잡아먹는다. 또한 지역에 많은 무리가 살고 있기 때문에 비교적 쉽게 많이 낚을 수 있다. 생미끼낚시에도 낚이지만 루어낚시가 많이 이뤄진다.

시즌과 낚시터
4월부터 11월까지 낚을 수 있으며 수온이 가장 오르는 5~8월에 가장 잘 낚인다. 우리나라 전역의 하천에서 낚을 수 있다.

장비와 채비
낚싯대는 길이 6ft 내외로 울트라라이트 액션의 스피닝로드를 즐겨 쓴다. 꺽지가 입질할 때 초리가 부드럽게 한껏 휘어질 수 있는 낚싯대가 좋다. 릴은 스피닝릴을 쓴다. 4~6lb(1호 내외) 낚싯줄을 100m 정도 감을 수 있는 소형이 적합하다. 가벼운 소형 스피너와 웜을 던지기 위해서는 가늘고 부드러운 줄을 쓰는 것이 유리하다.

채비는 지그헤드리그와 스피너를 쓴다. 지그헤드리그란 봉돌과 바늘이 결합한 지그헤드에 웜 종류 중 그럽을 꿰어 쓴 채비다. 그럽은 꼬리가 긴 것이 특징이다. 1.5~2인치 소형 크기를 1/32온스 지그헤드에 꿰어 쓴다.

스피너는 앞쪽에 블레이드가 달려 있고 트레블훅 쪽에 털이 달린 소형 루어다. 꺽지 전용 루어라 할 수 있는데 물속에서 감아 들이면 블레이드가 물의 저항을 받아 돌면서 꺽지를 유혹한다. 좁은 계곡에서는 1/16온스~1/8온스, 넓은 하천에서는 1/8온스~3/8온스를 쓴다. 원투가 필요한 곳에서는 1/2온스를 사용하기도 한다.

낚시방법
꺽지는 유속이 느린 곳을 좋아한다. 물 맑은 하천이나 강 중상류의 크고 작은 바위 밑 그리고 중하류의 유속 완만하고 수초가 우거진 곳에서 낚을 수 있다. 또 바위 옆이나 아래에 몸을 숨기고 있다가 먹잇감이 지나가면 재빨리 낚아챈 후 은신처로 돌아가는 것을 반복하는데, 그런 특성을 잘 활용하면 의외로 쉽게 낚을 수 있다.

포인트에 도착하면 꺽지가 숨어 있을만한 돌을 찾아 그 주변으로 루어를 캐스팅한다. 원하는 곳에 루어가 착수하면 루어를 천천히 감아 들인다. 물 맑은 곳에서는 루어를 따라오는 꺽지를 어렵지 않게 볼 수 있다. 가까운 곳에서 입질이 없다면 무거운 스피너나 스푼으로 먼 곳에 있는 포인트를 노려볼 수도 있다. 강 중간의 큰 바위 밑이나 후미진 절벽 아래 등이 이에 해당한다.

추천 낚시터
■ 홍천 개야리유원지
홍천강 하류의 대표적인 쏘가리 포인트인 이곳은 꺽지도 잘 낚이는 곳이다. 큰 씨알의 꺽지를 노린다면 노린다면 개야리 유원지 일대 앞쪽을 추천한다. 군데군데 있는 큰 바위 주변에서 20cm급 꺽지가 출몰한다. 1/10온스 지그헤드에 그럽이나 45mm 길이의 소형 쏘가리용 미노우를 사용한다. 미노우에 대물 꺽지가 낚이곤 한다.
내비 주소 서면 개야리 154-9

■ 평창 바위공원캠핑장
바위공원캠핑장은 평창읍 평창강변에 있는 무료 캠핑장이다. 2021년 8월 현재 코로나19로 인해 일시 폐쇄된 상태이지만 여기에 소개하는 이유는 캠핑장 앞 평창강의 꺽지 자원이 매우 풍부하기 때문이다. 평균 씨알이 20cm라 할 정도로 굵고 또 잘 낚인다. 꺽지낚시 중 쏘가리가 낚이

꺽지낚시용 루어. 좌측이 스피너, 우측이 그럽을 꿴 지그헤드리그다.

캠핑낚시의 대표어종인 꺽지. 우리나라에만 사는 특산종이다.

기도 한다. 아침 동틀 무렵이나 어스름 해가 질 때 낚시하면 만족할 조과를 보장해준다. 캠핑장 여건도 훌륭해 캠핑낚시터로 적합하다. 캠핑장은 평창읍에서 운영하고 있으며 재개장 여부를 확인하기 바란다.
내비 입력 바위공원캠핑장, 문의 033-330-2601(평창읍사무소)

■ 청주 달천 옥화대 여울
충북 청주시 상당구 미원면 옥화리를 흐르는 달천 줄기다. 유명 관광지인 옥화대 앞을 흐르는 여울이 꺽지낚시 명소로 유명하다. 옥화대 건너편 연안이 모래와 자갈로 이루어져 있어 여름 캠핑터로도 인기가 높은 곳이다. 여울 곳곳에 큰 호박돌이 박혀있으며 굵은 꺽지가 자주 낚인다.
내비 입력 옥화대(충북 청주시 상당구 미원면)

■ 임실 사선대 여울
전북 임실군에서 발원한 섬진강의 상류에 해당하는 곳이다. 진안군 성수면 좌포리의 풍혈냉천~진안군 관촌면 관촌리의 사선대 놀이공원까지가 꺽지 포인트로 인기가 높다. 약 10km에 이르는 구간 곳곳에 보가 있는데 낚시는 주로 보 밑에서 이루어진다. 도로변 주차 여건이 좋고 여름에는 물놀이도 함께 즐길 수 있어 가족과 함께 물놀이겸 찾기에 좋다. 사선대 놀이공원 하류는 공원 관계자들이 진입을 막는 경우가 있다.
내비 입력 사선대(전북 진안군 관촌면)

■ 진안 무주수련원 여울
전북 무주군 부남면에 있는 무주수련원 앞은 굵은 꺽지가 잘 낚이는 곳이다. 용담댐으로부터 약 13km 하류 지점으로서 수련원 앞에 크고 넓은 도로가 있다. 무주수련원 앞까지 차를 몰고 와 도로 끝까지 가서 주차한 뒤 물가로 내려가 상류로 이동하면 커다란 바위가 잠긴 여울이 나오고 굵은 꺽지가 주로 올라온다. 수심이 2~3m로 깊고 여울이 꺾여서 들어와 물살이 있는 곳이다 보니 스피너보다는 1/16온스~1/8온스 지그헤드가 유리하다.
내비 입력 무주수련원(전북 무주군 부남면)

■ 함양 임천 남호리
경남 함양군 휴천면 남호리의 임천 구간은 바닥에 돌이 많고 캠핑하기에 적당한 장소도 많다. 임천은 지리산 계곡에서 발원해 함양군으로 흐르는 강이다. 이곳의 매력은 꺽지 씨알이 굵다는 것이다. 25cm급도 간혹 출현한다. 도로변 연안에 나무가 울창하고 강변 연안도 공간이 넉넉하다.
내비 주소 휴천면 남호리 1054

꺽지용 루어낚싯대. 사진의 제품은 계류낚시 전용 루어낚싯대 코베아 스트림시마.

대구 배낚시

무엇이든 닥치는 대로 먹는 대식가인 대구는 가을~겨울에 잘 낚이는 한류성 어종이다. 얼리지 않은 생대구는 귀한 요리 재료이며 낚시인이 낚은 미터급 왕대구는 시장에서 구하기도 힘들다. 대구는 깊은 바다에 서식하기 때문에 연안에서는 낚을 수 없고 배낚시를 해야 한다. 과거엔 생미끼로 낚았으나 요즘은 메탈지그를 사용한 지깅으로 낚는다. 지깅이라 하면 어려운 테크닉처럼 느껴질지 모르나, 대구 지깅은 초보자도 충분히 즐길 수 있을 만큼 쉽다. 대구 금어기는 1월 16일부터 2월 15일(2021년 현재)까지로 체포금지체장은 35cm이다.

시즌과 낚시터

대구낚시 피크시즌은 겨울이다. 동해안의 대구는 초여름부터 초가을까지 100m 이상의 깊은 바다에 사는데 이때는 씨알보다 마릿수가 많을 때여서 동해북부 지방에서는 카드채비로 대구를 낚는다. 12월 초순이면 산란을 하기 위해 70~80m의 암반층까지 들어온다. 이후 3월까지 산란이 이루어진다.

꼴뚜기 루어를 덧댄 메탈지그.

강원북부 고성, 속초, 양양, 강릉 지역은 씨알보다는 가을에 마릿수 조과가 뛰어나다. 카드채비를 이용한 생미끼낚시도 할 수 있다. 동해 최북단 고성의 거진항과 공현진항이 제일 유명하다.
강원남부 삼척 장호, 임원은 겨울에 대형 대구가 잘 낚여 동해 대구 지깅의 메카라 불린다. 출항지에서 1시간 거리 이내에 왕대구가 낚이는 유명 포인트들이 있다.

장비와 채비

대구는 10kg을 훨쩍 넘는 개체가 많은 중량급 어종이지만 저항하는 힘은 그리 세지 않다. 무거운 무게를 제어할 수 있는 낚싯대면 다 적합하다. 7ft 이내의 선상용 낚싯대가 주로 쓰이며, 6ft 안팎 길이의 우럭대도 많이 사용된다. 강도는 300~500g 메탈지그를 쓸 수 있으면 OK(우럭대 기준으로는 100~150호 추부하다). 100m 수심에서 채비를 내렸다 감아올리려면 지치기 마련이다. 이를 위해 전기모터로 채비를 감고 올릴 수 있는 전동릴을 쓰고 있다. 현지 낚싯배에선 전동릴을 대여도 해주고 있으므로 장비가 없을 때 이를 이용해도 좋다.
낚싯줄은 릴의 권사량이 충분하다면 3~5호 PE라인을 쓴다. 강도는 50lb에서 80lb. PE라인 원줄에는 쇼크리더가 필요하다. 장애물 쓸림이나 고기 이빨로부터 채비를 보호하기 위해서다. 원줄보다 한두 단계 강한 나일론사나 플로로카본사를 사용한다.
미끼는 메탈지그란 루어를 쓴다. 메탈지그는 막대형으로 생긴 대구 지깅용 루어다. 조류가 빠른 100m 수심의 바닥까지 쉽게 내리기 위해선 무거운 메탈지그가 효율적이다. 400~500g을 사용한다.

낚시방법

센 조류 속에서 100m 혹은 그 이상의 바닥까지 메탈지그를 완전히 내려야 한다. 하강 속도를 조절하며 줄이 내려가는 각도를 살핀다. 조류나 바람 탓에 '바닥 확인'이 힘들다고 판단되면 다른 형태나 더 무거운 메탈지그로 교체한다.
메탈지그가 바닥에 거의 닿았을 때 대를 살짝 들어 올린 후 상하좌우로 가볍게 움직임을 줘서 걸림이 있는지 없는지 바닥지형을 살펴본다. 아무런 반응이 없으면 메탈지그를 감아올린다. 바닥에서 10~20m 지점까지 릴링과 저킹을 반복한 뒤 입질이 없으면 다시 가라앉혀서 처음 동작을 반복한다. 바닥 또는 바닥부터 5m 수심 사이에서 입질이 들어오는 경우가 많다.

수면에 모습을 드러낸 대구. 두 마리가 함께 걸렸다.

입질이 오면 낚싯대를 살짝 내려서 여윳줄을 주면 대구가 이물감을 느끼지 않고 완전히 삼킨다. 자동 입걸림인 셈인데 확실히 걸렸다는 느낌이 들면 살짝 대를 들어 챔질을 한다. 대구는 차고 나가거나 지속적으로 반항을 하는 고기가 아니기 때문에 금세 무게감을 느낄 수 있다.

대구를 낚아 올리는 데는 감아올리기 과정이 제일 중요하다. 입 언저리가 약한 대구는 강한 챔질이나 순간 저항에 떨어져 나가기 쉽다. 따라서 전동릴의 정속 버튼을 눌러 감아 올리면 되는데 가급적 슬로우 릴링을 한다. 수면에 대구가 보이기 시작하면 더 천천히 릴링을 한다. 위기감을 느낀 대구가 수면 근처에서 강하게 저항하지 못하게 하기 위해서다. 대구는 60~70cm만 되어도 낚싯대의 힘으로 들어올리기 힘들고 뜰채나 가프의 도움이 꼭 필요하다.

강원도 대구 배낚시 연락처
고성 공현진항 공현진낚시마트 033-632-6692
고성 공현진항 블랙이글스호 010-7172-1302
삼척 임원항 탐라호 010-3795-5087
삼척 임원항 해병호 010-8795-5343
삼척 장호항 명성호 010-9600-4143

대구 지깅 장비와 채비

무늬오징어 에깅

에기에 유혹되어 연안으로 끌려나온 무늬오징어.

에깅(eging)이란 에기(Egi, 일본 어부들이 개발한 오징어용 루어)로 무늬오징어를 낚는 낚시를 말한다. 에기란 고유명사에 영어의 '-ing'를 붙였다. 에기에는 무늬오징어뿐 아니라 갑오징어, 한치도 낚이지만 에깅이라고 하면 주로 무늬오징어낚시를 말한다.

시즌과 낚시터

오징어류는 길이 대신 무게로 씨알을 표현한다. 무늬오징어의 산란철은 4~6월로 알려져 있다. 이때 태어난 녀석들이 자라 여름과 가을에는 500g 내외의 씨알이 낚이다가 가을로 접어들면서 700~800g으로 커지고 마릿수도 늘어난다. 초겨울로 접어들면 1kg급이 낚이기 시작한다.
제주도는 연중 무늬오징어가 낚인다. 다만 제주도 북부는 영등철엔 확률이 떨어지며 그땐 서귀포 쪽으로 가야 한다. 남해동부의 무늬오징어는 5월부터 12월까지 낚이며, 여수를 중심으로 한 남해중서부는 7월부터 11월까지가 무늬오징어 시즌이다. 동해북부 삼척~울진권은 8월부터 11월까지 무늬오징어가 낚인다. 동해남부 영덕~부산권은 6월부터 12월까지 에깅을 할 수 있다. 피크시즌은 제주도는 11월 중순~2월 중순, 남해안은 9~10월이다.
무늬오징어의 서식지는 물색이 맑고 난류의 영향을 많이 받는 지역이다. 동해안 전역, 여수를 포함한 동쪽의 남해안, 그리고 제주도가 에깅터로 꼽힌다.

에기

장비와 채비

낚싯대는 에깅 전용 가이드가 달린 전용 낚싯대를 써야 한다. 일반 가이드엔 합사 원줄이 쉽게 엉킨다. 8.6ft 길이의 미디엄라이트나 미디엄 파워가 가장 많이 쓰인다.
낚싯대에 비해 릴은 꼭 에깅 전용을 살 필요는 없으나 대다수 에깅낚시인들이 에깅 전용 릴을 구매하고 있다. 가격은 15만~50만원까지 다양하다. 일반 스피닝릴을 쓴다면 가지고 있는 릴의 호환 스풀을 알아보고 되도록 2500~3000번을 사용하되 섈로우스풀로 바꿔서 쓰는 게 좋다. 그밖에 1kg 이상의 무거운 무늬오징어를 끌어낼 때 사용하는 가프, 캐스팅용 장갑, 에기스냅, 합사가위 등이 필요하다.
원줄은 합사를 쓴다. 나일론사는 비거리와 감도가 떨어진다. 합사도 가늘수록 비거리와 감도가 좋아진다. 에깅 마니아들이 가장 선호하는 굵기는 0.8호다. 더 굵은 줄을 쓰는 낚시인은 거의 없다. 힘새가 좋은 부드러운 낚싯대를 쓰는 경우 0.4호까지 쓰기도 한다. 쇼크리더는 카본사 2호 내외면 무난하다.

에기

꼭 갖고 있어야할 에기는 3.5호 노멀과 3.5호 섈로우다. 3.5호 노멀은 1m 가라앉는 데 4초 정도가 걸리고 3.5호 섈로우는 5~6초가 걸린다. 두 가지 에기가 필요한 이유는 에깅이 주로 이뤄지는 남해와 제주도 연안의 수심이 6~7m인 곳이 많고 조류를 감안한다면 1초에 4m 정도 가라앉는 노멀 타입이 여러모로 운용에 적합하기 때문이다. 포인트 중엔 수심이 얕거나 조류가 약한 곳도 있으므로 더 천천히 가라앉는 섈로우 타입도 필요한 것이다. 색상은 물고기 체색과 비슷한 내추럴컬러와 눈에 잘 띄는 오렌지, 빨강색 어필컬러가 인기 있다.

낚시방법

기본은 원투와 폴링이다. 멀리 캐스팅해야 더 먼 곳에 있는 무늬오징어를 불러 모을 수 있고 착수 후 어떤 형태로 가라앉혀서 액션을 주느냐에 따라 입질 여부가 판가름 난다.

캐스팅의 기본은 버트캐스팅(butt casting)이다. 에기를 약간 늘어뜨리고 회전 반경을 크게 해서 낚싯대를 후려치듯 캐스팅하는데 이렇게 해야 무거운 에기를 부담 없이 날릴 수 있고 더 멀리 날아간다.

무늬오징어는 에기가 솟구칠 때가 아니라 가라앉는 도중 또는 바닥에 닿는 순간 입질한다. 그래서 충분히 가라앉히지 않고 액션만 주다보면 무늬오징어가 에기를 따라올 뿐 덮치지 않는 경우가 많다.

캐스팅 후의 폴링은 프리폴링과 커브폴링으로 나뉜다. 프리폴링은 에기가 가라앉을 때 아무런 견제 없이 그대로 가라앉게 하는 것이다. 가라앉는 속도가 빠르고 가라앉는 각도가 작아서 낚시인 쪽으로 많이 밀려들어오지 않아 더 먼 곳의 바닥을 찍을 수 있다는 장점이 있다. 주로 깊은 곳에서 에기를 빨리 가라앉히거나 바닥을 빨리 찍어야 하는 경우, 무늬오징어가 모이지 않은 상황에서 활용한다.

커브폴링은 에기가 착수한 순간 여윳줄을 감아 들여 원줄을 팽팽하게 유지하거나 낚싯대를 치켜들어 에기가 커브를 그리면서 천천히 가라앉게 하는 방법이다. 물속에서 더 오랜 시간 루어를 보여주고 싶을 때나 얕은 곳에서 천천히 가라앉히고자 할 때, 무늬오징어가 중층으로 떠오른 경우, 무늬오징어의 활성도가 낮아 예민한 입질도 빨리 잡아내야 하는 경우에 활용한다.

에기에 액션을 준 후에 가라앉힐 때엔 프리폴링을 하지 않고 커브폴링 상태를 유지한다. 에기가 바닥층 수심에 있을 때엔 천천히 가라앉히는 것이 좋다. 입질이 언제 들어올지 모르기 때문이다. 항상 원줄의 긴장 상태를 유지하고 대기해야 한다. 요령은 액션을 준 후에 곧바로 릴을 두세 바퀴 돌려 원줄을 팽팽하게 만드는 것이다.

에기가 바닥까지 가라앉았다면 저킹을 한다. 기본 요령은 에기를 바닥까지 가라앉힌 후 낚싯대를 쳐올려 에기를 띄우는 것이다. 에기를 가라앉힌 후 낚싯대를 휘두르는 것이 아니라 낚싯대를 슬쩍 들어주는 정도로 액션을 준다.

입질이 없으면 다른 방향으로 캐스팅을 한다. 입질은 무언가 에기에 얹힌 듯 무거운 느낌으로 전해온다. 낚싯대를 쭈욱 끌고가는 느낌이 들면 짧게 저킹하듯 훅킹을 한다.

추천낚시터

■ 포항 발산항방파제

발산항에 있는 방파제로 큰 방파제와 작은 방피제가 있다. 캠핑은 작은 방파제 옆으로 이어지는 해변에서 할 수 있으며 해변 뒤에 있는 간이주차장에서는 차박을 즐길 수 있다.

낚시는 주로 큰 방파제에서 하며 작은 방파제 주변은 바닥이 모래라서 별다른 조과가 없다. 큰 방파제는 초입과 콧부리가 포인트다. 조류가 흐를 때는 어디에서 낚시를 해도 좋고 조류가 약하다면 콧부리에서 낚시를 한다. 무늬오징어는 내항에서 낚인다. 수심은 5m 내외이며 멀리 노리면 듬성듬성 수중여가 형성되어 있는 주변에서 입질을 받을 수 있다.
내비 주소 남구 동해면 발산리 334

■ 거제 홍포방파제

정식 명칭은 홍포선착장이다. 하지만 지금은 선착장의 흔적이나 기능을 찾아볼 수 없으며 그야말로 캠핑과 낚시를 위한 곳으로 바뀌었다. 캠핑은 아무 곳에서나 할 수 있다. 방파제 앞으로 큰 공터가 있는데, 주차장이나 선착장의 역할을 전혀 하지 않고 있기에 먼저 자리를 잡은 사람이 임자다. 주차가 가능하고 텐트를 쳐도 된다.
내비 주소 남부면 저구리 737-48

■ 남해 초전방파제

남해군 내의 캠핑낚시 핫플레이스다. 해변, 낚시터, 주차장을 모두 완비하고 있으며 도로가에는 캠핑이나 차박을 하는 사람들을 흔히 볼 수 있다. 방파제와 주변 갯바위에서 얼마든지 낚시를 할 수 있다. 무늬오징어 외 볼락, 농어 등이 낚이다.
내비 주소 미조면 송정리 556-3

■ 남해 온점마을방파제

해변이 넓고 긴 데다 솔숲이 있어 캠핑하기 좋다. 방파제 내항과 콧부리 주변이 캠핑 장소로 적당하다. 선착장 주변도 공간이 넓어서 캠핑 장소로 좋은데 어구가 놓인 곳 주변은 피한다. 해변 원투낚시, 방파제 루어낚시 고루 즐길 수 있다.
내비 주소 삼동면 물건리 664-1

■ 여수 금오도 직포방파제

여수 신기항에서 도선으로 차량을 싣고 금오도로 들어갈 수 있다. 조황은 금오도에서 직포방파제기 기장 좋다. 미을 방피제에시 자유롭게 텐드를 치고 캠핑을 즐길 수 있다. 텐트는 방파제 초입의 공간에 치며, 같은 장소에서 차박도 할 수 있다. 계속해온 방파제 공사가 끝나면서 조과도 살아나고 있으며 여름에는 무늬오징어, 고등어, 전갱이, 갈치 등이 낚인다. 낚시는 마을에서 가장 바깥에 있는 방파제가 가장 잘 된다.
내비 주소 남면 두모리 945-27

■ 여수 돌산도 성두방파제

돌산도 끝자락에 위치한 성두방파제는 돌산도 방파제 중 가장 낚시가 잘되는 곳 중 하나다. 닌바다를 바라보는 최님단에 위치해서 수심이 깊고 감성돔, 볼락, 농어, 무늬오징어, 갈치 등 계절마다 다양한 어종이 낚인다. 돌산도 남쪽에 있기 때문에 시즌도 빨리 시작돼 여름이면 일찌감치 갈치를 만날 수도 있다. 캠핑은 방파제 내항에서 할 수 있으며 주차선이 있는 곳을 피해 자리를 잡아 텐트를 설치하면 된다.
내비 주소 돌산읍 금성리 168-1

무늬오징어 에깅 장비·채비도

에깅 전용 낚싯대. 사진의 제품은 코베아 블랙터.

무지개송어낚시

무지개송어낚시 장비·채비도

낚시인들은 흔히 송어라고 부르지만 엄밀히 말하면 송어는 한국 고유종으로, 무지개송어와 다른 어종이다. 무지개송어는 유럽과 북미가 고향인 물고기로 찬물을 좋아하는 냉수성어종이다. 무지개송어는 육식성으로 물속의 수생곤충이나 갑각류, 작은 어류를 먹고 살며 용존산소가 풍부한 맑은 물에 서식한다.

체색과 생김새가 예쁜 무지개송어는 여성 낚시인들도 좋아하는 물고기다. 조심스럽고 입질도 섬세해서 호락호락 낚이지는 않는데 그 점이 무지개송어낚시의 매력이라 할 수 있다.

시즌과 낚시터

무지개송어는 인공적으로 양식한 고기를 유료낚시터에서 낚는다고 보면 맞다. 냉수어종이어서 수온이 떨어지는 겨울이 낚시시즌이다. 무지개송어 유료낚시터는 이르면 11월, 보통은 12월에 개장하고 3월에 폐장한다. 무지개송어가 방류된 유료낚시터는 도심 근교에 있어 찾기에도 부담 없다. 다만 겨울에만 한시적으로 운영된다.

장비

루어낚싯대를 사용한다. 작고 가벼운 송어용 루어를 던지려면 낭창한 연질 낚싯대가 필요하다. 6~6.5ft 길이의 2절대(투피스) 중 울트라라이트 파워가 좋다.

릴은 1000번~2000번 소형 스피닝릴을 쓴다. 1000, 2000…은 낚싯줄이 감기는 릴의 크기를 정한 기준으로서 숫자가 높을수록 낚싯줄이 많이 감기고 그에 따라 크기가 크고 무겁다.

무지개송어낚시에 쓰는 루어는 작고 가볍다. 이 가벼운 루어를 다루려면 낚싯줄도 가는 것이 유리하다. 낚싯줄이 가늘면 멀리 날아가고 물의 저항이 작아 루어를 조작하기에도 좋다. 강도는 4lb, 굵기는 0.8호 이하의 나일론라인을 쓴다. 무지개송어는 낚싯줄의 움직임을 보고 입질을 파악하는 일이 많다. 투명색보다는 눈에 잘 보이는 파란색 또는 주황색을 고르도록 한다.

그 외에 입걸림시킨 무지개송어를 상처 나지 않게 연안으로 끌어내기 위한 뜰채가 필요하다. 그물망이 실리콘 등 부드러운 고무 소재로 되어 있다. 뜰채의 폭이 40cm는 넘어야 고기를 담기에 편하다.

채비

크랭크베이트, 마이크로러버지그, 마이크로스푼 이 세 가지 루어를 준비하면 웬만한 상황에서도 무지개송어를 낚을 수 있다.

크랭크베이트는 살찐 금붕어를 닮은 루어다. 캐스팅한 뒤 물속에서 감아 들이는 것만으로도 루어가 적정 수심으로 내려가 입질을 유도한다. 무지개송어용 크랭크베이트는 바늘이 하나인 싱글훅을 쓰는데 앞쪽에 달린 립의 각도에 따라 릴링할 때 물속으로 파고드는 수심, 즉 잠행수심(潛行水深)이 달라진다. 보통 1~1.5m 잠행수심의 루어를 쓴다.

마이크로러버지그에서 러버지그란 지그헤드에 고무 소재로 된 스커트가 달린 루어를 말한다. 길이는 스커트를 포함해 5~6cm다. 마이크로러버지그의 생명은 물속에서 하늘거리는 스커트에 있다. 이 하늘거림을 참지 못하고 무지개송어가 공격한다.

마이크로스푼은 납작하고 동그란 형태의 금속성 루어다. 루어의 한 종류인 스푼을 아주 작게 만든 것이다. 바늘을 제외한 크기는 2.5~3.5cm. 양식산인 무지개송어에게 주는 사료인 펠릿과 비슷하게 생겼다. 무게는 1~4g으로 2g, 2.5g을 많이 쓰고 색상이 다양하다. 무지개송어가 서식하는 수심층에 따라, 그날그날 선호하는 색상에 맞춰 루어를 골라 사용한다.

낚시방법

11월 중순이면 송어낚시터들이 막 개장을 했거나 개장을 앞둘 시기다. 11월은 수온이 적당하고 먹이를 먹고자 하는 무지개송어의 의욕이 왕성한 시기이기 때문에 뛰어난 조황을 보인다. 특히 빠르고 역동적인 루어에 잘 반응하는 것이 특징이다. 이때 가장 빛을 보는 루어가 크랭크베이트와 마이크로스푼이다. 던지고 감아주는 것만으로 물어준다. 무지개송어낚시의 재미를 보려면 11월 한 달을 놓치지 말아야 한다.

출조 계획을 세웠다면 아침 일찍 찾는다. 무지개송어는 먹이를 먹는 시간대가 있다. 바로 햇살이 퍼지기 전 아침이다. 이때는 활성도가 최고조에 올라 루어에 활발한 반응을 보인다. 하지만 그 시간이 두 시간을 넘지 않는다. 햇살이 퍼지기 시작하면 무지개송어는 여러 수심층으로 흩어진다. 그 뒤로는 낚시터 주인이 고기를 방류할 때 짧은 시간 활성도가 올라가기도 한다. 해가 지기 전 오후에 한 차례 활성도가 올라가지

무지개송어 전용 루어낚싯대. 사진의 제품은 계류낚시 전용 코베아 스트림시마.

뜰채에 담긴 무지개송어.

만 폐장 시간과 맞물리기 때문에 낚시할 수 있는 시간이 짧다. 낚시를 간다면 이른 아침에 찾는 것이 좋다.

무지개송어가 가장 왕성한 먹이활동을 벌이는 시간대, 즉 피딩타임이 끝났다면 루어에 반응을 보이는 송어가 어느 수심층에 머무는지 찾아서 낚아내야 한다. 이때 사용하는 루어가 마이크로스푼이다. 송어 유영층을 어느 정도 파악했다면 마이크로러버지그로 바꿔 사용해도 좋다.

추천 낚시터

송어 유료낚시터는 대부분 수도권에 몰려 있다. 낚시터 관리인은 무지개송어를 방류하고 가을부터 이듬해 봄까지 한시적으로 운영한다. 캠핑장을 함께 운영하는 낚시터가 있지만 몇 곳 되지 않는다. 유료 캠핑장에서 캠핑을 하고 한나절 무지개송어낚시를 다녀올 수밖에 없다.

■ 경기 광주 유정낚시터
도척면 도척로 897. 수면적 4만3천평. 루어낚시와 플라이낚시 허용. 손맛터. 휴게실과 식당 운영. 031-762-5185. 네이버카페 http://www.yujungji.com/

■ 경기 광주 추곡낚시터
도척면 추곡리 386-3. 수면적 5천평. 루어낚시와 플라이낚시 허용. 손맛터. 휴게실과 식당 운영. 031-762-1269

■ 경기 남양주 화도낚시공원
화도읍 금남리 54. 수면적 1만2천평. 루어낚시와 플라이낚시 허용. 휴게실, 방갈로, 식당 운영. 031-591-1707. 다음카페 http://www.ecoman.co.kr/

■ 경기 시흥 달월낚시터
월곶동 산63-7. 수면적 2만1천평. 손맛터. 저수지 일부를 막아 3천평 규모의 무지개송어낚시터를 운영하고 있다. 식당과 매점 운영. 031-498-9300

■ 경기 안성 장광낚시터
죽산면 관앞길 103-6. 수면적 6천평. 루어낚시와 플라이낚시 허용. 식당, 휴게소, 방갈로, 캠핑장 운영. 031-672-6677. 홈페이지 http://www.jkfishing.com/

■ 경기 양주 기산낚시공원
백석읍 기산로 592-46. 수면적 2만여 평. 루어낚시와 플라이낚시 허용. 잡이터. 3마리까지 반출 허용. 휴게실과 식당 운영. 식당에서 송어회 요리. 010-3766-9339

■ 경기 용인 신기낚시터
처인구 신기로 42번길 146. 수면적 4천5백평. 루어낚시와 플라이낚시 허용. 휴게실과 식당 운영. 031-336-0070. 네이버카페 http://cafe.naver/shingifishing

■ 강원 원주 솔치송어파티
신림면 솔치안길91. 수면적 300여 평. 루어낚시와 플라이낚시 허용. 펜션 단지가 있으며 캠핑장도 운영한다. 송어양식장과 송어 전용 식당이 있다. 낚시 장비 대여. 033-764-1506. 홈페이지 www.solchipension.co.kr

송어용 크랭크베이트(위)와 마이크로스푼

문어 배낚시

문어 배낚시
장비·채비도

우리나라에서 잡히는 문어는 참문어와 대문어 두 종류다. 돌문어, 왜문어라고 부르는 참문어는 우리바다 전역에 서식하며 다 자란 성체가 3kg급에 이른다. 암반이나 테트라포드 등 돌 속에서 잘 잡힌다고 해서 돌문어란 이름이 붙었다.

피문어, 물문어라고 부르는 대문어는 강원도 해역에서 주로 낚이며 돌문어에 비해 크기가 훨씬 큰 것이 특징으로 다 큰 놈은 무게가 30~50kg에 이른다. 햇볕에 말리면 붉게 변한다고 해서 피문어라고 부른다.

낚시인들은 두 종류의 문어를 정식 명칭 대신 이전부터 알고 있던 돌문어, 피문어라고 부르고 있다. 이 지면에서도 낚시인들에게 익숙한 돌문어, 피문어란 이름으로 문어낚시를 소개한다.

돌문어는 5월 16일부터 6월 30일까지(5.16~9.15 중 46일 이상 시도별로 지정 가능)를 금어기로 정하고 있으며 피문어는 따로 금어기는 없지만 600g 이하를 포획금지체장으로 정하고 있다(2021년 현재).

시즌과 낚시터

돌문어낚시는 봄부터 초겨울까지 시즌이 이어지지만 가을에 씨알이 굵고 마릿수도 좋다. 진해만은 추석을 전후해서 12월 말까지, 남해도와 여수, 고흥, 완도 그리고 동해남부 지방에서는 7월 초부터 11월 말까지가 제철이다.

물색이 탁한 서해는 그동안 돌문어낚시 불모지로 남아 있었으나 2007년 군산 앞바다에서 9월부터 3개월 동안 문어가 떼로 낚여 새로운 문어낚시터로 떠올랐다. 2009년 가을에도 군산 앞바다에서 문어가 많이 낚였다. 고군산군도, 십이동파도, 격포 왕등도가 문어의 대량 서식지로 확인되고 있다.

포항을 비롯한 동해남부 지역에서는 거의 전역에서 돌문어가 낚인다. 남남해권은 경남 진해, 삼천포 앞바다가 전국에서 가장 유명한 낚시터이며 고흥, 여수 앞바다에도 돌문어 자원이 풍부하다. 전북 군산, 부안 앞바다도 돌문어 배낚시가 활발히 이뤄진다.

한편, 피문어낚시는 4월부터 시즌이 시작되어 7월부터 본격 시즌을 맞아 추석 전후에 피크를 맞다가 10월이면 마무리된다. 강원도 양양, 고성 앞바다에서 배낚시가 이뤄진다.

장비와 채비

돌문어

스테로 만든 문어채비.

배낚시는 6ft 길이의 선상문어 전용대나 라이트 지깅대와 같이 약간 뻣뻣한 낚싯대를 사용한다. 이 정도면 1~1.5kg 돌문어를 들어내는 데 충분하며 큰 씨알인 2~3kg도 제압할 수 있다. 파워로 분류하자면 미디엄헤비나 헤비대에 해당한다. 약간 뻣뻣한 대는 낭창한 대보다 입질을 파악하기도 더 쉽다. 채비를 내리고 올리는 식으로 낚시하고 강한 힘이 필요하기 때문에 베이트릴대가 적합하다. 베이트릴은 바다용이면 어떤 것을 써도 상관없다. 원줄은 PE라인을 사용하고 3~4호를 쓴다. 채비는 에기나 애자 등을 중간에 스냅도래로 연결해 쓸 수 있는 기둥줄채비를 쓰며, 왼쪽 사진에서 보듯 도래로만 연결해 쓰기도 한다. 에기는 3~4개, 봉돌은 10~20호를 연결한다.

피문어

피문어는 씨알이 크기 때문에 강한 대가 필요하다. 허리힘이 강한 우럭대가 적합하며 여기에 중형 전동릴을 세팅한다. 동해북부 바다에서 하는 피문어낚시는 100m 가까운 수심에서도 이뤄지기 때문에 전동릴은 필수다. 원줄은 PE라인 5호 이상을 써야 20kg 이상을 끌어낼 수 있다. 또 문어가 바닥에 붙어 있는 상태에서 뜯어내려 할 때도 이 정도 굵기는 써야 마음 놓고 당겨낼 수 있다. 돌문어낚시와 마찬가지로 기둥줄채비를 쓰되

수면에 올라온 피문어를 가프로 찍어 올리고 있다.

4~6개로 에기를 더 많이 단다. 보통 위쪽에 2개, 아래쪽에 3~4개를 연결하거나 에기 2개를 빼고 애자나 총채처럼 생긴 술 대여섯 가닥을 달아 쓴다. 사용하는 봉돌은 20~60호.

미끼

돌문어와 피문어 모두 갑오징어용 에기인 스테를 쓴다. 배낚시에선 고가의 제품은 필요 없다 갑오징어나 무늬오징어는 루어를 가리는 경향이 강하지만 문어는 루어만 보면 달려드는 강한 포식성을 갖고 있다. 1개당 1천원짜리를 써도 충분하다.
돌문어 배낚시에선 3~4개의 에기를 함께 달아 쓴다. 낚시 초반엔 4개를 달았다가 입질이 들어오면 3개로 줄인다. 대체로 머리 쪽이 붉고 몸통은 흰색인 것과 색동저고리처럼 색상이 화려한 에기가 효과적이다.

낚시방법
돌문어

채비를 바닥까지 내린 후 한두 번 살짝 들어주거나 살살 끌어주는 식으로 입질을 기다린다. 그냥 놓아두는 것이 낫다라고 하는 낚시인도 있지만 조류가 약한 곳에선 액션을 주는 것이 효과적이라는 게 통설이다. 입질은 묵직한 무게감으로 들어오는데 문어가 바늘에서 빠지지 않도록 챔질을 강하게 한 뒤 끌어내는 게 유령이다. 챔질 후 강하고 빠른 속도로 감아 들이지 않으면 문어가 바닥에 달라붙어 떨어지지 않는다.

피문어

마릿수가 적은 피문어낚시는 사실 입질을 유도하는 큰 테크닉은 없다. 테크닉보다 운이 더 작용하는 게 사실이다. 다만 입질을 받았을 때 이를 파악하는 데서 조과 차가 난다. 피문어가 에기에 붙었음에도 저항하지 않아 이 사실을 모르고 있다고 놓치는 경우가 많은 것이다. 그래서 채비가 바닥에 닿은 후엔 고패질을 하다가 한 번쯤 스윽 하고 들어보면서 무게감을 파악하는 할 필요가 있다. 이전보다 무겁다면 문어가 올라탔을 확률이 높다. 문어를 걸었을 때는 낚싯대를 세웠다 내리는 펌핑 동작 없이 전동릴을 최대 힘으로 올렸다가 문어가 걸린 게 확실하면 중간 속도로 올리되 속도는 일정하게 유지한다. 빠르게 올리거나 펌핑 동작을 하면 올리던 도중 문어가 빠져 버리는 일이 많기 때문이다.

문어 낚싯배 연락처

● 돌문어
경남 사천 삼천포 대물호 010-6412-8666
경남 사천 삼천포 피싱랜드 010-8121-8355
경남 통영 풍화리 파로스호 010-6312-7638
경남 통영 용진호 010-4070-8419
전남 여수 블랙스타호 010-6660-4339
　　　　징기스칸2호 010-4618-5250
전북 부안 남부낚시 010-8644-8723
전북 군산 서군산낚시 063-466-6565
● 피문어
강원 고성 공현진낚시마트 033-632-6692

흔히 돌문어로 불리는 참문어.

바다좌대낚시

바다에 띄워 놓은 낚시편의시설인 바다좌대는 배낚시의 인기를 추월할 정도로 가족이나 직장에서 단체 이용객이 늘고 있다. 바다좌대는 배와 달리 잔잔한 내만에 로프로 고정돼 있어 뱃멀미 걱정 없이 낚시를 즐길 수 있다. 바다좌대는 좌대 중앙의 그물 안에 고기를 방류한 입식낚시터, 고기 방류 없이 단순히 바다좌대 위에 올라가 주변 바다를 노려 고기를 낚는 곳으로 나뉜다. 조황은 당연히 입식낚시터가 앞서고 화장실, 식당 같은 편의시설도 훨씬 잘 갖춰져 있다.

시즌과 낚시터

바다좌대낚시터의 시발점은 남해안의 거제도와 서해안의 천수만으로서, 이후 남해안에선 부산, 마산, 거제, 사천, 남해도, 여수, 진도에, 서해안에선 당진, 태안, 홍성, 무안, 목포에 바다좌대낚시터가 개장하고 있다. 콘도를 연상케 할 정도로 시설이 훌륭한 바다좌대는 1박을 해야 하는 숙식이 기본이다. 여기선 해안가 캠핑 후 하루 정도 시간을 내 낚시하고 오기 좋은 서해 바다좌대낚시터(고기를 방류하는 입식)를 소개한다.

서해의 바다좌대낚시터는 당진, 서산, 태안 앞바다에 몰려 있다. 입식 바다좌대의 경우 3월 중순부터 단골로 낚이는 고기는 우럭, 농어다. 6월 중순부터는 우럭, 농어, 어름돔, 참돔이 들어가 나양한 손맛을 안겨준나. 고기를 방류하는 입식낚시터라도 가끔 가두리 바깥 바다를 노리면 의외의 손맛을 볼 수도 있다. 서해에서 여름에 가장 흔한 숭어와 붕장어가 대표적인 고기다. 원투낚시를 하면 보구치, 우럭, 노래미 등이 낚이며 가을이 되면 주꾸미와 갑오징어도 노릴 수 있다.

장비·채비·낚시방법

입식 바다좌대낚시터에서는 찌낚시로 고기를 낚는다. 원투낚시를 하면 그물에 채비가 걸리기 때문에 낚시가 불가능하다. 따라서 찌낚시로 공략 수심을 설정한 후 대상어를 유인하는 요령이 필요하다. 낚싯대는 길 필요가 없다. 민물용 루어낚싯대에 릴도 루어용을 그대로 쓰는 사람이 많다. 찌는 3호 정도의 고부력 찌를 달고 3호 정도의 봉돌을 달아 부력을 맞춰준다. 목줄은 50~70cm가 적당하다. 바늘은 감성돔바늘 5호 내외를 많이 쓴다. 낚시장비와 채비는 현지 낚시점이나 좌대낚시터에서 대여도 해주므로 장비가 없다면 빌려 쓰는 것도 좋은 방법이다.

미끼는 청갯지렁이와 오징어살을 쓴다. 우럭은 오징어살, 노래미는 청갯지렁이에 입질이 잘 들어온다. 채비가 완성되면 미끼를 꿰어 대상어를 노리는데 한가운데보다는 양쪽 모서리 같은 곳에서 입질이 활발하다. 만약 혼자만 못 낚고 있다면 가장 잘 낚고 있는 사람의 채비는 물론 노리는 포인트도 어떤 곳인지 잘 살펴보면 된다.

바다좌대 바깥쪽으로 채비를 던질 때는 원투낚시가 알맞다. 보통 우럭, 노래미, 도다리, 붕장어 같은 바닥고기가 올라온다. 낚싯대는 민물릴대 또는 짧은 바다 원투대를 쓰며 루어낚싯대도 상관은 없다. 채비는 값싸게 구입할 수 있는 묶음추채비면 충분하다. 물때는 조류가 센 사리보다는 조금 전후가 낚시하기 편하고 고기도 잘 낚인다. 하루 중에선 만조~초썰물, 간조~초들물의 물돌이 시각에 입질이 활발하다.

추천 낚시터

서해 바다좌대낚시의 원조는 서산과 안면도 사이의 해역인 천수만이다. 태안 당암리, 서산 창리와 중왕리, 안면도 구매항, 영목항 일대에 바다좌대가 떠 있다. 낚시터들은 천수만 안쪽에 있어 악천후에도 안전하다. 이용료는 고기를 방류하는 입식 바다좌대낚시터는 어른 5만원 어린이는 3만원 선. 방류 없이 바다좌대만 이용할 수 있는 낚시터는 2만5천원을 받는다.

당진 왜목마을바다좌대 041-354-0324
당진 아쿠아바다좌대 010-8816-4499
서산 창리바다낚시공원 010-5334-1776
태안 성호바다좌대 010-2415-9656
태안 수진좌대 010-4894-8250

바다좌대낚시터. 입식낚시터로 시설 내 가두리에 고기를 풀어 놓고 낚시를 한다.

입식낚시터에서 찌낚시에 낚인 우럭.

배스낚시

배스는 전국의 수계에 퍼져 있으며 사철 낚을 수 있어 가장 대중적인 루어낚시 대상어종이 되었다. 배스는 아메리카가 원산지로서 1973년 식용자원 증식을 목적으로 국내에 이식되었다. 배스는 먹이사슬의 정점에 있는 육식어종으로 파이팅이 강렬하여 최적의 낚시어종으로 각광받고 있다.

배스는 온수성 어종으로서 19~27도의 수온에서 왕성한 활동을 보이지만 10도 이하 또는 30도 이상의 고수온에서도 살 수 있을 정도로 환경 적응력이 뛰어나다. 유속이 있는 곳보다 정체된 곳을 선호하며 먹잇감이 풍부한 댐이나 간척호 등 대형 수면에서 잘 자란다.

소형어류는 물론, 수생곤충, 양서류, 파충류까지 먹고 살며 헤엄치는 쥐나 작은 새를 덮치기도 한다. 배스가 다른 동물을 공격하는 이유는 먹기 위한 것도 있지만, 적에 대한 방어, 호기심, 반사적인 행동으로 공격할 때도 많다. 이러한 이유 때문에 다른 어종에 비해 낚시방법이 다양하게 발달해있다.

시즌

배스는 사계절 낚이는 물고기이지만 봄에 가장 잘 낚이고 그 다음으로 가을에 조황이 뛰어나다.

봄

겨울 동안 깊은 곳에서 머물던 배스가 얕은 연안으로 이동하는 시기로서 산란기를 전후로 낚시 상황이 달라진다. 산란 전에는 배스가 왕성한 먹이활동을 보이면서 햇빛이 잘 들고 용존산소량이 많은 곳, 수초가 자라기 시작하는 곳이나 몸을 숨기기에 좋은 장애물 지대가 포인트로서 좋다. 암컷이 산란에 들어가면 수컷은 알 주위에 머물면서 일정기간 동안 산란상을 보호한다. 육안으로도 산란상을 식별할 수 있는데 배스는 산란장으로 침입하는 적을 공격하기 때문에 그 주변을 다양한 루어로 공략하면 대형 배스를 만나기 쉽다. 암컷의 산란이 끝나고 수컷도 산란장을 떠난 뒤로는 배스가 체력 회복을 위해 휴식을 취하기 때문에 먹잇감에 큰 관심을 보이지 않아 낚시가 잘 안 된다.

여름

늦봄에서 초여름으로 접어드는 시기는 산란의 피로에서 벗어난 배스들이 포인트 전역으로 흩어져 먹이활동을 시작하면서 조황 역시 살아난다. 하지만 무더위가 시작되고 수온이 너무 상승하면 배스의 활성도는 다시 떨어지게 되는데, 강렬한 햇볕을 싫어하는 배스는 깊은 수심이나 그늘에 몸을 숨긴 채 먹이고기가 얕은 연안에 나오는 아침, 저녁의 짧은 시간 동안 먹이사냥을 한다. 이때는 테크닉이나 포인트보다 공략 시간대가 중요하다. 배스가 얕은 연안으로 붙는 새벽 시간대를 집중적으로 노리거나 해질 무렵부터 자정까지 밤낚시를 시도하는 게 좋다.

가을

배스가 활동하기에 좋은 수온을 유지하고 먹잇감도 풍부해 낚시가 잘 되는 시기다. 봄에 부화해 어느 정도 자란 작은 물고기들은 떼를 지어 다닌다. 배스는 이러한 먹이고기 무리들을 쫓아 활발한 사냥을 벌인다. 밤낮의 기온 차가 커지면서 수온 차에 의해 표층의 물과 하층의 물이 서로 뒤바뀌는 '턴오버' 현상이 발생하는데, 이 현상이 나타나는 낚시터에선 조황이 현저히 떨어진다. 물이 갑자기 탁해지거나 심하게 물비린내가 나고 조황 역시 갑자기 떨어진다면 턴오버를 의심해야 한다. 턴오버 상황은 배스가 활동 자체를 거의 멈추는 최악의 조건이므로 이때엔 턴오버가 일어나지 않는 다른 낚시터를 찾는 게 좋다.

겨울

수온이 10도 이하로 떨어지면 본수성 어종인 배스는 활성도가 현저하게 떨어지고 상대적으로 수온이 높고 안정적인 곳을 찾아 군집생활을 하는데 이를 '스쿨링'이라고 부른다. 스쿨링 포인트는 제방 앞이나 직벽 아

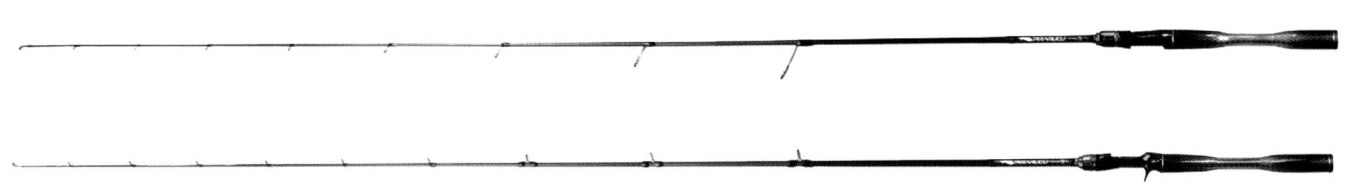

배스낚시 전용 스피닝로드(위)와 베이트로드. 사진의 제품은 코베아 피라루크.

래 같은 깊은 수심대에 형성된다. 이런 곳들은 걸어서는 접근하기 힘든 지형이 많아 보트낚시를 해야 좋은 조과를 보이곤 한다. 간혹 햇볕이 따뜻한 날엔 배스가 얕은 곳으로 나오기도 하는데 활성이 떨어진 상태여서 매우 약한 입질을 보이곤 한다.

장비
낚싯대
스피닝릴을 세팅하는 스피닝로드, 베이트릴을 사용한 베이트로드로 크게 분류된다. 길이는 5~7ft. 또한 배스용 로드는 사용하는 루어의 종류에 따라 파워와 액션을 달리한 제품들이 출시되어 있다. 한편 기법의 효과를 높일 수 있도록 만든 로드도 있는데 플리핑 전용 로드와 크랭크베이트 전용 로드다.

로드의 종류가 다양하지만 낚시를 처음 시작할 때 갖춰야 할 로드를 꼽는다면 미디엄라이트 스피닝로드와 미디엄헤비 베이트로드다. 두 가지만 있으면 웬만한 채비를 다룰 수 있다. 그 외에 미디엄, 헤비 베이트로드 순으로 갖추면 된다.

릴
스피닝릴과 베이트캐스팅릴이 다 필요하다. 스피닝릴은 가벼운 루어를 멀리 원투하거나 3호 이하의 가는 줄을 사용해 섬세한 낚시를 할 때 사용한다. 웜리그, 소형 스푼이나 미노우를 사용할 때 쓴다. 캐스팅이 쉽고 멀리 날아가며 초보자도 조작하기 쉬운 게 장점이다.
반면 베이트캐스팅릴은 힘이 강해 무겁고 큰 루어를 사용하는 데 적합하다. 대신 원거리 캐스팅이 어렵고 캐스팅할 때 스풀의 회전관성으로 인

미노우(저크베이트)
스피너베이트
블레이드리그
배스낚시용 베이트캐스팅릴
텍사스리그
카이젤리그

루어에 유혹돼 낚인 배스.

한 줄 엉킴, 백래시가 잦기 때문에 어느 정도 연습을 해야 사용할 수 있다. 프리리그, 스피너베이트, 러버지그, 크랭크베이트 등과 같이 무게가 나가고 물의 저항을 많이 받는 루어를 사용하는 낚시에 적합하다. 루어의 무게로 따지자면, 1/4온스 이하는 스피닝릴, 1/4온스 이상은 베이트릴로 다루는 게 적합하다.

낚싯줄
카본사를 가장 많이 사용하고 나일론사, 합사 순으로 쓴다. 카본사는 나일론사에 비해 값이 비싸지만 단단하고 잘 늘어나지 않는 특성이 있다. 낚시술을 통해 입질을 파악하는 경우가 많은 배스낚시와 잘 맞는다. 특히 바닥층을 주로 노리는 낚시에선 물에 가라앉은 카본사는 필수라 하겠다. 수면에 루어를 띄워놓고 활용하는 낚시에선 물에 뜨는 나일론사를 많이 쓴다. 포인트가 험해서 강한 낚싯줄이 필요하거나 강제로 끌어내는 방식으로 이뤄지는 낚시에선 굵기 대비 강도가 높은 합사를 사용한다.

채비
루어낚시에선 채비의 영어 표현인 '리그'라고 표현한다. 지렁이나 벌레, 유충을 본떠 만든 연질 플라스틱 루어를 웜이라 부르며 봉돌과 바늘을 세팅해 다양한 채비를 만들 수 있다. 루어낚시에선 봉돌을 싱커라 표현하는데 채비의 이름에도 이 싱커란 단어가 많이 들어가 있다. 싱커의 위치와 무게, 바늘 위치 등을 통해 각기 고유한 액션을 연출할 수 있다. 이밖에 개구리 형상을 모방해 만든 프로그 역시 소프트베이트에 속한다.

낚시방법
배스낚시용 루어를 살펴보자면 너무 많아 어떤 것을 써야 할 지 모를 것이다. 낚시를 배워가며 단계적으로 익혀가야 하는데 여기선 프리리그를 사용해 배스를 낚는 방법을 살펴보도록 하겠다. 프리리그 하나만 마스터해도 사계절 배스를 낚을 수 있다. 그 외에 루어는 낚시를 하면서 하나씩 배워나가길 바란다.

프리리그는 웜을 꿴 바늘에 낚싯줄을 연결하고 그 낚싯줄에 고리봉돌을 단 채비를 말한다. 바늘에 웜만 꿴 채비에 낚싯줄을 자유로이 오갈 수 있는 유동형 봉돌을 달았다고 보면 이해하기 쉽겠다.

프리리그의 장점은 첫째, 구조가 단순해서 쉽게 묶어 쓸 수 있다 둘째, 다른 채비에 비해 비거리가 월등하게 길다. 셋째, 바닥 탐색 능력이 뛰어나다. 넷째, 입질이 아주 잘 들어온다 등이다. 아마추어 낚시인 열 중 여덟아홉은 이 채비만 갖고 다니고 있다. 프리리그는 먼 곳부터 가까운 곳까지 두루 탐색할 수 있다. 프리리그용 표준 장비와 채비를 살펴보면 아래와 같다.

프리리그용 장비와 채비
미디엄헤비 파워의 패스트테이퍼 액션 베이트낚싯대 + 카본라인 8~14lb + 오프셋훅 1/0~4/0 + 1/4~2/1온스 봉돌 + 4인치 스트레이트웜, 3인치 호그웜, 3.5인치 변형 스트레이트웜을 쓴다. 프리리그에 자주 쓰이는 웜 유형이 몇 가지 있다. 낚시인들 사이에서 비거리, 입질 빈도에서 뛰어난 효과가 있다고 소문이 난 것들이다. 형태로 본다면 길쭉한

프리리그

스트레이트형, 집게발이 많이 달린 벌레 형태의 호그형, 스트레이트형을 변형한 변형 스트레이트형 등이다.

채비 조작하기와 챔질
프리리그를 캐스팅했다면 다음 세 가지 동작으로 입질을 유도해보자.
첫째, 바닥 끌기다. 바닥에 웜리그가 떨어지면 낚싯대를 세우면서 천천히 바닥을 읽는다는 생각으로 끌어주고 여윳줄을 감는다. 영어 표현으로는 드래깅이다.
둘째, 장애물에서 튕겨주기다. 바닥을 읽다가 돌을 타고 넘는다는 느낌이 들거나 장애물이 느껴지면 로드를 세워 한 번 튕겨준 뒤 내려준다. 이를 리프트앤폴 액션이라고 부른다. 봉돌과 바늘이 잠시 분리되면서 내려올 때 입질을 받을 수 있다.
셋째, 살짝 튕겨주다가 멈추기다. 낚싯대를 들었다 놓았다 하는 느낌으로 살짝살짝 고패질하듯 튕겨준다. 이를 호핑 액션이라고 부른다. 액션을 준 뒤엔 한동안 그대로 놓아둔다. 이를 데드워밍이라고 부른다.
프리리그를 사용할 때 낚시인들이 가장 어려워하는 것이 언제 챔질해야 되는 것이냐 하는 챔질타이밍 잡기다. 프리리그는 낚싯줄이 봉돌의 고리를 관통하기 때문에 자그마한 움직임에도 툭툭대는 느낌이 자주 전달된다. 이때 입질이라 파악하고 바로 챔질을 하면, 배스의 주둥이에 걸리지 않고 바늘만 빠져나오는 헛챔질로 이어질 확률이 높다. 배스가 살짝 입을 댔거나 혹은 파동에 의해 전해져 온 느낌이므로 확실히 물어줄 때까지 좀 더 기다려줘야 한다. 낚싯대를 내리고 여윳줄을 주어 입질을 파악하는 게 좋다.
배스가 웜을 물었을 때엔 툭툭대는 입질이 이어지고 물고 달아날 때엔 좀 더 묵직한 감각이 전달된다. 낚싯줄이 팽팽해진 순간이 배스가 루어를 물고 달아나는 것이므로 이때 챔질을 한다.

추천 낚시터
■ 춘천호
강원도 춘천시와 강원도 화천읍에 걸쳐 있다. 수면적 433만2천평. 다른 낚시터에 비해 조황 기복이 심하고 배스 잡기가 쉽지 않지만 탁 트인 호반에서 즐기는 배스낚시는 또 다른 즐거움을 안겨줄 것이다. 추천 포인트로는 원평리, 붕어섬, 거래리 테니스장. 거일리 등이 있다. 이 중 낚시대회가 많이 열리는 붕어섬을 가보자. 검색하면 조황 정보도 많고 가기도 쉽다. 춘천호변에선 캠핑을 하지 못한다. 인근의 유료 캠핑장을 이용하고 낚시를 해야 한다.
인터넷지도 검색 명 화천 붕어섬

■ 논산 탑정호
충남 논산시 부적면 탑정리에 있다. 수면적 191만평. 논산지로도 불리는 이곳은 예산 예당지에 이어 우리나라에서 두 번째로 큰 저수지다. 포인트는 상류에 집중되어 있는데 유입천인 논산천부터 상류에 길게 뻗어 있는 골재채취장까지 고르게 입질을 받을 수 있다. 밸리피싱캠핑장이 부근에 있어 캠핑과 배스낚시를 병행할 수 있다.
인터넷지도 검색 주소 가야곡면 병암리 109

■ 경북 안동호
경북 안동에 있는 수면적 1558만평의 다목적댐으로 우리나라 배스낚시의 메카다. 90년대 중반 배스 자원이 유입된 이후 많은 어자원이 형성됐으며 해마다 많은 낚시대회가 열리고 있다. 배스프로들이 정해진 경기 규칙에 따라 승부를 벌이는 프로토너먼트가 겨울을 제외하고 매주 치러지고 있다. 가장 유명하고 또 배스를 낚을 확률이 높은 포인트는 주진교 연안. 이곳에서 캠핑을 할 수 있다.
인터넷지도 검색 주소 와룡면 농암로 1046(주진휴게소) 주진광장

■ 장성 장성호
전남 장성군 북하면 용두리에 있다. 수면적 206만평. 4월에서 6월에 큰 배스가 자주 낚인다. 장성호는 남창골과 덕재리 두 곳의 상류가 있는데 수초대의 수몰 여부에 따라 조황을 가늠할 수 있다. 육초대가 잠기면 그해엔 큰 배스가 잘 낚이며 호황을 보인다. 남창골은 5월에 최고의 시기를 맞는 대물 포인트로서 바닥이 모래와 자갈로 이루어져 있다. 덕재리는 낚시대회가 매년 열리는 곳으로 굵은 암반 연안이 특징이다. 두 곳 모두 꼭 낚시해봐야 할 포인트.
인터넷지도 검색 주소 쌍웅교(남창골)와 덕재리 226-1(덕재리)

| PART 3 | 어종별 낚시법과 낚시터 17

보구치 배낚시

백조기라고 불리는 보구치.

보구치 하면 고개를 갸웃대는 사람들도 조기라고 하면 고개를 끄덕인다. 보구치는 조기류 물고기로서 백조기라고 많이 불린다. 낚시가 쉬워 누구나 마릿수 조과를 올릴 수 있다.

시즌과 낚시터

보구치는 서해는 7월, 남해는 6월부터 근해에 찾아오는 여름의 진객이다. 모래가 섞인 뻘바닥에서 산란하기 때문에 뻘이 없는 동해에는 없고 남해와 서해에서만 낚인다. 서해는 태안, 보령, 서천, 군산, 격포, 남해는 거제 동부 해안, 진해만, 고흥 해창만, 여수 광양만 등이 대표적인 낚시터다.
예전엔 서해에서 7~8월에 백사장이나 방파제에서 보구치 원투낚시를 했었지만 지금은 찾아보기 힘들어졌다. 원투낚시인도 보구치 만큼은 조황에서 월등히 앞서는 배낚시를 선호한다. 보구치 배낚시는 10~30m의 얕은 수심에서 낚이기 때문에 멀리 나가지 않아도 되므로 여성과 어린이도 멀미 걱정 없이 낚시를 즐길 수 있다. 여름에 낚이는 씨알은 30~40cm로서 입문자도 20~30마리의 조과를 올릴 정도로 풍성한 마릿수가 매력이다.

장비와 채비

우럭이나 참돔처럼 씨알이 큰 물고기가 아니기 때문에 장비는 크게 중요하지 않다. 채비를 내리고 올릴 수 있으면 된다. 기존에 쓰던 우럭낚시용 외줄낚싯대와 장비를 그대로 쓰면 되고 낚싯배에서 나눠주는 자새를 써도 잘 낚인다. 광어다운샷이 인기가 높은 서해에선 보구치의 손맛을 느끼면서 낚기 위해 1.5호 합사를 세팅하고 좀 더 낭창한 선상 루어대를 사용하는 낚시인이 늘어나고 있는 추세다. 채비는 우럭낚시에서 쓰는 편대채비를 그대로 쓰거나 2단채비를 쓰기도 한다. 남해에선 바늘이 3개 달린 묶음추채비나 고등어 전갱이용 카드채비를 많이 쓴다. 봉돌은 50~100호. 미끼는 청갯지렁이나 참갯지렁이를 쓴다.

낚시 방법

포인트까지는 낚싯배 선장이 안내한다. 보구치가 있는 곳이라면 채비를 내린 후 곧바로 입질을 받을 수 있다. 물색이 맑은 날보다는 약간 흐린 날에 조황이 더 좋다. 포인트가 암초 없이 모래와 펄이 섞인 바닥이어서 밑걸림을 걱정할 필요는 없다. 봉돌이 바닥에 닿은 느낌이 들면 낚싯대를 들어 고패질을 해준다. 투두둑 하는 진동이 강하고 확실하게 대 끝에 전달되므로 이때에 맞춰 챔질한다.
한 가지 주의할 것은 미끼 꿰기. 보구치는 식탐이 강한 물고기이긴 하지만 갯지렁이를 너무 길게 꿰면 늘어진 부분만 물고 흔들기 때문에 헛챔질이 많아질 수 있다. 따라서 갯지렁이는 바늘에서 2~3cm 정도만 남게 하고 바늘을 완전히 감싸고 있어야 챔질 확률이 높다.
남해에선 조류가 약하거나 입질이 없을 때엔 20~30m 앞으로 채비를 캐스팅한 뒤 끌어오며 입질을 유도하기도 한다. 고패질낚시와 던질낚시를 병행하는 셈인데 이 때문에 외줄낚싯대보다는 캐스팅이 편한 선상 루어대나 짧은 민물릴대를 선호한다. 채비는 묶음추채비나 버림봉돌채비를 쓴다.

보구치 낚싯배 연락처

● 서해
보령 오천 마운틴호 010-7767-3985
보령 오천 청해1호 041-931-1705
보령 무창포 바다낚시 010-2049-0480
서천 홍원항바다낚시 041-952-0411
군산 파워피싱 063-442-3150

● 남해
여수 서울낚시 061-643-4339
진해 가자호 010-5596-9963
진해 덕성피싱 055-546-0300
진해 진해레저피싱 010-8517-3877

서해 보구치 낚싯배. 보구치는 여름을 맞아 찾아오는 바다의 진객이다.

보리멸 원투낚시

보리멸 원투낚시
장비·채비도

보리멸은 백사장에서 낚이는 물고기다. 보리멸낚시의 매력은 마릿수로 낚을 수 있고 왜소한 체구와 달리 힘도 좋다는 것. 회, 구이, 조림 어떤 요리를 해놓아도 맛이 좋다.

시즌과 낚시터

보리멸은 겨울에는 먼 바다에 머물다가 5월 보리누름 시기부터 연안으로 접근해 9월 말까지 낚인다. 시즌 초기인 5~6월과 말기인 9~10월에는 보리멸이 약간 깊은 곳에 머물고 7~8월에는 얕은 수심까지 올라붙는다. 7~8월은 피서객들이 많아 사실상 백사장에서 낚시하기는 쉽지 않다. 휴가철이 시작되기 전인 6월 중순부터 7월 중순, 8월 말~9월 중순까지가 피크 시즌이라 할 수 있다.

낚시터는 남해, 동해, 서해 전역에 걸쳐 있다. 연안에 백사장이 펼쳐진 곳은 전부 보리멸 포인트라고 봐도 무방하다. 서해에서도 해수욕장을 끼고 있는 선착장이나 방파제, 방조제 주변을 노리면 보리멸을 낚을 수 있다.

장비와 채비

낚싯대는 25~35호 추부하의 5~6m 원투 전용대를 사용한다. 경질대가 긴 채비를 엉키지 않고 캐스팅하기에 더 유리하다. 릴은 서프 전용 릴이나 5000번대 이상 중형 스피닝릴을 사용한다.

낚싯줄은 토도독 떨리는 보리멸 특유의 입질을 감지하기 위해서 감도가 높은 합사를 사용하는 게 좋다. 1호 전후의 가는 합사를 사용한다. 원줄에 충격완화용 쇼크리더를 연결하는데 4호 합사 또는 1~6호 테이퍼형 합사를 10m 전후 길이로 연결한다.

바늘채비는 시중에서 판매되는 보리멸 전용 제품을 구입하면 된다. 보리멸은 입이 작기 때문에 그에 맞는 전용 바늘을 써야 한다. 3단 이상을 쓰는 게 좋다. 채비는 봉돌에 편대가 달린 로켓편대채비나 원투편대채비를 사용한다. 봉돌 무게는 25~35호.

미끼는 청갯지렁이를 쓴다. 그중에서도 가는 것이 유리하다. 바늘 길이보다 약간 더 길게 잘라서 사용하면 되는데 바늘 끝에서 5mm 정도 더 나오게 꿴다.

낚시방법

보리멸은 낮에도 계속 활발하게 입질한다. 바닥 굴곡이 있는 수심 깊은 백사장이 포인트다. 채비를 던져 바닥에 안착시킨 후 바닥에 끌어주며 입질을 유도한다. 채비를 끌어줄 때엔 엉키지 않게 하는 게 중요하며 그러기 위해서는 원줄이 팽팽한 상태를 유지하도록 한다. 낚싯대를 수평 상태로 유지한 상태에서 옆으로 낮게 끌면서 릴링한다. 릴링은 1초에 한 바퀴 정도가 적당하다. 이렇게 천천히 릴링을 하면 보리멸 특유의 강한 떨림 입질을 느낄 수 있다. 보리멸 한 마리가 미끼를 문 것인데 초반에 강렬하게 바늘털이를 한 뒤엔 조용해진다. 또 다른 보리멸이 미끼를 물면 다시 떨림 입질이 전달된다. 따로 챔질할 필요는 없다.

추천 낚시터

- 양양 정암해수욕장_강현면 정암리 153-11
- 삼척 맹방해수욕장_근덕면 하맹방리 221-20(맹방해수욕장 야영장)
- 영덕 경정해수욕장_축산면 경정리 312
- 서천 부사방조제 _서면 도둔리 4870-120
- 서천 춘장대해수욕장_서면 도둔리 산 46-1
- 거제 와현해수욕장_일운면 와현리 334-1
- 남해 두곡해수욕장_남면 당항리 535

작은 체고에 비해 힘이 좋고 맛까지 좋은 보리멸.

| PART 3 | 어종별 낚시법과 낚시터 19

붕어낚시

붕어낚시는 모든 낚시의 기본이다. 붕어낚시를 익히면 다른 낚시를 배우기 쉽다. 입질을 하기 전의 예신, 입질을 했을 때의 본신, 언제 낚싯대를 들어야 될지 타이밍을 따지는 낚시 감각 등은 낚시용품만 다를 뿐이지 다른 낚시 장르에도 다 적용된다.

전국에서 가장 많이 서식하는 어종은 붕어다. 민물낚시에서 붕어가 가장 사랑을 받는 이유는 하찮은 작은 개천에도 서식하기 때문이다. 언제 어디서든 붕어낚시를 즐길 수 있다.

하지만 캠핑을 할 만한 장소를 찾으려면 좀 고민을 해야 한다. 고기가 잘 낚일 듯 보이는 수초대가 가족들이 함께 머물 공간으로는 부족할 수 있기 때문이다. 또 낚시 시간도 문제다. 밤은 가족과 보내야할 시간이다. 낚시한다고 혼자 빠져나올 수는 없는 노릇이다.

그래서 여기선 붕어를 방류해 낮에도 충분히 찌맛과 손맛을 볼 수 있는 유료터낚시를 소개한다. 캠핑장에서 가까운 유료낚시터를 찾아 가족과 함께 손맛을 보면 좋을 것이다.

유료터에 주로 방류되고 있는 향붕어. 붕어와 향어의 교잡종이다.

시즌과 낚시터

유료낚시터(이하 유료터)는 일정액의 돈(입어료, 입장료, 낚시비)을 내고 낚시하는 곳을 말한다. 잠깐 손맛을 보기엔 1천~2천평 규모인 양어장형 유료터가 알맞다. 이러한 유료터는 고기를 가져갈 수 있는 잡이터와 손맛만 보고 놔주는 손맛터로 나뉘는데 보통은 손맛터보다 잡이터가 1만원가량 입어료가 더 비싸다. 잡이터는 2만5천원~3만원, 손맛터는 1만5천원~2만원의 입어료를 받는다.

양어장형 유료터엔 대개 향붕어가 방류되어 있다. 향붕어는 향어와 붕어의 교잡종이다. 향붕어는 힘이 중국붕어나 토종붕어보다 훨씬 좋아 손맛이 대단하다. 잉어류 어종들의 특징처럼 바늘에 걸린 후 뜰채에 담길 때까지 지치지 않아 장사붕어로까지 불린다. 다만 힘이 강한 것에 비해 입질이 미약해 중국붕어나 토종붕어를 상대할 때보다 세심한 테크닉이 요구된다. 연중 낚시를 할 수 있으며 가장 조황이 좋은 시기는 봄부터 초여름, 가을이다.

장비

유료터에서는 쌍포낚시를 한다. 쌍포낚시는 동일한 길이의 낚싯대를 두 대 펴서 하는 낚시를 말한다. 향붕어는 인위적으로 양식된 고기이다보니 여러 대의 낚싯대를 펴기보다는 동일 길이 낚싯대 2대로 꾸준히 떡밥을 투척해 고기를 불러 모으는, 즉 '집어낚시'가 유리하다.

같은 길이의 낚싯대를 두 대 편 쌍포낚시.

쌍바늘채비. 한 바늘엔 집어떡밥(좌), 한 바늘엔 미끼떡밥을 달았다.

낚싯대는 보통 3.2칸 대를 가장 많이 쓴다. 연질 낚싯대를 쓸 것인지 경질 낚싯대를 쓸 것인지는 개인 취향에 달려있다. 과거에는 연질대로 손맛을 즐기는 낚시인들이 많았지만 힘 센 향붕어가 방류된 후로는 제압이 쉬운 경질대를 선호하는 편이다.

낚싯대를 거치하기 위해서는 받침대와 받침틀이 필요하다. 예전에는 땅 또는 발판에 박아 놓은 고무 밴드에 받침대를 일일이 꽂아 썼지만 요즘은 받침틀을 고정한 후 그곳에 받침대를 꽂아 쓴다. 쌍포를 쓰는 유료터에서는 2단이 알맞지만 기왕이면 3단을 구입하는 게 좋다. 하나는 뜰채를 거치해 놓는 용도다.

뜰채도 필요하다. 유료터 붕어는 월척에 가까운 씨알이 많기 때문에 뜰채 없이는 떠내기 힘들다. 잉어처럼 큰 고기를 걸었을 때 빨리 떠내지 않으면 옆 낚시인 채비까지 감아버릴 수 있으므로 반드시 준비해야 될 품목이다. 2단보다는 3단이 좋다. 살림망도 하나 장만해두자. 살림망은 가급적 그물코가 작은 일명 '거머리망'이 좋다.

채비

유료터낚시는 주로 바닥층의 붕어를 노리는 낚시다. 일명 바닥낚시를 많이 하는 유료터에선 봉돌을 두 개로 분할한 일명 스위벨채비를 많이 쓰고 있다. 스위벨채비는 일종의 분할봉돌채비로 대상어의 초기 입질 시 무게로 인한 이물감을 덜어준다. 스위벨은 도래를 뜻하는데, 본봉돌 아래에 다는 작은 봉돌의 위, 아래에 달린 고리에 낚싯줄을 연결할 수 있도록 만든 것이다. 봉돌과 도래가 일체화된 작은 도래를 쓴다고 해서 스위벨채비라는 이름이 붙었다.

원줄은 나일론사 1.2~1.5호를 쓴다. 스위벨 아래쪽 고리에는 목줄을 연결하는데 유료터에서는 목줄 두 가닥에 바늘이 각각 달린 두바늘채비를 쓴다. 한 바늘에는 고기를 불러 모으는 집어떡밥, 한 바늘에는 입질을 받아내는 미끼떡밥을 달아 쓴다. 두바늘채비에서는 합사 목줄을 많이 쓴다. 2~3호를 6~10cm 길이로 쓰면 알맞다.

유료터에서는 미늘이 없는 무미늘바늘을 많이 쓴다. 무미늘바늘은 미늘이 없는 만큼 바늘 빼기가 쉬운데 잦은 입질이 들어오는 유료터에서는 고기 처리가 빨라 유용하다. 보통 붕어바늘 6~7호를 많이 쓰며 찌는 3.2칸 대 기준 3~4.5g(3호~5호, 8푼~12푼)짜리를 많이 쓴다. 길이는 45~70cm면 충분하다.

미끼

떡밥을 주로 사용하며 집어떡밥과 먹이떡밥을 구분해 쓴다. 집어떡밥은 어분 성분이 많이 함유된 고비중 제품을 쓴다. 경원F&B의 아쿠아텍 시리즈가 대표적인 제품이다. 어분 성분의 집어떡밥은 비중이 무겁고 점도가 높아 포인트에 가라앉을 때 확산이 덜 된다. 그만큼 온전히 바닥에 가라앉아 바닥층에 향붕어를 집어하기에 유리하다. 반면 확산성 집어제를 쓰면 불리해진다. 내려가며 확산되기 때문에 향붕어가 전 수심층으로 퍼질 수 있기 때문이다.

집어떡밥을 갤 때도 요령이 있다. 다른 어종을 노릴 때는 가급적 푸석하게 개 내려가면서 확산이 잘 되게 만드는 게 좋다. 반면 향붕어를 노릴 때는 물을 많이 부어 차지게 만드는 게 좋다.

낚시 방법

키포인트는 집어다. 향붕어는 중국붕어와 달리 떠서 유영하는 특징이 강하기 때문에 집어를 할 때 각별한 주의를 요한다. 향붕어는 양식 때 부상사료를 먹이로 주는데 그러다보니 떠 있는 먹이에 적응돼 있어 무언가 수면에 떨어지는 소리만 들려도 잘 떠오른다. 따라서 일단 집어떡밥의 선택부터 신중할 필요가 있다.

향붕어의 입질은 '짧고 빠르다'로 표현할 수 있다. 대체로 투종붕어는 찌올림이 점잖고 느리고 중국붕어는 그보다는 약간 빠른 게 특징이다. 반면 향붕어는 향어의 습성을 그대로 갖고 있어 입질이 지저분하다. 따라서 향붕어를 상대할 때는 예신이 오면 반드시 낚싯대에 손을 얹은 상태

유료터낚시에서 사용하는 붕어낚시용 찌.

깊은 산속에 있어 풍광이 뛰어난 제천 선고지낚시터.

로 대기할 필요가 있다. 때로는 반 마디 정도 솟았다 내려갈 때도 있는데 이 순간도 놓치지 말고 챔질해야 될 때도 많다.

추천 낚시터
■ 포천 금주낚시터
포천 금주낚시터는 예부터 송어루어터를 운영했을 만큼 물이 맑은 곳이나. 포천 죄묵난에 있는 데다가 저수지 수변으로 큰 도로가 없다보니 인적 드문 오지를 연상케 한다. 수면적이 5만평이나 되는 전형적인 계곡지로서 한여름에도 점퍼가 필요할 정도로 밤 기온이 낮은 곳이다. 수상 자대는 최상류에 밀집해 있다. 금주낚시터는 상류 쪽이 둑으로 막혀 있어 농번기 때도 수위가 온전히 유지되는 게 장점. 그래서 여름 피서철에도 안정적인 조황이 유지된다. 방갈로는 총 19동이며 시설은 중급 이상이다. 걸어서 진입하기 때문에 자유롭게 낚시터 주변을 산책할 수도 있다. 방류 어종은 향어와 붕어가 주종. 향어가 낚일 경우가 많기 때문에 일반 붕어터를 찾을 때보다는 채비를 강하게 쓸 필요가 있다. 잡어는 별로 없지만 조황은 약간 기복이 있다. 그러나 한 번 입질이 붙으며 마릿수로 올라오는 떼고기 조도 빈번하게 발생한다. 탁 트인 계곡지에서 즐기는 하룻밤 추억은 오래도록 남을 것이다.

문의 031-533-9545, 경기 포천시 영중면 물안길 135

■ 양평 수곡낚시터
수면적 약 1만8천평 규모의 수곡지는 양평 지역에서는 예부터 풍광 좋기로 소문난 곳이다. 노지 포인트도 다양하고 좌대의 크기와 시설도 수준급이다. 관리실 건너편으로 이제 막 개장한 펜션도 있어 숙박에서만큼은 선택의 폭이 넓다. 계곡지다 보니 만수 때는 상류권 수심도 2~4m로 깊은 편이다. 작은 방갈로에는 화장실까지 갖춰져 있는데 최근 리모델링해 더욱 깨끗하고 쾌석해셨다. 연안 포인트는 숭상류에 십숭넌다. 각 자리마다 개인 접지좌대가 잘 갖춰져 있으며 부교가 있어 깊은 곳을 노려볼 수도 있다. 주 어종은 향붕어이며 계곡지다 보니 기복은 있지만 떼고기 조도도 종종 나와 낚시인들을 깜짝 놀라게 만든다. 여름에도 녹음이 우거져 아름답지만 가을이 되면 관리소 맞은편이 노란 은행나무로 물들어 환상적인 볼거리를 제공한다. 자체 식당도 운영하며 음식 맛이 깔끔하고 정갈해 식도락을 함께 즐길 수 있다.

문의 031-771-1233, 경기도 양평군 지평면 수곡리 95-3

■ 안성 개나리낚시공원
경기도 안성시 삼죽면 진촌리에 있는 소규모 유료낚시터다. 수면적은 약 2천평으로 잡이터로 운영 중이다. 경기도에서는 시설 좋은 펜션형 좌대가 있는 곳으로 꼽힌다. 이곳은 특이하게 연안낚시는 허용하지 않고 오

수도권에서 수질과 손맛이 좋기로 유명한 양평 수곡낚시터.

로지 좌대에서만 낚시가 가능하다. 시설이 좋다보니 주로 가족과 연인들이 찾는다. 방갈로좌대 내부는 원룸 형태다. 수세식 화장실은 물론 샤워실, 작은 주방, 거실 등을 갖추고 있다. 어종은 붕어, 향어, 메기 등 다양하며 방류량이 많아 초보자도 쉽게 손맛을 볼 수 있다. 미끼는 어분 성분 떡밥이면 충분하며 메기를 노리려면 지렁이나 새우 같은 생미끼가 유리하다. 잡이터로 운영되나 실제 고기를 가져가는 낚시인은 거의 없다는 점이 자원이 잘 보존되는 이유다. 큰 고기가 많기 때문에 초보자는 한 마리만 걸어도 한바탕 소란이 인다. 좌대 앞 낚시 공간이 넓어 낚시도 편하다. 낚시터에 황토방과 족구장도 운영했으나 코로나19 여파로 운영 여부는 미리 문의해야한다. 인근에 안성허브농원이 있어 낚시 후 들러볼만하다.
문의 031-674-8799, 경기도 안성시 삼죽면 진촌리 32번지

■ **춘천 하늘낚시공원**
하늘낚시공원은 수면적이 800평에 불과한 작은 낚시터다. 그러나 작은 고추가 맵다는 말이 딱 어울리는 곳으로 낚시터 관리 수준은 전국 최고 수준이다. 좌대는 물론 주차장과 연안 어디에도 담배꽁초가 보이지 않을 정도로 깔끔해 가족끼리 찾기에 안성맞춤이다. 특징이라면 전문 낚시인보다는 가족이나 연인 단위 손님 위주로 낚시한다는 점이다. 관리인이 가족낚시를 지향하기 때문이다. 조황도 매우 뛰어난데 아무래도 가족낚시인들은 손맛만 보고 놔주는 경우가 많기 때문일 것이다. 마음만 먹으면 100마리 이상도 가능한 곳이 바로 하늘낚시공원이다. 다만 치어가 있는 게 옥의 티인데 아이들이 치어를 잡아오면 과자나 아이스크림을 주는 재미난 이벤트도 종종 벌이고 있다. 낚싯대는 2.5칸~3칸이면 충분하다.

방갈로만 운영하고 있으며 주 어종은 향붕어다. 향어도 가끔 낚이지만 소량이라 전문으로 노리기는 어렵다.
문의 010-2782-6999, 강원도 춘천시 서면 당숲안길 61

■ **제천 선고지낚시터**
만약 오지 탐험 같은 낚시를 즐기고 싶다면 제천 선고지낚시타가 최적이다. 깊은 산속에 있는 선고지낚시터는 물 맑고 공기도 깨끗해 힐링낚시에는 최적의 장소다. 낚시터가 산 속에 있다 보니 밤에는 춥고 반딧불이가 날아다닌다.
덕유산국립공원과도 가까운 이유로 경치도 그만이다. 선고지낚시터의 주 어종은 특이하게도 향어인데 맑은 물에서 낚이다 보니 힘이 장사다. 붕어는 가끔 어쩌다가 나오기 때문에 주로 향어 위주로 낚시한다. 향어는 지속적으로 방류해 자원이 풍부한데 작은 건 1.5kg부터 3~4kg까지 다양하게 낚인다.
문의 010-2203-6011, 충북 제천시 덕산면 선고리 602-2

■ **그밖에**
원주 고산낚시터_호저면 고산리 77-6, 010-3762-0340(관리실)
당진 안국지_정미면 원당골1길 238, 010-2079-2925(관리실)
괴산 신흥저수지_불정면 신흥리 679-3, 010-4763-8047(관리실)

붕장어 원투낚시

붕장어 원투낚시
장비·채비도

일본명 '아나고'로 잘 알려진 물고기인 붕장어는 서해와 남해에 많으며 암초와 뻘이 많은 곳에서 잘 낚인다. 주로 밤에 활동해서 낮에는 잘 낚이지 않고 밤낚시를 해야 만족할 조과를 거둘 수 있다. 그러나 물이 탁한 서해에선 낮에도 붕장어가 곧잘 낚인다.

시즌과 낚시터

잘 낚이는 시기는 여름이며 특히 장마철에 폭발적인 호황을 보이는 경우가 많다. 붕장어의 산란기는 6~7월이다. 겨울에는 아주 깊은 곳으로 이동하기 때문에 낚시가 잘 되지 않는다. 주로 낚이는 크기는 40~50cm 전후지만 큰 것은 1m까지 자란다.

장비와 채비

낚싯대는 4~5.4m 원투낚싯대를 즐겨 쓴다. 10~20호 봉돌을 쓰기 때문에 그것을 감당하기 위해서는 허리가 튼튼한 것이 좋다. 원투낚시를 전문으로 하는 낚시인들은 길이 6m 내외의 원투 전용 낚싯대를 쓰기도 한다.

릴은 4000~5000번 중형 스피닝릴이 필요하다. 5호 이상의 굵은 원줄을 사용하기 때문에 기본적으로 큰 릴을 쓴다. 또 릴이 크면 채비를 던졌을 때 그만큼 비거리도 잘 나오고 빠르게 감아 들이기도 좋다.

원줄은 4~8호를 쓴다. 큰 뭉상어만 노리는 낚시인들은 12~14호 원줄을 쓰기도 한다. 목줄은 8호 내외의 굵은 목줄을 쓴다. 붕장어가 잘다면 2~3호 목줄로도 충분하지만 큰 붕장어를 강제집행하기 위해서는 처음부터 굵은 목줄을 쓰는 것이 좋다. 그러나 10호 이상은 붕장어가 목줄을 탄다는 이유로 잘 쓰지 않는다.

붕장어낚시는 주로 밤에 하기 때문에 초리가 움직이는 것을 한눈에 알아채기 위해서는 초리에 끝보기용 케미컬라이트를 반드시 달아야 한다. 케미 대신 방울을 달기도 한다.

채비는 원투낚시용 로켓편대채비와 묶음추채비를 쓴다. 간편하게 묶어 쓸 수 있게 만들어 낚시점에서 판매하고 있다. 멀리 던져 놓고 가끔 채비를 끌어주며 입질이 올 때까지 기다리면 된다.

미끼는 고등어살을 가장 많이 쓴다. 자꾸 따먹어 자주 교체해야 하지만 귀찮은 만큼 붕장어가 있다면 효과는 확실하다.

낚시방법

로켓편대채비나 묶음추채비를 이용해 가능한 한 멀리 채비를 던져놓고 입질을 기다린다. 채비가 착수하여 바닥에 가라앉기 전에 스풀을 닫으면 채비는 조류에 흘러가며 저절로 원줄이 팽팽하게 유지된다. 만약 원줄에 긴장감이 없다면 원줄을 약간 감아 들여 긴장감을 유지해주어야 입질을 놓치지 않는다. 입질이 오면 초리가 살짝살짝 움직이는데, 성급하게 챔질하지 말고 초리가 강하게 움직이는 타이밍에 채야 놓치지 않고 낚아낼 수 있다. 입질이 없다면 10분에 한 번 정도 낚싯줄을 살짝 감아주는 것도 좋다.

장마철을 낀 여름에 잘 낚이는 붕장어.

빙어 얼음낚시

빙어 얼음낚시 장비·채비도

빙어낚시는 겨울철 가족낚시의 대표 장르다. 예전에는 주로 강원도의 댐과 저수지에서 낚시가 이루어졌으나 요즘은 전국 저수지에서 빙어낚시를 즐길 수 있게 됐다. 빙어가 없던 곳들에도 치어방류가 이루어지면서 빙어낚시터가 확산된 것이다. 겨울캠핑을 캠핑의 꽃이라고 하지만 장비나 짐이 만만치 않은 게 사실. 빙어 얼음낚시를 한다면 차박을 할 것을 추천한다. 큰 짐이 되던 난로가 사라지고 차안에 따뜻한 잠자리가 마련되므로 난방대책에 큰 어려움이 없다. 빙판에서 추위를 막아줄 텐트 하나면 갖추면 겨울낚시의 꽃, 빙어 얼음낚시를 캠핑과 함께 즐길 수 있을 것이다.

시즌과 낚시터
빙어낚시는 얼음이 얼기 직전인 12월 중순부터 시작돼 이듬해 3월까지 이어진다(3월 1일부터 3월 20일까지는 금어기다). 가장 먼저 빙어 얼음낚시가 시작되는 곳은 강원도이며 그중 춘천호와 의암호가 유명하다. 이 두 곳은 결빙만 되면 전국에서 낚시인들이 몰린다. 그 외 전국의 유료낚시터와 저수지에도 빙어가 방류되면서 빙어낚시가 가능한 곳들이 부쩍 늘었다. 특히 유료낚시터의 경우 겨울마다 빙어축제를 개최하면서 손님들을 유치하고 있다.

장비
가장 간편한 낚싯대로는 견짓대가 있다. 견짓대는 연날리기의 얼레처럼 생겼는데 자체에 낚싯줄이 감겨있다. 견짓대를 감았다 풀었다 하면서 낚시수심을 조절할 수 있다. 단순한 구조여서 초보자도 다루기 쉽고 가격도 원줄과 채비까지 모두 감긴 제품을 5천원 내외면 구입할 수 있다.
전동릴은 내부에 배터리를 넣어 작동시키는 빙어용 소형 릴을 말한다. 본체의 옆에 달린 버튼을 눌러 줄을 감아올리며 채비가 다 올라오면 감기가 멈추는 자동멈춤 기능도 갖추고 있다. 소형 액정 화면을 통해 채비수심을 확인할 수 있고 감아올리는 속도를 5단계로 조절할 수 있는 제품도 있다.
얼음을 뚫으려면 얼음끌이나 아이스드릴이 필요하다. 유료낚시터에서는 관리인이 직접 뚫어주기도 해 얼음끌이 필요 없는 곳들도 있다. 그러나 일반 저수지나 댐처럼 관리인이 없는 곳에서는 직접 얼음을 뚫어야 하므로 끌이 필요하다.
그밖에 얼음을 뚫고 난 후 발생하는 얼음 부스러기를 떠내는 얼음뜰채가 필요하다. 추위를 막아줄 가스난로, 낚싯대를 얹어 쓰는 용도의 소형 테이블, 긴 채비를 거치할 때 쓰는 채비걸이, 미끼인 구더기를 반으로 쓸 때 편리한 구더기 집게, 손을 떼지 않고 빙어를 떼어낼 수 있는 빙어떼기 등이 필요하다.

채비
원줄은 나일론사나 카본사를 쓸 때는 0.6호를 많이 쓰며 초보자라면 1호가 무난하다. 카본사보다 나일론사가 부드러워 인기가 높다. 전동릴은 0.3호 PE라인을 많이 쓴다. 가격은 나일론사나 카본사는 6천원, PE라인은 1만2천원이다.
목줄은 따로 구입하지 않고 바늘까지 달려 있는 기성제품을 구입한다. 빙어낚시용 바늘은 매우 작고 목줄도 가늘어 입문자가 만들어 쓰기 어렵다. 기왕이면 바늘 끝이 날카로워 빙어가 잘 걸리는 고급 채비를 구입하는 게 좋다. 시중에는 국산과 일산 바늘 수십 여 종이 판매되고 있어서 초보자는 어떤 걸 써야 될지 막막하다. 그러나 메이커나 바늘 형태에 관계없이 일단 바늘 크기만 신경 써서 고르면 된다.
빙어용 바늘은 크기에 따라 0.5~2.5호까지 있다. 시즌 초반에 빙어 씨알이 잘아 입질이 예민할 때나, 씨알에 관계없이 빙어 활성이 갑자기 떨어졌을 때는 0.5~1호를 사용한다. 반대로 빙어 씨알이 검지만 하거나 산란기인 2월로 접어들어 굵어지면 1.5~2호가 알맞다. 보통 3m 이내 수심이라면 5~7개짜리 채비를 사용하면 된다.

미끼
빙어낚시용 미끼는 구더기다. 낚시점에서 구입할 수 있고 겨울엔 온라인 쇼핑몰에서도 구입할 수도 있다. 빙어의 입질을 더 많이 받고 확실한 걸림을 유도하고 싶다면 구더기를 반으로 잘라 쓰는 게 유리하다. 구더기를 자르면 몸통에서 체액이 흘러나오는데 이 냄새와 맛이 빙어의 입질을 왕성하게 만든다. 또 반으로 자른 구더기는 크기도 작기 때문에 바늘 걸림도 확실히 잘 된다.
구더기 대신 인조 미끼를 사용하기도 한다. 진짜 구더기의 80%에 달하는 미끼효과를 낼 만큼 의외로 잘 먹힌다. 바늘에 살짝 걸쳐 꿰는 웜 재질로서 구더기만큼 작고 붉은 빛을 띠고 있어 입질이 빠르다.
빙어를 더 많이 낚고 싶다면 집어제를 함께 준비해가는 게 좋다. 집어제로는 곤쟁이가 가장 효과가 뛰어나지만 곤쟁이를 구하지 못했을 때는 분말 집어제를 대체품으로 사용한다. 집어제를 사용하면 확실히 조과도 좋아지고 빙어가 오래 머무는 효과가 있다.

얼음 구멍 속 빙어

빙어낚시용 소형 전동릴(좌)과 인조 미끼

캠핑낚시 | 119

텐트 안에서 빙어 얼음낚시를 즐기고 있는 여성 낚시인들.

낚시방법

대체로 동틀 무렵의 빙어는 깊은 수심에 머물고 있을 확률이 높다. 물골 또는 주변보다 깊은 구덩이 형태의 수중지형을 1차적으로 노려보는 것이 기본이다. 그러나 낚시터에 대한 정보가 전혀 없는 상황에서는 물골이나 구덩이를 찾기 어렵다. 이때 좋은 방법이 새물유입구를 찾는 것이다. 빙어나 피라미 같은 작은 물고기들은 새물이 들어오는 곳을 유독 좋아하는데, 여기에 물속 바위나 수몰나무 같은 장애물이 있다면 금상첨화다.

빙어는 시간대에 따라 머무는 곳과 입질수심층이 달라진다. 대체로 동이 터 오는 이른 아침에는 주변보다 깊은 곳(물골)에 머물고 낮이 되면 점차 회유 반경을 넓혀간다. 그래서 이른 아침에는 깊은 곳, 낮에는 얕은 곳을 노리는 게 좋다. 그런데 깊고 얕다는 개념을 단순히 지역 이동으로 보아선 안 된다. 예를 들어 3m 수심 바닥을 노릴 때 잦았던 입질이 뚝 끊기고 2m 수심의 포인트에서 입질이 들어온다면, 빙어들이 모두 2m 수심으로 이동한 게 아니라 똑같은 자리에서 1m가량 떠올라 회유할 확률이 높기 때문이다. 따라서 왕성하던 입질이 갑자기 끊긴다면 포인트를 옮기기보다는 공략 수심을 먼저 얕게 조절해보는 게 올바른 순서다.

빙어는 추우면 잘 낚이지만 따뜻해지면 입질이 끊기는 특징을 갖고 있는 고기다. 만약 수면이 일부만 얼었다면 추운 날에 빙어가 잘 낚이고 푸근해지면 조황이 저조해진다. 수면 전체가 결빙됐을 때는 눈이 영향을 미치는데, 눈이 내리고 있는 상황에서 빙어가 매우 왕성한 먹이활동을 해 폭발적인 조과를 거둘 때가 많다.

빙어는 낮보다 밤에 더 잘 낚인다. 낚시인 중에는 '집어등이 빙어를 유인한다, 빙어는 야행성이라 밤에 더 잘 돌아다닌다'는 주장도 있지만 가장 유력한 이유는 밤이 낮보다 조용하기 때문이다. 여느 피라미과 물고기들과 마찬가지로 빙어는 소음을 매우 경계하는 고기다. 그래서 얼음판 위에서 뛰거나 얼음꾼으로 쿵쿵거리면 이내 그 주변을 벗어나 버리는데 그래서 많은 사람이 한꺼번에 몰리는 휴일 조황이 평일 조황에 뒤지며, 낮 조황이 이른 아침이나 해질녘보다 크게 뒤지는 것이다. 밤에는 가족낚시객들은 모두 철수하고 전문 빙어낚시인만 남아 조용하게 낚시를 즐기므로 빙어가 쉽게 낚인다.

추천 낚시터
■ 경기·강화

포천 초원낚시터_경기도 포천시 자작동 509번지
양평 백동낚시터_경기도 양평군 단월면 덕수리 22-3

춘천호 신포리의 빙어 텐트촌

강화 황청낚시터_인천광역시 강화군 내가면 황청리 2266
강화 신선낚시터_인천광역시 강화군 내가면 고천리 1820
화성 기천지_경기도 화성시 봉담읍 건달산로 282-10
용인 두창지_경기도 용인시 처인구 원삼면 두창리 1393
용인 상덕낚시터_경기도 용인시 처인구 이동면 서리 874-1
용인 고초골낚시터_경기도 용인시 처인구 원삼면 학일리 104
안성 마둔지_경기도 안성시 금광면 배티로 521
안성 두메지_경기도 안성시 죽산면 두교리 465
이천 가평낚시터_경기도 이천시 마장면 각평리 296-2

■ 강원
춘천호 신포리_강원도 춘천시 사북면 지촌리 420-1
의암호 광명낚시터_강원도 춘천시 서면 현암리 563
원주 고산낚시터_강원도 원주시 호저면 고산리 77-6
원주 서곡지_강원도 원주시 판부면 서곡리 1183
원주 귀운지_강원도 원주시 귀래면 귀문로 527
원주 손곡지_강원도 원주시 부론면 손곡리 923-6
철원 용화지_강원도 철원군 갈말읍 삼부연로 422

양양 포매호_강원도 양양군 현남면 광진리 99-1

■ 충북
괴산 매전지_충북 괴산군 감물면 매전리 362
옥천 명경지_충북 옥천군 군서면 상지리. 내비에 명경지 또는 명경소류지 입력.
청주 용곡지_충북 청주시 상당구 미원면 용곡리. 내비에 용곡저수지 입력.
청주 유호정낚시터_충북 청주시 청원구 내수읍 우산2길 65

■ 경북
구미 백현지_경북 구미시 산동면 백현리. 내비에 백현지(구미시 산동면) 입력.
의성 명고지_내비에 명고지 또는 내대산지 입력.
상주 판곡지_경북 상주시 화동면 판곡리. 내비에 판곡지 또는 판곡저수지 입력.
상주 황령지_경북 상주시 은척면 황령리. 내비에 황령지 또는 황령저수지 입력.
영천 화산지_경북 영천시 신녕면 연정리 229

전갱이 대낚시

전갱이는 먹성이 좋아 쉽게 낚을 수 있으며 무리 지어 다니기 때문에 한 번에 많이 낚을 수있다. 클수록 맛이 좋은 전갱이는 30cm가 넘는 것들은 훌륭한 낚시대상어로 취급받고 있으며 '슈퍼전갱이'라고 부르는 40~50cm 전갱이들은 감성돔 못지않은 고급 대상어로 대접받는다.

시즌과 낚시터

전갱이는 연중 낚이지만 큰 전갱이가 잘 낚이는 시즌은 6월~7월 그리고 11월~1월이다. 6~7월은 전갱이가 산란을 할 시기라 큰 놈들이 연안으로 붙고 11~1월은 먹이고기를 쫓아 먼 바다로 나간 큰 놈들이 먼 섬의 갯바위로 붙는다. 15~20cm 전갱이가 가장 많이 낚이는 시기는 여름이다.

전갱이는 물색이 맑고 난류의 영향을 받는 곳에서 낚인다. 그래서 서해에서는 찾아보기 어렵고 울진 이북(울릉도는 제외)에서도 잘 낚이지 않는다. 남해안의 여수, 남해도, 거제도, 통영, 부산, 울산, 포항 일대에 전갱이 낚시터가 많다. 여기선 붕어낚싯대를 그대로 사용할 수 있는 대낚시를 살펴본다.

장비와 채비

작은 고추찌를 달아 수심 1~4m를 노리며 주로 연안 방파제에서 쓴다. 깊은 곳과 먼 곳을 노릴 수 없기 때문에 불리한 점이 많지만 언제 어디서나 쉽게 펼칠 수 있고 누구나 즐길 수 있다는 것이 장점이다. 작은 전갱이가 연안으로 모여드는 초여름부터 가을까지 활용하기 좋다. 하지만 전갱이가 깊은 곳으로 내려가는 겨울에는 대낚시로는 재미를 보기가 어렵다 전갱이는 육식성 어종이다. 생미끼로는 크릴이 가장 좋으며 가끔 청갯지렁이를 쓰기도 한다. 밑밥을 쓰면 더 많은 전갱이를 낚을 수 있다. 전갱이만큼 밑밥에 반응이 빠른 어종도 드물다. 집어제를 섞지 말고 크릴만 조금씩 뿌리는 것이 더 효과가 좋을 때가 있다.

낚시 방법

큰 전갱이는 바닥에 있다. 작은 전갱이는 밑밥에 반응해서 쉽게 중상층으로 떠오르지만 큰 전갱이는 좀처럼 뜨지 않기 때문에 바닥으로 미끼를 내려야만 큰 녀석을 낚을 수 있다. 반대로 작은 전갱이를 많이 낚기 위해서는 중상층을 노리는 것이 좋다. 이것은 어떤 낚시를 하던 공통으로 해당하는 사항이다.

전갱이낚시를 가장 쉽게 낚는 방법은 방파제로 나가 카드채비를 사용하는 것이다. 방파제에서는 장마철부터 가을까지 전갱이가 호황을 보이며 수심이 깊고 규모가 큰 방파제일수록 많은 양의 전갱이가 낚인다. 민낚싯대는 중상층에 있는 작은 전갱이를 낚기 좋으며 한 번에 많은 양을 낚기 위해서는 카드채비를 쓰는 것이 좋다.

카드채비로 바닥을 노리면 채비가 쉽게 걸리기 때문에 되도록 채비를 바닥에서 띄워 낚는 것이 요령이다. 전갱이가 잘 낚이지 않을 때는 밑밥을 뿌려주면 쉽게 모을 수 있다.

여름철 방파제에서 잘 낚이는 전갱이.

| PART 3 | 어종별 낚시법과 낚시터 23

주꾸미 배낚시

주꾸미 배낚시
장비·채비도

두족류 중 하나인 주꾸미는 낚시를 모르는 일반인들에게까지 생활낚시 열풍을 확산시킨 주인공이다. 생활낚시란 바다낚시 상식이 부족한 일반인도 쉽게 입문해 조과를 거둘 수 있는 쉽고 재미난 낚시를 뜻한다. 가을이 되면 일반인들도 주꾸미 배낚시를 하러 바다로 나서고 있다. 주꾸미 낚시는 남녀노소 누구나 쉽게 할 수 있는 것이 장점이지만 요즘은 더 전문성을 띠고 있는 추세다. 주꾸미낚시인이 늘어나면서 조과 경쟁을 피할 수 없게 되자 조금 더 좋은 장비, 조금 더 좋은 루어를 쓰는 것이 보편화 되고 있다.

시즌과 낚시터

주꾸미는 봄부터 잘 낚인다. 한때 봄에 알이 든 주꾸미를 낚기 위해 출조하는 일이 많았지만 이제는 주꾸미 금어기가 5월 11일부터 8월 31일까지 지정되면서 알주꾸미를 낚을 수는 없고 금어기가 끝나는 9월 이후가 주꾸미 본격 시즌이 되었다.

가을이 되면 봄에 부화한 작은 씨알의 주꾸미가 어느 정도 커져서 루어에 덤벼들기 시작하는데, 9월은 씨알이 잔 편이고 10월이 돼야 만족할만한 씨알을 만날 수 있다. 시즌은 해마다 조금씩 달라지는데 어느 해는 12월에도 주꾸미가 낚이기도 한다. 대체로 북서풍이 불기 시작하는 11월에는 물색이 탁해지고 수온이 떨어지면서 마감기로 접어들게 된다.

주꾸미는 서해와 남해에 고루 서식하지만 서해에 자원이 가장 많고 낚싯배도 또한 가장 많다. 충남 오천항, 홍원항, 대천항, 무창포항, 안면도, 전북 군산상, 격포항이 중심지이다. 서울에서 가까운 인천 지역은 다른 지역보다 한 달가량 이른 10월에 시즌이 마무리된다.

장비와 채비

주꾸미낚시는 대부분 배낚시로 이뤄진다. 채비를 내리고 올리는 단순 동작의 연속이어서 베이트릴 장비가 편리하다.

낚싯대는 전용대가 다양하게 출시되어 있어서 선택하는 데 어려움이 없다. 대부분의 전용대가 초리는 부드럽고 허리힘은 강하며 휨새는 8:2나 9:1을 유지하고 있다. 낚싯대 길이는 6ft 이하로 더 짧아졌다. 낚싯대가 짧아야 다루기 쉽고 감도도 좋으며 챔질도 빨리 할 수 있기 때문이다. 그래서 5ft 이내의 짧은 로드를 선호하는 낚시인들도 있다. 초리는 티탄과 같은 금속 재료를 사용해 감도와 유연성을 높인 제품이 인기를 얻고 있다.

베이트릴은 저렴한 것을 사용해도 되지만 처음 구입하는 것이면 너무 싼 것은 피하는 게 좋다. 어느 정도 품질이 보장되는 중급기를 구입하면 주꾸미 외에도 광어, 참돔 등 다른 바다낚시에서도 쓸 수 있기 때문이다. 얼마나 채비를 자주 올리고 내리느냐가 조과를 좌우하는 만큼 소형 전동릴을 사용하는 낚시인도 늘고 있다.

원줄은 1호 전후 PE라인을 쓴다. PE라인을 쓰는 이유는 조류의 영향을 덜 받아 채비를 내리고 입질을 파악하는 데 유리하기 때문이다. 주꾸미가 무겁거나 저항을 하는 것이 아니기 때문에 루어의 무게만 버틸 수 있

낚싯배에서 주꾸미 입질을 기다리고 있는 낚시인들.

일반인들에게까지 생활낚시 열풍을 일게 한 주꾸미.

주꾸미를 넣어 끓인 주꾸미라면.

으면 된다.
채비는 시중에 판매되고 있는 1~3단 주꾸미 전용 채비를 사용하면 되겠다. 가짓줄 대신 스냅도래를 이용해 루어나 봉돌을 단다.

미끼

주꾸미낚시에서 사용하는 루어는 스테라고 부르는 갑오징어용 에기와 애자다. 왕눈이 에기라고 부르는 스테는 무늬오징어 에기와 비교해 때 크기가 작다. 만듦새가 훌륭하진 못하지만 주꾸미를 낚는 데는 아무런 문제가 없다.
애자는 어부들이 주꾸미를 잡을 때 사용하던 어구로 이것이 낚시에도 그대로 사용되고 있다. 애자는 20호 정도의 무게를 갖고 있어 채비 하단에 봉돌 대신 달아서 쓰곤 한다. 하지만 애자를 능가하는 갑오징어용 루어가 많이 나오다보니 마릿수를 올리기 위해 애자 대신 봉돌을 달고 다른 루어를 덧달아 쓰는 일이 늘어나고 있는 추세다. 반짝이는 애자 머리에서 착안해 긴 타원형 반짝이 구슬을 두 개 이어놓고 거기에 에기용 침을 박아 놓은 형태 등이 한 예인데 조과도 탁월해 인기가 높아가고 있다.

낚시방법

일단 채비가 조류에 밀리지 않고 수직으로 바닥에 떨어질 수 있도록 봉돌을 준비하는 게 기본이다. 주꾸미는 바닥에 있으므로 채비 역시 조류에 밀리지 않고 바닥에 안착하고 있어야 조과를 거둘 수 있다. 조류에 밀리면 옆 사람과 채비가 엉키는 등 불필요하게 시간을 낭비할 수 있다. 애자 대신 봉돌을 사용하는 낚시인이 늘고 있다 보니 주꾸미 전문 선단에서 홈페이지에 출조 당일 물때와 그에 맞는 봉돌 무게를 게시판을 통해 알려주기도 한다. 이에 맞춰서 준비해가면 되겠다.
낚시방법은 채비를 바닥까지 내리고 기다리는 것이다. 주꾸미가 채비에 올라타서 무게감이 느껴질 경우 챔질해야 하지만 낚시 경험이 적을 경우 이를 감지하기는 쉽지 않다. 차라리 힘이 들지만 주기적으로 챔질을 해주는 게 조과를 올리는 데 도움이 된다. 봉돌이 바닥에 닿으면 고패질을 따로 할 필요는 없으며 그대로 둔 채 마음속으로 3초를 센 후 릴을 어깨 정도로 올리는 정도로 빠르게 들어주는 것이다. 주꾸미가 걸리지 않았다면 다시 줄을 풀어 바닥에 내린다. 챔질은 강하게 해주는 것이 바늘을 주꾸미 살에 확실히 박히게 할 수 있어 좋다. 세 번 정도 그렇게 챔질 과정을 이어갔는데 입질이 없다면 채비를 회수했다가 내려준다.
애자는 주꾸미를 유인하는 효과가 있지만 가끔 낚싯배가 암초로 흘러들러가는 경우에는 곧바로 밑걸림이 생긴다. 이때는 애자를 떼어내고 봉돌로 교체해야 한다. 애자는 바늘이 크기 때문에 한 번 바닥에 걸리면 쉽게 빠지지 않으므로 십중팔구 채비를 터트려야 하는데, 이때 함께 달려 있는 에기까지 뜯기고 만다. 따라서 암초가 많은 곳이라면 봉돌을 사용한다.

서해 주꾸미 배낚시 연락처

●인천
루키나호 010-9076-8858
수퍼노바호 010-3005-4004
영흥도 프로배낚시 010-4905-0344

●태안
마검포항 뉴패밀리3호 010-5301-7555
마검포항 바다사랑호 010-3459-4086
안흥항 뉴길성호 010-8408-1673
안흥항 동양스타호 010-3669-2911
영목항 바다사모호 010-9770-0025
영목항 배짱호 010-8946-9617

●보령
오천항 메가피싱호 010-4755-0335
오천항 밥말리호 010-4662-1253
오천항 씨빙이루어낚시 010-8825-9800
무창포항 총각피싱 010-2712-0804

●전북
군산 에이스호 010-3335-1003
군산 비응항바다낚시 010-4870-4724
군산 파워피싱 063-442-3150
부안 격포항 서울낚시 063-581-1162

주꾸미용 루어로 쓰이는 스테. / 애자

참돔 배낚시

참돔 배낚시 장비·채비도

'도미'라 부르는 돔 종류 물고기의 대표인 참돔은 예로부터 귀한 생선으로 여겨왔다. 횟집에서도 참돔은 고급 메뉴로 꼽힌다. 예전엔 참돔은 전문 낚시인의 대상으로 알려졌지만 새로운 낚시기법의 등장으로 대중화됐다. 바로 타이라바다.

타이라바는 원래 일본의 배낚시 어구에서 발전한 루어지만 2008년에 한국에 상륙하여 선풍적 인기를 얻고 있다. 과거 일본의 어부들은 붉게 칠한 둥근 납덩어리에 여러 가닥의 화려한 술을 붙인 원시적인 루어로 참돔을 낚았다. 이 루어를 2000년대 중반부터 일본 조구메이커에서 개량하고 깔끔하게 디자인해 팔기 시작하면서 일본 낚시인들에게 폭발적 인기를 얻기 시작했고 2008년 우리나라로 건너왔다. 2008년 6월 군산 고군산군도에서 첫 타이라바 탐사낚시가 성공을 거두면서 삽시간에 보령, 인천, 제주 해역으로까지 확산되었다. 특히 군산과 보령에서는 감성돔낚시보다 더 인기 높은 장르로 각광받고 있다.

타이라바는 단순히 루어를 지칭하는 것이 아니라 타이바라를 사용한 낚시를 뜻하는 낚시용어가 되었다. 타이라바는 도미를 일컫는 일본어 '다이(타이)'와 고무를 뜻하는 영어 러버의 일본식 발음인 '라바'를 합성해 만들었다.

시즌과 낚시터

주요 타이라바 낚시터는 서해의 군산, 보령, 인천, 부산 그리고 제주도 서귀포 일대가 손꼽히며 남해안의 여수 먼 바다와 부산 먼 바다가 포인트다. 서해는 5월 중순~11월 초순에 활발하게 타이라바가 이루어지며 겨울이 되면 수온이 10도 밑으로 떨어져 낚시가 어려워진다. 한편 제주도는 따뜻한 수온 덕에 타이라바 시즌이 4월부터 12월까지로 서해보다 긴 편이다.

서해에서 참돔이 가장 굵게 낚이는 시기는 5월 중순~6월 중순의 산란기 무렵으로 이때는 80cm 이상급도 흔하게 낚인다. 한편 30~40cm 참돔이 주로 낚이는 마릿수 피크는 9월~10월이다.

장비

낚싯대는 7ft 전후의 타이라바 전용대를 쓴다. 허리까지 유연하게 휘어지는 부드러운 휨새의 낚싯대가 유리하다. 특히 초리 부분이 매우 유연해야 초기 입질 때 부드럽게 휘어져 참돔이 이물감을 못 느낀다. 파워는 라이트 정도가 적합한데 이 정도 강도면 미터급을 제압하는 데도 큰 문제가 없다. 타이라바 전용대가 유연한 것은 참돔의 미약한 초기 입질을 받아내는데 중점을 두었기 때문이다.

릴은 0.8~1.5호 합사가 250m 이상 감기는 5점대 기어비 베이트릴을 구입한다. 5.8:1의 기어비가 일반적인데 이는 핸들을 한 바퀴 돌릴 때 릴 안의 메인 기어(샤프트)가 5.8회 회전한다는 뜻이다. 최근엔 5점대 릴 외에 7점대의 고기어비 릴도 함께 사용하는 추세다. 고기어비 릴의 장점은 저기어비 릴에 비해 낚싯줄을 빨리 감을 수 있다는 것이다.

릴은 바다 전용을 사용해야 한다. 민물용을 사용하면 염분이 베어링을 부식시켜 사용하기 어렵게 된다.

원줄은 가늘고 강한 PE라인을 쓴다. 수심이 깊고 조류가 빠를수록 가는 줄이 유리하다. 만약 수심이 20~30m로 얕다면 1.5호라도 문제가 없지만 50~60m라면 1호가 적합하다. 원줄이 굵을수록 조류 영향을 많이 받기 때문이다. 원줄이 조류 영향을 많이 받으면 루어가 목표한 곳보다 먼 곳에 떨어지므로 입질 지점을 정확히 공략하는 데 불편하다. 따라서 초심자 수준을 벗어나면 1호를 보편적으로 쓴다.

PE라인 원줄은 인장강도는 좋지만 여쓸림 등 마찰에는 취약하므로 별도의 쇼크리더를 연결해 쓴다. 참돔은 바닥층에서 잘 낚이므로 만약 쇼크리더 없이 PE라인 원줄에 바로 타이라바를 묶으면 안초에 쓸려 터질 위험이 높다. 쇼크리더는 카본사 3~4호(16~20파운드)가 적합하며 길이는 3m 정도가 알맞다.

미끼

타이라바는 배스낚시용 러버지그와 유사하게 생겼다. 봉돌 역할을 하는 헤드와 천 조각을 길게 늘어뜨린 형태의 넥타이, 고무 소재의 스커트로 구성되어 있다. 타이라바의 헤드와 바늘 채비가 붙어 있는 고정식이 있고 타이라바와 바늘 채비가 떨어져 있는 유동식 두 가지 형태가 있는데 유동식을 쓰는 사람들이 많다. 유동식의 장점은 헤드와 바늘 채비가 떨어져 있어 참돔이 입질할 때 헤드의 무게를 적게 느껴 이물감이 적다는 것이다. 밑걸림이 심한 여밭이나 침선에서는 걸림이 적은 고정식을 많이 쓴다.

무게는 30~150g으로 다양한데 수심에 맞춰 써야 한다. 수심이 30~40m라면 타이라바는 50~80g, 수심이 50m라면 80~150g이 적당하다. 수심 외에 조류의 강약에 맞춰서도 무게를 달리 써준다. 만약 수심에 맞는 적정 무게를 선택했는데도 타이라바가 바닥에 닿는 느낌을 못 느낀다면 조류가 센 상태이므로 더 무거운 타이라바로 교체해가는 게 원칙이다.

타이라바에 낚인 참돔과 낚시 장비.

유동식 타이라바

타아리바의 색상도 조과에 영향을 미친다. 가장 무난한 색상은 붉은색 계열이다. 그 외에도 샤트루즈(형광 옐로우), 녹색과 붉은 색이 섞인 것, 붉은 색과 흰색이 섞인 것 등이 쓰인다. 타이라바는 머리를 제외한 여러 부위를 교체해 쓸 수 있도록 출시되고 있다. 따라서 녹슨 바늘이나 떨어진 술 등을 새 것으로 교환해 쓰면 되며, 신품이라도 바늘의 종류나 크기, 스커트의 색상 등이 마음에 들지 않으면 튜닝해서 쓸 수 있다. 타이라바는 넥타이와 스커트의 움직임이 마치 홍갯지렁이나 청갯지렁이를 연상시켜 이 특이한 형태가 참돔의 식욕을 불러일으킨다고 한다.

낚시방법

낚시를 시작하라는 선장의 신호가 떨어지면 타이라바를 투입한다. 요령은 베이트릴의 클러치레버를 눌러 스풀을 프리상태로 만들어 수직으로 입수시키는 것이다. 참돔지그가 바닥에 닿으면 '툭'하는 느낌과 함께 원줄이 느슨해지는데 곧바로 릴의 핸들을 감으며 리트리브를 개시한다. 참돔은 위에서부터 떨어져 내려오는 타이라바에도 관심을 보이므로 바닥에 착지한 직후 첫 리트리브 때 입질이 들어올 때가 많다. 바닥에 닿은 타이라바를 그냥 두면 수중여에 걸리므로 루어를 가라앉히는 동안 집중한다. 타이라바가 바닥에 닿으면 곧바로 감아올리는 게 원칙이다.

릴링 요령은 '아무 기교 없이 그냥 감는' 게 기본이다. 일정한 속도로 끌어올리는 게 중요한데 2초에 1m가량 감겨 올라 올 정도의 속도가 알맞다. 그런데 감는 속도는 조류 세기에 따라서 달라지기도 한다. 조류가 빠를 때는 원줄과 타이라바가 강하게 밀리므로 여기에 릴링까지 빠르게 하면 루어가 너무 떠버린다. 그러므로 이때는 평소보다 느린 릴링이 유리하다. 반대로 조류가 느릴 경우에는 다소 빠른 릴링으로 참돔의 호기심을 유혹하는 것도 좋은 방법이다.

참돔의 입질은 '가끔씩 또는 지속적으로 타이라바의 술을 씹는 '감촉'으로 나타난다. 더 강할 때는 낚싯대 끝을 살짝살짝 당기는 입질도 나타난다. 이것은 참돔이 타이라바를 따라오면서 뒤쪽부터 깨무는 상태인데, 이런 느낌이 와도 절대 챔질하지 말고 계속 일정한 속도로 감아 올린다. 그러다보면 참돔이 완전히 물게 되고 결국에는 낚싯대가 '쑤우욱-' 당겨져 들어간다. 참돔이 타이라바를 완전히 문 뒤 반전했다는 증거다. 이것이 일반적인 입질 패턴이다.

따라서 최초에 투둑거리거나 살짝 당기는 느낌이 들 때 챔질해서는 안 된다. 이 순간에 챔질하면 걸림이 안 될뿐더러 경계심을 느낀 참돔이 도망갈 확률이 높다. 따라서 조급하게 채지 말고 낚싯대가 빨려 들어가는 타이밍을 기다렸다가 끌려들어간 낚싯대를 천천히 세운다는 느낌으로 챔질하는 게 좋다. 굳이 '휙'하고 채지 않아도 참돔의 무게와 반전 때의 스피드 때문에 완벽한 걸림이 된다.

대형 참돔은 때에 따라서는 한방에 '쑤욱'하고 물고 들어가는 경우도 있지만 그럴 때도 기본은 같다. 어떤 경우라도 낚싯대에 참돔의 무게가 실렸을 때 가볍게 대를 세우면 된다.

챔질 방법은 붕어낚시 챔질법 중 당겨서 하는 방법을 떠올리면 이해하기 쉽다. 낚싯대를 몸 쪽으로 짧고 간결한 동작으로 당기는 것이다. 그 폭은 크지 않은데 25cm면 적당하다.

참돔 배낚시 연락처

●인천
루키나호 010-9076-8858
수퍼노바호 010-3005-4004
영흥도 프로배낚시 010-4905-0344

●태안
마검포항 뉴패밀리3호 010-5301-7555
마검포항 바다사랑호 010-3459-4086
안흥항 뉴길성호 010-8408-1673
안흥항 동양스타호 010-3669-2911
안흥항 태풍투어낚시 041-674-7936
영목항 바다사모호 010-9770-0025
영목항 배짱호 010-8946-9617

●보령
오천항 메가피싱호 010-4755-0335
오천항 밥말리호 010-4662-1253
오천항 씨빙이루어낚시 010-8825-9800
무창포항 총각피싱 010-2712-0804

●전북
군산 에이스호 010-3335-1003
군산 비응항바다낚시 010-4870-4724
군산 파워피싱 063-442-3150
부안 격포항 서울낚시 063-581-1162

낚은 참돔을 물칸에 넣고 있는 낚시인.

투둑거리는 예신만 들어오거나 챔질이 잘 되지 않는 상황이라면 타이라바 바늘에 갯지렁이를 서너 마리씩 달아 쓰면 입질이 한결 시원하고 걸림도 잘 된다. 타이라바 초기엔 생미끼를 꿰는 것을 터부시했으나 조과차가 현저히 벌어지자 지금은 대중화됐다. 참돔뿐 아니라 우럭, 노래미, 광어들도 훨씬 잘 낚인다.

피라미 대낚시

피라미는 우리나라 어느 곳이든 강이나 계곡에서 쉽게 만날 수 있으며 여울이 있는 곳이라면 어디서든지 낚을 수 있다. 낚시채비만 만들어주면 아이들도 쉽게 낚을 수 있고 무슨 요리를 해놓아도 맛있는 물고기여서 가족낚시에 최적의 어종이라 할 수 있다.

시즌과 낚시터

피라미낚시는 연중 즐길 수 있지만 가족이 함께 나들이를 겸해 떠날 수 있는 피서철이 제철이다. 장마 전후로 활기를 띠지만 장마 이후 뒤집힌 물이 점차 가라앉아 맑은 물빛을 회복할 시기에 조과가 가장 뛰어나다. 가을에는 굵은 피라미가 잘 낚인다.

피라미는 전국의 호수와 저수지, 강, 수로 등에 서식하지만 여울이 있는 강이 대표적인 낚시터다. 춘천호(지암리, 원평리, 고탄리, 인람리, 오월리 등), 소양호, 파로호, 의암호가 피라미낚시터로 유명하며 여름철이면 홍천강, 남한강, 섬강에서 나들이객들이 피라미낚시를 즐긴다.

장비와 채비

낚싯대는 3.6~5.4m 길이의 붕어낚싯대 한 대만 있으면 된다. 여기에 채비를 연결해 찌낚시, 털바늘낚시, 도깨비채비낚시 등을 즐길 수 있다.

도깨비채비란 소형 밑밥망에 5~6개의 바늘이 묶인 채비를 말하는데 밑밥망 안에 떡밥만 넣으면 바늘에 따로 미끼를 달지 않아도 피라미가 주렁주렁 매달려 올라온다. 채비 하나에 2~3천원. 거의 모든 낚시점에서 팔고 있다.

털바늘채비는 보통 한 봉지에 4개가 들어 있으며 5천원 정도 한다. 비싼 털바늘은 한 봉지에 1~2개만 든 것도 있다. 털바늘에 목줄이 연결돼 있어 원줄에 묶기만 하면 된다. 강가와 가까운 낚시점에서 구입할 수 있다.

낚시방법

도깨비채비낚시

도깨비채비 가지바늘의 바늘귀엔 형광색의 작은 구슬이 달려 있다. 피라미는 밑밥망에서 흘러내려온 떡밥을 받아먹다가 바늘귀의 구슬을 떡밥으로 착각하고 입질한다. 구더기나 지렁이를 달 필요가 없으므로 여성이나 아이들도 쉽게 사용할 수 있고 민낚싯대, 견짓대에 모두 쓸 수 있다는 게 장점이다. 채비는 반드시 상류 쪽으로 던진다. 그 이유는 밑밥망이 바늘보다 상류에 떨어지게 하기 위해서다. 밑밥망이 상류에 있어야 떡밥이 풀리면서 자연스럽게 바늘로 입질이 이어지기 때문이다.

털바늘낚시

중부지역에선 견지낚시로 피라미를 많이 낚지만 구더기를 구하기 어려운 남부지역에선 털바늘낚시를 많이 즐기고 있다. 한국적 '플라이'라고 할 수 있는 털바늘은 파리 유충을 본떠 만든 것이다. 그래서 흔히 '파리낚시'라고 한다. 털바늘을 끌어주거나 튕겨주면서 입질을 유도해야 하기 때문에 2칸~3칸 민낚싯대를 사용한다. 털바늘낚시는 낮보다 수면이 어두워지는 해거름에 가장 입질이 활발하다. 전문 낚시인의 경우 100여 마리

도깨비채비에 낚인 피라미. 종종 모래무지(아래에서 두 번째)가 걸려 나온다. 위에서 두 번째 현란한 색상의 물고기는 혼인색을 띤 수컷 피라미(불거지)다.

강에서 피라미 대낚시를 즐기고 있는 가족낚시인. 사진은 강원 홍천강.

는 어렵지 않게 낚는다.

털바늘낚시의 조과는 일단 털바늘의 품질에서 좌우된다. 비싼 고급 바늘을 쓰면 확실히 잘 낚이다. 털바늘은 여러 색깔이 있는데 낮에는 흑색이나 갈색처럼 어두운 색이 좋고 해거름에는 밝은 적색이나 황색 바늘에 잘 낚인다. 대개 한 채비에 색색의 털바늘을 4개 정도 묶어두면 시간별로 잘 낚이는 바늘이 달라진다. 해거름의 피라미는 소나기 입질을 보이므로 주둥이에서 쉽게 뺄 수 있는 미늘 없는 바늘이 좋다.

털바늘을 구입하면 2호 기둥줄에 3~5개의 털바늘을 30cm 간격으로 단다. 이때 털바늘이 붉인 가싯줄 길이는 3cm 정도가 적당하다. 입실을 파악하기 위해 작은 막대찌를 쓰기도 한다. 상류에서 채비를 흘리면 '토독' 하는 입질 후 곧이어 '퍼드덕'하는 피라미의 손맛을 느낄 수 있다. 좌우로 채비를 던져 앞으로 끌어주거나 살짝 수면에 튕겨주면 입질을 더 자주 받을 수 있다.

입이 작은 피라미는 털바늘에서 잘 떨어지기 때문에 살림망 위에서 고기를 따야 한다. 예전엔 종다래끼라고 해서 짚이나 대나무로 만든 바구니를 사용했는데, 그게 없으면 붕어낚시용 살림망에 줄을 연결해 가슴팍에 걸고 낚시하면 된다. 바늘을 툭툭 털어주면 손쉽게 피라미를 떼어낼 수 있다.

피라미는 깊은 여울에 들어가서 낚을 필요가 없다. 피라미는 얕은 여울을 거슬러 올라 먹이사냥을 벌이기 때문이다. 무릎 수심만 들어가도 피라미의 앙칼진 손맛을 충분히 볼 수 있고 수면이 어두워지는 해거름엔

도깨비채비(위)와 파리낚시채비.

수면으로 끌려나오는 씨알 굵은 피라미.

아주 얕은 발목 수심에서 입질이 잘 들어온다. 털바늘낚시는 하루 종일 하는 게 아니라 보통 오후 3~4시에 시작해 해거름까지 한다.

추천 낚시터

■ 홍천 모곡밤벌유원지
너무도 유명한 오토캠핑장이지만 홍천강에서 이만한 캠핑 여건과 피라미 자원을 갖춘 곳이 없어 소개한다. 무료이고 강변에서 마음에 드는 곳을 찾아 텐트를 치면 된다. 개수대, 화장실을 갖추고 있고 24시간 영업하는 편의점이 있어 캠핑하는 데 불편함이 없다는 것도 장점이다. 지금은 유원지가 됐지만 견지낚시터로도 유명한 개야리도 함께 둘러보길 권한다.
내비 입력 모곡밤벌유원지, 개야리유원지

■ 단양 아평여울
충청북도 단양군만큼 낚시인들에게 개방적인 곳도 드물 것 같다. 어느 곳이건 특별한 제한을 두지 않는다. 물론 일부 구간은 쓰레기 문제로 차량 진입금지 바리케이드를 설치한 곳도 있으나 캠낚까지 막지는 않는다. 소개하는 아평여울은 너른 백사장과 여울이 어우러져 쏘가리 루어낚시인과 견지낚시인 들이 즐겨 찾는 곳이다. 강변 또는 교각 아래에 캠핑장소를 잡고 눈앞 여울에서 낚시하면 다양한 종류의 물고기를 낚을 수 있다. 2019년까지만 해도 상수도 보호구역으로 출입이 통제되었다가 해제되면서 야영과 낚시를 즐기는 사람들의 발길이 잦다. 해발 600여 미터의 두산 감자마을에서 내려오는 형형색색의 패러글라이더를 보는 것도 장관이다. 여울 진입로와 맞닿아있는 마을 체육공원에는 너른 주차장과 화장실, 수도시설이 있다. 한적하면서도 깨끗하게 관리되고 있으며 무료 이용이 가능하다.
가는 길 내비에 덕천교(단양군 가곡면 덕천리)를 입력하면 읍내로 진입하기 전 첫 번째 교량을 건너 덕천터널이 끝나면서 회전교차로가 나타난다. 직진해서 100m쯤 가면 마을 체육공원 입구다. 이곳에 주차하고 길 건너편 강변으로 내려가면 된다. 덕천교 입구이자 진입로 입구에 편의점이 있다.

■ 영월 옥동천
단양군 경계를 지나 강원도로 넘어가면 옥동천과 만나게 된다. 영월군 상동읍 구운산(九雲山, 1,346m)에서 발원하여 김삿갓면에서 남한강으로 흘러들어가는 하천으로 1급수를 자랑하는 계곡형 하천이다. 태백으로 향하는 곳곳이 야영과 낚시가 가능하지만 주차할 곳이 마땅찮아 지나치게 된다. 그 가운데 캠핑, 낚시, 물놀이가 가능한 장소가 소개하는 여울이다. 아는 사람만 찾는 이곳은 물이 차고 맑으며 갈겨니 자원이 주종이다. 다슬기가 많이 서식해서 물놀이와 낚시를 함께 즐길 수 있다.
산기슭을 따라 흐르는 투명한 물은 여느 곳에서 쉽게 접할 수 없는 청량감으로 가득하다. 강 입구까지 차량 진입이 가능하고 소란함보다는 고즈넉한 야영을 원하는 이들에게 만족함을 줄 수 있으리라 본다.
가는 길 내비에 영월군 '김삿갓 휴게소'를 입력해서 도착한 뒤 상류로 정확히 500m 진행하면 반대편에 가드레일이 없는 지점이 나타난다. 반대편로 좌회전해서 들어선 후 쭉 진행하면 강 입구까지 갈 수 있고 주차공간도 넉넉하다.

갈겨니(위)와 피라미

피라미와 갈겨니
피라미와 비슷한 생긴 물고기로 갈겨니가 있다. 피라미보다 좀 더 상류의 맑고 차가운 물에 산다. 그래서 갈겨니는 강 중상류와 계곡에서 많이 볼 수 있고, 피라미는 강 중하류와 저수지, 댐에서도 볼 수 있다.
체색도 다르다. 피라미는 은백색을 띠는 반면 갈겨니는 배 쪽에 적황색을 띠고 꼬리지느러미 쪽으로 청색의 세로 줄무늬가 길게 나있다.
1년 중 6~8월이 되면 피라미와 갈겨니는 모두 산란기를 맞아 화려한 혼인색을 띤다. 피라미 수컷(불거지)은 열대어처럼 붉고 푸른 강렬한 혼인색을 띠고, 갈겨니 수컷도 배 쪽의 노란색이 더욱 짙어진다.

학꽁치낚시

학꽁치낚시
장비·채비도

일본에선 학꽁치를 '사요리'라 부르며 고급 초밥 재료로 쓴다. 아래턱이 학의 부리 모양으로 길게 튀어 나와 있어 학꽁치라는 이름이 붙었다.

시즌과 낚시터

무리지어 표층을 회유하는 학꽁치는 시력이 좋아서 인기척이 있는 연안에 쉽게 접근하지 않는 습성이 있다. 하지만 낚시시즌이 되면 경계심이 줄어들어 한 자리에서 40~50마리씩 낚을 수 있는 잔재미에 시간가는 줄 모른다. 학꽁치는 2년이면 20~30cm까지 자라고 최대 40cm로 자라 앙칼진 손맛을 제공한다. 서해안은 6월부터 내만에 학꽁치가 붙기 시작해 6~7월 두 달 동안 성수기를 맞는다.

먼 바다에선 11월까지 시즌이 지속된다. 동해안은 10월이면 시즌을 맞아 추워질수록 씨알이 굵어진다. 10월에 동해북부에서부터 낚이기 시작하여 수온이 내려갈수록 좀더 따뜻한 수온을 찾아 남하하게 되고, 12월이면 포항을 중심으로 동해남부 지방에서도 피크 시즌을 맞는다. 이후 이듬해 4월 초순까지 시즌이 이어진다. 남해안은 12월부터 이듬해 4월까지 부산을 비롯한 남해동부 전역과 남해서부 원도에서 학꽁치가 낚인다.

장비와 채비

민낚싯대와 릴낚싯대를 고루 사용한다. 속전속결에는 민낚싯대가 유리한데 5.4~7.2m 길이의 붕어낚싯대면 무난하다. 그러나 학꽁치의 경계심이 높을 땐 민장대의 사정거리를 벗어난 곳에서 많이 회유하고 또 멀리 노릴수록 굵은 학꽁치가 잘 낚이므로 릴낚싯대가 더 효과적이다. 감성돔낚시를 비롯해 범용으로 널리 쓰이는 5.3m 길이의 0.8~1호 릴내면 충분하다. 릴은 2~3호 원줄이 감긴 2000번 소형 스피닝릴이면 적당하다.

학꽁치의 입질이 예민할수록 새턴처럼 가볍고 감도가 예민한 찌를 쓴다. 민장대에는 B~3B 부력의 소형 막대찌를 주로 쓰며, 릴낚시에서는 던질찌(묵직한 구멍찌, 부력은 상관없다)와 B~2B 목줄찌(또는 소형 막대찌)를 세팅한 2단찌를 쓴다. 날씨가 잔잔하고 근거리를 노릴수록 예민한 찌가 필요하고, 파도가 일거나 원거리를 노릴 때는 학꽁치 입질이 시원하므로 다소 둔한 찌를 써도 문제없다.

미끼는 크릴을 쓴다. 동해에선 곤쟁이도 많이 쓰고 청갯지렁이를 토막내어 사용하기도 한다. 크릴을 쓸 경우 학꽁치의 작은 주둥이를 감안해 머리와 꼬리를 떼어내고 남은 몸통만 꿰는데 입질이 약할 땐 몸통의 껍질을 벗겨내고 살만으로 바늘을 감싸듯 꿰어야 헛챔질을 줄일 수 있다.

낚시방법

학꽁치낚시용 장비와 채비는 가늘고 가벼워야 한다. 바다낚시 대상어로는 소형에 속하면서 입질이 예민한 편이기 때문이다. 학꽁치의 활성도가 높아 발밑까지 붙을 때는 민낚싯대를 써서 속전속결로 뽑아내는 게 좋다. 그러나 어군이 멀리 형성되거나 혹은 굵은 씨알만 선별하여 낚고자 할 때는 릴낚시용 채비를 사용해야 한다. 학꽁치의 유영층에 따라 목줄 길이를 달리하여 노려야 하는데 대부분 50cm 이내의 상층을 노리는 띄울낚시를 구사한다.

수면에서 가까운 20~50cm 깊이에서 입질 순간을 눈으로 보고 낚기도 하는 학꽁치낚시에서 챔질은 낚싯대를 슬며시 끌어주는 정도 이상의 힘을 가하지 않는 것이 좋다. 만일 챔질을 강하게 하면 물고 있던 바늘이 빠져나오기도 하고, 목줄이나 원줄이 물속을 세차게 가르면서 학꽁치들이 놀라 흩어질 수 있다. 입질이 없을 때는 낚싯대를 슬며시 끌어주는 방법으로 입질을 유도할 수 있다.

학꽁치를 마릿수로 낚으려면 밑밥이 필요하다. 학꽁치가 경계심이 많지만 밑밥에는 쉽게 유혹되기 때문인데 낚시 중 소량씩 꾸준하게 조류 상단에 뿌려주면 흩어지지 않아 마릿수 조과를 올릴 수 있게 된다. 밑밥은 냉동크릴을 해동시킨 뒤 빵가루나 비중이 가벼운 벵에돔용 집어제를 섞어 만든다. 동해의 경우 크릴 대신 곤쟁이를 섞어 밑밥으로 쓰기도 한다. 그러나 밑밥을 너무 많이 뿌리면 오히려 역효과가 난다. 학꽁치들의 먹이 경쟁심을 촉진시킬 정도로 소량씩 꾸준히 뿌려주어야 한다.

마릿수로 낚인 학꽁치.

한치 배낚시

한치의 정식명칭은 창오징어로서 제주에 자원이 풍부하다. 다 자라면 몸통이 50cm에 이르는데 맛이 좋아 무늬오징어보다 더 높은 가격으로 거래된다. 제주의 특산품으로 여기던 한치가 2010년대 중반 이후엔 남해에서도 개체수가 부쩍 늘어나면서 전국적인 배낚시 상품으로 자리를 잡았다.

한치낚시는 주로 배낚시로 즐긴다. 이카메탈게임(이카는 일본어로 오징어, 메탈은 채비 하단에 다는 메탈지그를 의미하는 신조어다)이 한치가 잘 낚이는 낚시방법으로 인정 받으면서 요즘은 대세로 굳어졌다. 이카메탈게임은 조황이 안정적이고 초보자도 즐기기 쉽다.

시즌과 낚시터

한치는 바다 수온이 18~21도 사이에 무리가 형성된다. 제주 우도 근해를 거쳐 부산 앞바다로 빠지는 쿠로시오 해류가 18도로 수온이 올라가는 5월 초부터 시즌이 열린다고 보면 된다. 이후 21도 수준까지 상승하는 7월까지가 한치 배낚시의 피크 기간이다. 이후 22도 이상으로 더 오르게 되면 한치는 육지 쪽으로 올라붙게 돼 배낚시 조황은 저조해진다.

한치낚시터는 제주도, 부산, 진해, 통영권으로 나눌 수 있다. 제주도는 시즌이 되면 거의 모든 출항지에서 낚싯배가 뜨며 활황기에는 연안에서 20분 안쪽 거리에 포인트가 형성된다. 부산에서는 용호항, 가덕도항 그리고 경남에서는 진해의 각 포구에서 한치 낚싯배가 출조한다. 부산에서는 나무섬과 형제섬. 진해에서는 안경섬과 홍도 일대까지 출조한다. 통영과 고성은 갈치 낚싯배가 뜨는 항포구라면 어디서나 한치 낚싯배를 이용할 수 있다. 멀리 국도, 좌사리도 해역으로 출조한다.

장비

한치 배낚시는 짧고 유연한 릴대와 수심층 파악이 가능한 베이트릴이 필요하다. 한치는 일반 어류와 달리 촉수로 불리는 먹이팔을 뻗어 루어를 당기거나 감싸기 때문에 입질이 시원하지 않다. 그래서 전용대를 쓴다. 허리는 약간 강하고 초리는 부드러우면 된다. 보통 한 사람이 두 대를 쓰는데 손잡이가 짧은 대는 계속해서 루어를 흔들며 낚시하는 용도, 하나는 받침대에 꽂아 두고 저절로(?) 걸려들기를 기다리는 거치용으로 쓴다. 베이트릴은 가격대와 상관없이 수심측정이 가능한 릴을 구입해야 한다. 한치는 낚이는 수심층에서 계속 낚이기 때문에 그 수심층을 알아야 집중적으로 공략할 수 있다. 먼저 낚은 사람이 30m에서 낚았다면 동일 수심으로 채비를 내려야 하므로 카운터가 달린 수심측정 릴은 필수다.

오모리리그

오모리(オモリ)란 일본말로 봉돌을 의미한다. 오모리리그는 원줄과 기둥줄이 연결되는 부위에 일정한 무게의 봉돌을 단 뒤 목줄을 1.5m로 길게 쓰며, 그 목줄 끝에 스테나 에기를 단 형태를 말한다. 즉 봉돌은 목적한 수심을 정확히 노리기 위한 목적으로 사용하며 긴 목줄에 매달린 루어(스테, 에기)가 자연스럽게 움직이며 한치를 유혹하는 원리다. 초기에는 사용법을 잘 몰라 위력을 몰랐으나 2020년 무렵부터 사용자가 늘면서 급속히 확산 중이다.

오모리리그에 사용하는 루어는 전용 루어가 시판 중이지만 실제 사용자들은 다양한 제품을 활용하고 있다. 보통은 소형 에기를 닮은 루어를 달지만 2호~2.5호 크기의 작은 무늬오징어용 에기를 써도 효과는 탁월하다.

오모리리그에서는 봉돌의 역할도 중요하다. 형태와 상관없이 어두운 물속에서 잘 보일 수 있는 축광 기능을 갖춘 봉돌이 유리하다. 그래서 축광 도료가 입혀진 오모리리그 전용 봉돌이 출시 중이며 전용 봉돌이 없다면 일반 봉돌에 축광 테이프를 부착해 사용하는 것도 방법이다.

축광 봉돌 아래에 한치용 에기를 단 오모리리그.

한치. 갈치와 더불어 남해 배낚시 상품으로 큰 인기를 끌고 있다.

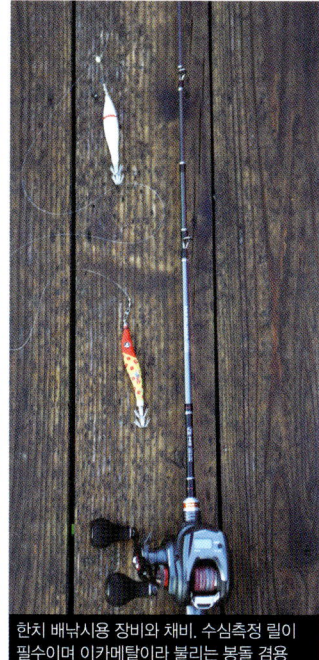

한치 배낚시용 장비와 채비. 수심측정 릴이 필수이며 이카메탈이라 불리는 봉돌 겸용 한치용 에기를 쓴다.

채비

한치는 힘이 센 낚시대상이 아니라 0.8~1호의 가는 PE라인을 쓴다. 더 굵으면 조류 저항만 커지기 때문에 불필요하다. 따라서 굳이 고가의 원줄은 필요 없다. 한치낚시용 채비는 별도의 목줄 없이 한 벌로 된 전용 채비를 쓴다. 즉 우럭낚시용 기둥줄처럼, 한치채비도 맨 아래에는 봉돌, 중간에는 루어인 스테를 달 수 있는 스냅도래가 달려있는데 이 기성 제품을 구입해 쓰면 된다.

스테란 에기처럼 생긴 작은 루어를 통칭하는 말이다. 보통 스테는 몸체에 납이 내장돼 있지 않은 제품이다. 물속에 들어가면 조류에 따라 날리기도 하고 조류가 약하면 늘어져 있기도 하다. 색상별, 무늬별로 다양한 제품이 있으며 낚시 당일의 수온과 날씨 등에 따라 잘 먹히는 제품이 있다.

이카메탈은 봉돌 대신 채비의 맨 아래에 다는 루어 겸 봉돌을 말한다. 생김새는 스테와 비슷하지만 꼬리 쪽에 바늘이 달려 있다. 한치가 스테도 공격하지만 아래에 달린 이카메탈에도 잘 달려들기 때문에 이카메탈의 중요성은 크다. 이카메탈도 스테와 마찬가지로 다양한 색상과 디자인이 있으며 낚시 당일 물속 여건에 맞춰 선택해 사용하면 되겠다. 보통 30~120g까지 있으며 가장 많이 쓰이는 무게는 60~100g이다.

낚시방법

낚싯대에 베이트릴 장착이 끝났으면 원줄을 가이드로 빼낸다. 그런 후 원줄 끝에 한치낚시 기성품 채비를 묶는다. 기성품 채비는 제품에 따라 원줄과 연결이 쉽도록 스냅도래 처리가 된 것도 있고 그냥 둥글게 매듭만 지어진 게 있다. 어떤 것이라도 상관없으며 낚시 도중 원줄이 풀리지 않도록 견고하게 묶기만 하면 된다.

채비는 스테와 이카메탈 2개만 다는 2단 채비, 3개 다는 3단 채비가 있다. 루어(스테, 이카메탈)를 많이 달수록 한치의 다양한 먹이욕구를 자극할 수 있어 좋지만 그만큼 조류 저항도 많이 받아 불리하다. 손 빠른 낚시인은 2단 채비만 갖춰 빨리 빨리 한치를 떼어내는 걸 선호하기도 한다. 보통은 3단을 많이 쓰고 4단은 거의 쓰지 않는다.

이렇게 두 벌의 장비와 채비를 만들어 놓은 뒤 선장의 입수 신호가 떨어지면 채비를 가라앉힌다. 공략 수심은 10~40m이며 수시로 변하는 입질층에 따라 채비 수심층을 맞춰주면 된다.

적극적으로 흔드는 용도의 낚싯대와 받침대에 세팅하는 낚싯대는 각각 운용 방식이 다르다. 흔드는 용도는 말 그대로 목적한 수심에 채비가 내려가면 다양한 액션으로 입질을 유도한다.

흔드는 방식은 개인 취향이라 정해진 것은 없다. 다만 한치는 위, 아래로 솟구쳤던 스테의 꼬리가 아래로 축 늘어져 얌전해지는 멈춤 동작에 입질이 활발하다. 따라서 무작정 흔들기만 하기보다는 흔든 후 멈추는 동작을 섞어주는 게 좋다.

거치식으로 놔둔 낚싯대는 입질이 오면 대 끝에 입질이 나타난다. 슬그머니 당기기, 타닥타닥 당기기, 초리가 일어나지 않고 계속 수그러져 있기, 갑자기 초리가 일자로 펴지기 등 다양한 형태로 나타난다. 어떤 형태든 한치가 걸린 것으로 보고 챔질해 올리면 된다.

이때 보통은 흔드는 낚싯대를 손에 쥐고 있기 때문에 거치식 낚싯대를 잡으려면 다소 성가시다. 그때는 전동릴의 레버를 젖혀 자동으로 끌어올리면 되므로 손을 덜 수가 있다. 그래서 거치식에 전동릴을 사용하는 사람들이 많다.

한치낚시는 여느 낚시처럼 초저녁 피딩이 드물다. 초여름 기준으로 이제 막 집어등을 켠 밤 7시 무렵부터 밤 9시까지는 별 입질이 없다가 밤 10시경부터 마릿수 입질이 시작될 때가 많다. 그래서 보통은 밤 10시 이후부터 새벽 3시 사이를 최고의 입질 시간대로 본다. 따라서 초저녁부터 너무 조급하게 낚시에 몰입할 필요는 없다.

PART 4
요리

| PART 4 | 요리 1

물고기 손질과 보관

물고기 요리 하면 떠오르는 것은? 아마 대부분 사람들은 갈치조림이나 고등어구이를 떠올릴 것이다. 여기에 가자미 튀김 정도를 더하는 정도? 왜냐하면 집에서 받는 밥상의 물고기 요리가 이 범주를 벗어나지 않기 때문이다. 달리 설명하자면, 주부들이 따로 손질하지 않고 요리할 수 있는 물고기가 마트에서 판매하는 손질된 갈치, 고등어 정도뿐이기 때문이다. 하지만 낚시에 잡히는 물고기는 손질되어 올라오지 않는다. 낚시에 올라온 물고기는 작은 고등어 한 마리라도 해체하고 다듬어야 조림을 하든 매운탕을 끓일 수 있다. 따라서 요리는 남편이든 아내든 누가 해도 상관없지만 손질 만큼은 남편이 하는 게 맞다.

물고기 요리는 그리 어렵지 않다. 잘 드는 칼과 약간의 관심만 있으면 누구나 일식집 주방장처럼 고기를 다룰 수 있다. 이 책을 보고 몇 번만 연습하면 직접 생선회를 뜰 수 있는 것이다.

비늘긁개로 벵에돔의 비늘을 치고 있다.

요리의 맛은 신선도가 좌우

물고기를 맛있게 요리하는 방법은 무엇일까? 그것은 물고기의 신선도를 유지하는 것이다. 아무리 비싼 물고기 재료도 신선도가 떨어지면 싱싱한 잡어보다 맛이 못하다. 따라서 싱싱한 물고기를 구하는 것이야말로 맛있는 요리를 만드는 기본이라 할 수 있다. 낚시로 잡은 살아 있는 물고기는 최상의 식재료다.

피빼기

바닷고기 중 횟감으로 쓸 큰 물고기는 살아 있는 상태에서 피빼기를 하면 싱싱한 회맛을 느낄 수 있다. 피빼기란 살아 있는 물고기를 죽이기 전 칼로 동맥을 찔러 피를 뽑는 행위를 말한다. 물고기는 죽는 순간 피부터 부패하기 시작하기 때문이다. 피빼기는 일본말로는 '시메(しめ)'라고 한다.

직접 낚은 물고기를 집으로 가져갈 경우에 피빼기는 필수다. 낚시인들의 갑론을박하는 것 중 하나가 '언제 피빼기를 하느냐'이다. '낚은 직후 바로 피를 빼 쿨러에 넣는 게 좋다'는 견해와 '최대한 잘 살렸다가 철수 직전 피를 빼는 게 좋다'는 견해가 부딪힌다. 다수의 의견은 '고기를 온전하게 잘 살려둘 수 있다면 철수 직전에 피를 빼는 게 가장 좋지만 고기를 잘 살릴 수 없는 상황이라면 낚은 즉시 피를 빼서 냉장하는 것이 부패를 막는 길이다'이다.

피를 뺀 뒤 여유가 있으면 칼로 배를 갈라서 내장을 제거하는 게 좋다. 그 이유는 내장이 살보다 먼저 부패하기 때문이다. 또 물고기가 죽으면 내장 속에 살고 있던 각종 기생충이 살 속으로 파고들므로 가급적 빨리 내장을 제거한다. 이때 내장을 뺀 부위는 가급적 민물로 씻지 않는 것이 좋다. 바닷고기는 민물이 닿으면 빨리 상하기 때문이다. 바닷물로 세척하는 것이 좋고 바닷물이 없다면 키친타월로 닦아서 갈무리한다.

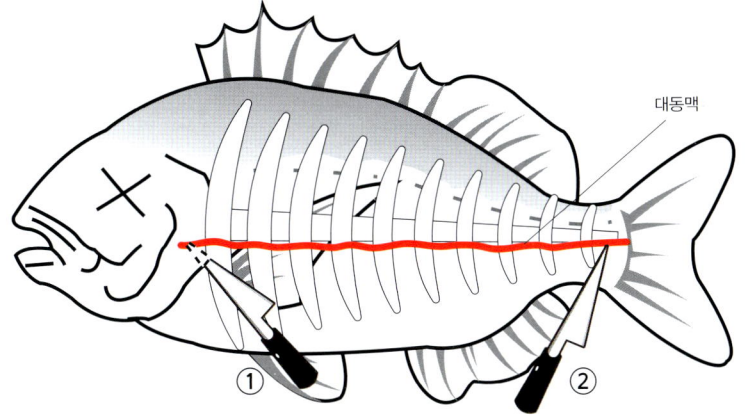

피 빼는 요령

① 아가미 안쪽으로 칼을 집어넣어 목뼈에 붙어 있는 대동맥을 절단한다. 가장 많은 양의 피가 흐르는 곳이어서 피가 금방 빠진다.

② 꼬리지느러미 쪽에 있는 대동맥을 절단한다. 대동맥이 꼬리뼈의 밑쪽에 붙어 있으므로 그림에서 보듯 칼을 꼬리뼈의 밑에서 위로 그어 올려야 한다. 그러면 꼬리 쪽으로 몰렸던 피도 완벽하게 빼낼 수 있다.

민물고기는 대부분 회가 아닌 매운탕이나 튀김 정도로 요리해 먹으므로 신선도는 크게 문제되지 않는다. 한나절이 지나지 않은 상태에서 손질해 먹으면 된다. 신선도에 따라 맛의 차이가 나는 물고기는 바닷고기다. 특히 회로 먹는다면 신선도를 유지하는 데 신경 써야 한다.

캠핑낚시 주 대상어에서 회로 먹을 수 있는 바닷고기는 가자미, 광어, 갈치, 학꽁치, 보리멸, 전갱이, 참돔, 한치, 무늬오징어 등이다. 이 중 살이 많아 회로 많이 먹고 신선도에 따라 맛이 달라지는 바닷고기는 광어, 참돔, 고등어 정도다. 그 외 살이 적은 작은 물고기는 손질과 회 썰기에 더 신경을 쓴다.

광어, 참돔, 고등어는 낚은 즉시 칼로 아가미를 찔러 피를 빼주면 싱싱한 회맛을 느낄 수 있다. 피 빼는 방법은 좌측의 박스기사를 참고하기 바란다. 피를 뺀 바닷고기를 집으로 가져가려 할 때는 적절한 보관 방법이 신선도를 좌우한다. 경험이 많은 낚시인들은 피를 뺀 바닷고기의 내장을 제거한 뒤 얼음을 촘촘히 채운 아이스박스에 물고기를 종이로 싸서 담아서 가져온다.

생선 손질하는 방법

물고기는 먹기 좋게 손질하는 방법을 익혀야 한다. 생선 손질은 기본적으로 먹는 부분인 살과, 먹지 못하는 뼈, 비늘, 내장을 분리하는 작업이다. 구이나 국요리를 만들 계획이라면 비늘을 치고 배를 갈라 내장을 빼는 간단한 손질만 하면 되지만, 회를 뜨거나 살로 다양한 요리를 만들 계획이라면 뼈만 남기고 살을 발라내는 포 뜨기 요령을 익혀야 한다.

비늘 치기

비늘이 큰 생선은 '비늘긁개'를 사용해 비늘을 제거하고 비늘이 작은 생

회칼 선택과 사용

생선회는 칼의 상태에 따라서 맛이 달라진다. 참치나 전갱이처럼 살이 무른 등푸른생선은 칼날이 무디면 회를 써는 과정에서 쉽게 뭉개진다. 회칼은 주로 일식 칼을 쓰는데 일식 칼은 한쪽 면만 연마해 날을 세웠기 때문에 회를 평면으로 고르고 얇게 썰 수 있는 것이 장점이다. 일식 칼은 생선의 머리를 자르고 포를 뜨거나 뼈를 자르는 용도의 데바칼(出刃包丁, 데바보조)과 얇게 회를 썰 때 사용하는 사시미칼(柳刃包丁, 야나기보조=사시미칼, 얇게 회를 썰 때 쓰는 칼)로 나뉜다.

캠핑낚시에서 쓸 용도라면 4만~5만원짜리 칼이면 충분하다. 칼날의 재질은 탄소강과 스테인리스 합금이 있는데, 탄소강은 절삭력은 우수하나 녹이 잘 스는 단점이 있고, 스테인리스 합금은 바닷물에도 녹슬지 않아서 편리하지만 절삭력은 조금 떨어진다. 야외에서도 쓰려면 스테인리스 합금이 낫고 주방에서만 쓰려면 탄소강이 낫다

그밖에 작은 물고기의 내장을 가르고 뼈를 잘라 손질할 때 쓰는 작고 값싼 칼이 필요하다. 철물점에서 살 수 있는 무쇠 식칼이 좋다.

회칼. 위가 데바칼, 아래가 사시미칼이다.

아가미와 내장 제거하기

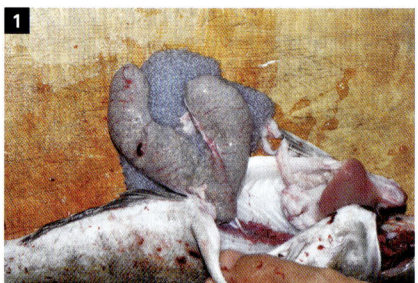
배를 갈라 창자를 끄집어내서 버린다.

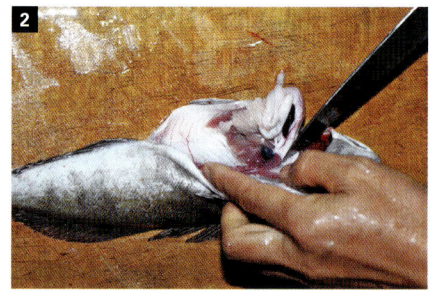
나머지 내장은 따로 자른다. 매운탕에 넣고 끓이면 맛있다. 이때 쓸개는 꼭 떼어내 버려야 한다.

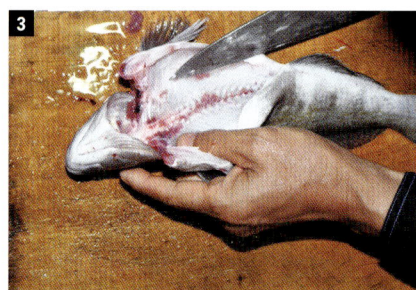
아가미를 떼어서 버리고 찌꺼기를 긁어낸다.

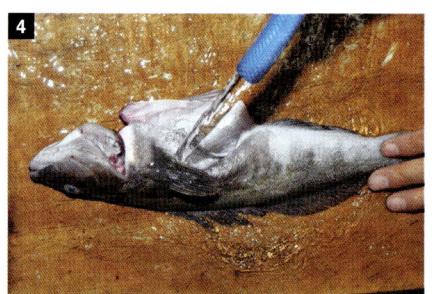
바닷물로 세척한다.

바닷물이 없으면 수돗물로 세척하되 키친타월로 말끔히 닦아낸다.

손질을 마친 상태.

선은 칼로 긁어 제거한다. 왼손으로 생선 대가리를 잡고 꼬리 쪽에서 머리 쪽으로 비늘을 친다. 비늘긁개를 앞으로 당기면 비늘이 튀어서 옷에 묻으므로 옆으로 밀어서 제거한다.

낚은 물고기 싱싱하게 가져가는 노하우

바닷고기는 살아 있을 때 잡아서 바로 회로 뜬 것이 가장 맛있을 것 같지만 사실은 얼음에 2~10시간 냉장시켰다가 회로 떠야 더 맛있다. 그 이유는 첫째 냉기가 생선살의 조직을 경직시켜 식감을 높여주기 때문이며, 둘째 생선도 육류처럼 숙성이 되어야 깊은 맛을 내기 때문이다. 다만 생선은 냉동시키면 조직이 얼어서 부서지기 때문에 장기간 보관할 게 아니라면 최대한 냉동은 피하는 것이 좋다.
가정에선 보통 냉장고에 생선을 보관하지만 냉장실의 온도는 4℃로 횟감을 보관하기엔 약간 높다. 그보다 0℃ 안팎으로 조절되는 김치냉장고에 보관하는 것이 좋다. 냉장고의 횟감 보관기간은 24시간 정도다.

아가미와 내장 제거

머리를 먹지 않는 물고기(갈치, 고등어 등)는 대가리와 내장을 함께 제거한다. 칼로 생선 목덜미부터 자르되 완전히 절단하기 전에 손으로 잡고 뜯어내면 내장과 함께 딸려 나온다.
머리까지 먹고자 할 때는 머리는 그대로 두고 아가미와 내장만 빼낸다. 생선 멱살을 칼로 자르고, 가슴지느러미 부분의 뼈를 잘라 항문 쪽으로 배를 가른 다음, 오른손의 칼로 아가미 안쪽을 누르고 왼손으로 아가미와 내장을 동시에 뜯어낸다.

내장 막 청소

칼 끝으로 내장 막 안의 등뼈 부분까지 긁어서 내장의 잔여물과 핏기를 긁어낸다. 만약 횟감으로 몇 시간 숙성시킬 계획이면 물로 씻지 말고 키친타월로 내장 막 안을 깨끗이 닦아낸다. 그러나 구이나 탕 재료라면 물로 씻어도 상관없다. 또 손질 후 바로 회를 뜰 계획이면 물로 씻어도 된다.

물고기 회 맛있게 먹는 방법

초장을 조금만 찍어서 먹는다
고추장에 식초를 버무린 초장은 한국에만 있는 양념장이다. 고추장과 식초의 강한 맛으로 생선의 비린내를 없애주므로 회에 익숙하지 않은 사람들도 쉽게 회를 즐길 수 있도록 해준다. 특히 멍게나 해삼처럼 향이 강한 횟감들을 먹을 때 초장이 어울린다. 그러나 초장을 너무 많이 찍으면 생선 고유의 맛을 느끼기 어려우므로 조금만 찍어서 먹는 것이 좋다.

뼈회는 양념된장과 먹는다
된장에 다진 마늘, 고추, 양파, 당근 등을 섞고 참기름을 부어 만든 양념된장은 광어, 가자미, 노래미, 볼락, 열기, 전어, 쥐치 같은 흰살생선과 궁합이 잘 맞는다. 흰살생선류는 쫄깃한 식감이 뛰어나고 회맛이 담백한 반면 고소한 맛이 적은데, 양념된장과 함께 먹으면 고소한 맛이 더 진해지는 효과가 있다. 특히 뼈회(세코시)에 양념된장이 잘 어울리는데 뼈에서 우러나는 고소함과 양념된장이 어울리면 고소한 맛이 배가되기 때문이다.

양념된장

붉은살생선, 오징어류는 '간장 + 고추냉이' 조합
부시리, 방어, 참치, 고등어 등 붉은살생선 회엔 일본식 간장 소스가 어울린다. 또 흰살생선이지만 참돔, 감성돔, 벵에돔 등 돔류의 회도 간장 소스에 찍어 먹는 것이 가장 맛있다. 특히 오징어류는 다른 어떤 양념소스보다 간장을 찍어먹을 때 제맛을 느낄 수 있다. 쉽게 말해 고급 횟감일수록 양념소스의 강한 맛에 회맛이 묻혀버리는 초장이나 된장보다 간장이 더 낫다고 볼 수 있다. 한편 간장을 찍어먹을 때 곁들이는 고추냉이는 간장에 풀지 말고 간장을 찍은 회 위에 고추냉이를 따로 얹어 먹어야 각각의 독특한 맛을 따로 느낄 수 있어 좋다.

고추냉이는 분말 제품보다 입자가 굵은 생고추냉이가 맛이 좋다. 떡밥처럼 반죽해서 먹는 분말 고추냉이는 장기 보관이 쉽고 싸지만 신선도나 알싸한 맛이 생고추냉이만 못하다. 생고추냉이는 갈아낸 그 상태로 진공 포장해 튜브에 담아 팔고 있는데 대부분 일본산 제품이라 값이 비싸다.

회 전용 간장을 써보세요
주로 일본제품인 회 전용 간장은 일반 간장과 맛이 다르다. 약간 걸쭉하고 달짝지근한 맛이 나는데 간장에 캐러멜, 소금, 포도 원액, 다시마 엑기스와 같은 감미료를 섞어 만들기 때문이다. 가장 널리 알려진 제품이 일본의 '기꼬망'과 '니비시' 등인데, 포장지나 용기에 사시미(さしみ)라는 표기가 있으면 회 전용 간장이라고 보면 된다.

회 위에 레몬즙은 뿌리지 않는다
회를 주문하면 레몬 조각이 장식돼 나오는 경우가 있다. 그러나 레몬즙을 회 위에 뿌리는 것은 좋지 않다. 산성이 강한 레몬즙이 회에 닿으면 살이 금방 물러지기 때문이다. 원래 레몬즙은 비린맛을 싫어하는 유럽인들이 생선 비린내를 줄이기 위해 사용한 것으로 동양식 회에는 어울리지 않는다. 다만 고추냉이를 섞은 간장에 레몬즙을 뿌려주면 회의 비린 맛이 덜해지는 장점은 있다.

고추냉이를 곁들인 간장 소스

회 뜨기

생선의 뼈와 살을 발라내는 작업을 일본말로 오로시(おろし)라 하는데,
우리말로는 '포 뜨기' 또는 '회 뜨기'라 할 수 있다.
회 뜨기가 끝나면 먹기 좋게 썰어 담기만 하면 된다.
보통 등뼈만 도려내고 양쪽으로 각각 1장씩 포를 뜨는 '3장 뜨기'를 하지만,
광어처럼 넓적한 물고기나 부시리처럼 큰 물고기는 양쪽 포를 또 절반씩 나눈 '5장 뜨기'를 한다.
보리멸, 볼락 등 작은 물고기는 뼈째 써는 뼈회(세꼬시)를 먹는다.

큰 물고기 | 우럭, 쥐노래미 등

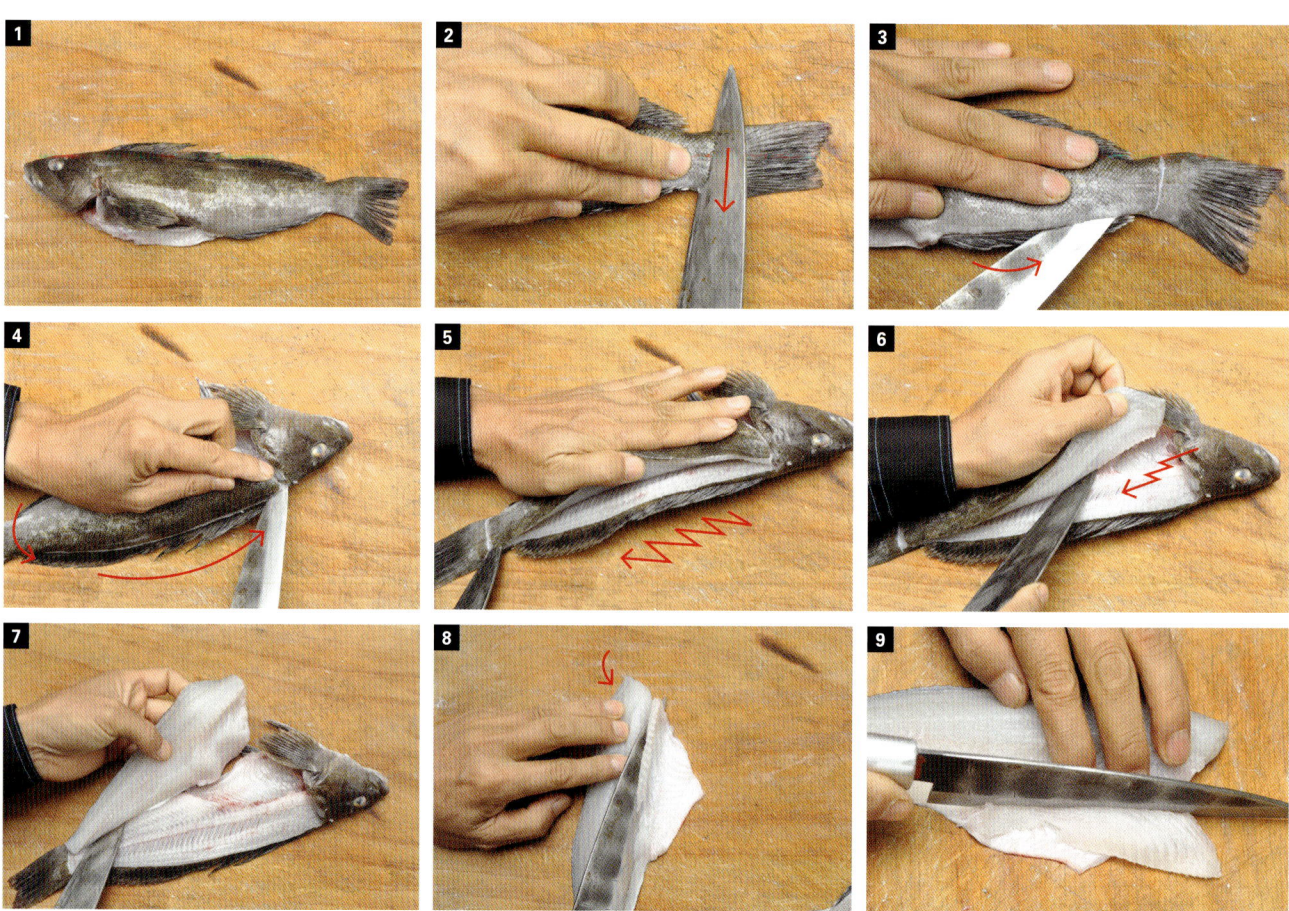

1 칼끝을 가슴지느러미에 바짝 붙여 대고 등뼈까지 머리 쪽 절반을 자른다.
2 꼬리 쪽도 칼을 그어서 등뼈까지 잘라준다.
3 먼저 배지느러미 뒤에 칼을 살짝 찌른 다음 꼬리 쪽으로 밀면서 자른다.
4 다음엔 꼬리에서 머리 쪽으로 밀면서 자른다. 칼날은 1cm만 들어가게 한다.
5 다시 꼬리 쪽으로 칼끝을 뼈 빗살에 붙여 빗질하듯 긁으면서 내려온다.
6 칼이 갈비뼈에 닿았을 때 약간 힘을 주어 갈비뼈를 자른다.
7 칼을 뱃살 쪽으로 더 그어서 포를 완전히 잘라낸다.
8 칼을 비스듬히 눕혀서 갈비뼈 끝에 댄 다음 갈비뼈를 얇게 도려낸다.
9 갈비뼈를 충분히 도려냈으면 칼을 수직으로 세워 나머지를 잘라낸다.
10 이번엔 반대쪽 머리를 자른 뒤 다시 꼬리 쪽으로 쭉-쭉-쭉- 밀면서 자른다.
11 다시 배지느러미 뒤에서 꼬리 쪽으로(이번엔 칼을 당기면서) 뱃살을 자른다.
12 칼끝을 뼈 빗살에 붙여 빗질하듯 긁으면서 생선살을 뼈에서 분리한다.
13 칼을 비스듬히 눕혀서 갈비뼈를 얇게 도려낸다.
14 3장 포 뜨기가 완료된 모습.
15 꼬리 부분에 살짝 칼집을 낸다.
16 왼손으로 꼬리 쪽 껍질을 잡고 칼은 껍질에 밀착시킨 채 평평하게 눕힌다.
17 칼로 껍질을 누른 채 왼손으로 쓱싹쓱싹 껍질을 당겨 벗긴다.
18 키친타월로 포를 싸서 물기와 핏기를 제거한다.
19 포의 가운데 뼈를 제거하기 위해 이등분한다.
20 가운데 뼈의 양쪽을 잘라서
21 가운데 뼈는 버린다.
22 우럭, 쥐노래미 같은 길쭉한 물고기는 세로로 길게 썰어야 푸짐하게 씹는 식감을 즐길 수 있다.

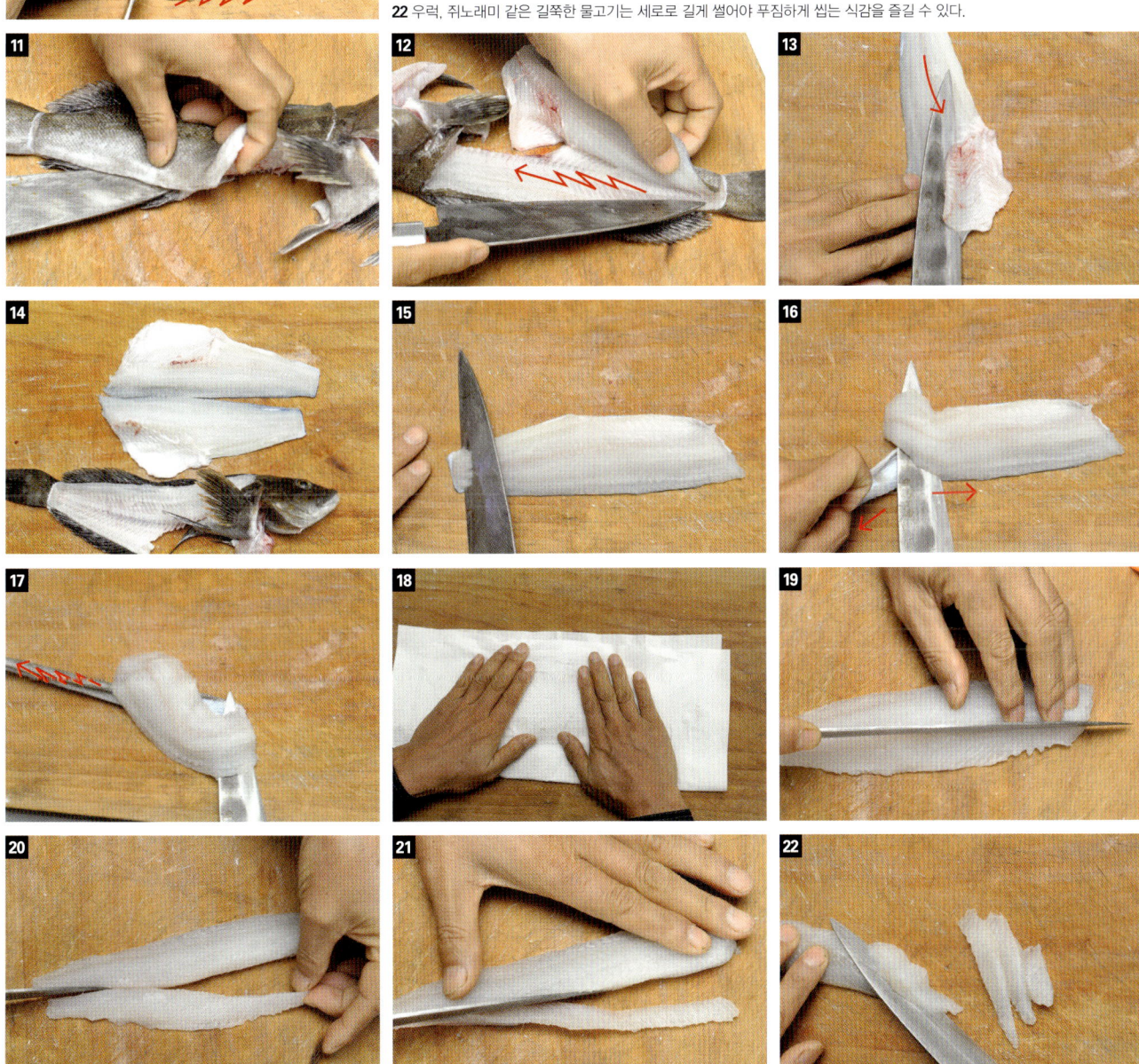

작은 물고기 | 전어, 전갱이, 고등어 등

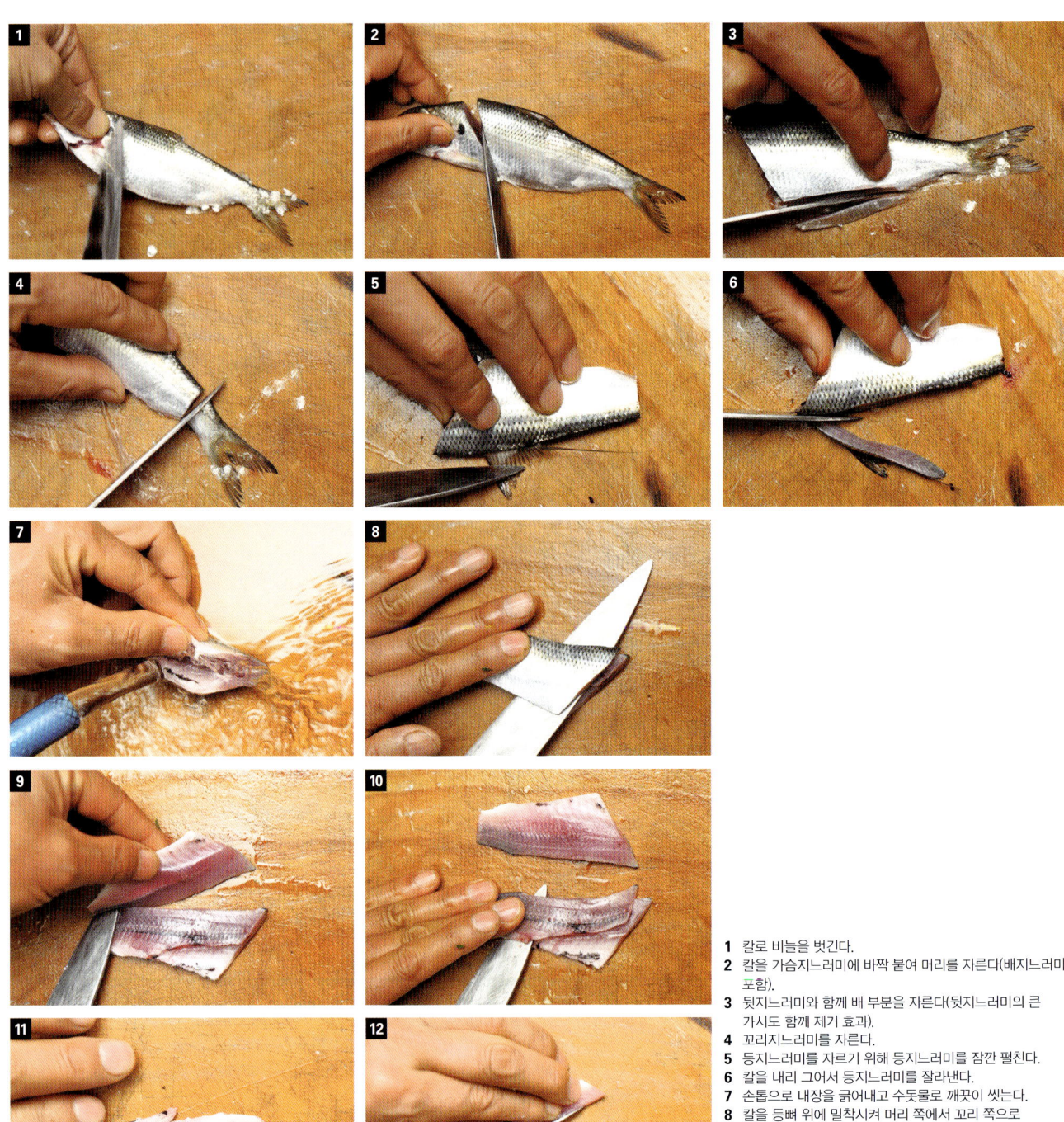

1 칼로 비늘을 벗긴다.
2 칼을 가슴지느러미에 바짝 붙여 머리를 자른다(배지느러미 포함).
3 뒷지느러미와 함께 배 부분을 자른다(뒷지느러미의 큰 가시도 함께 제거 효과).
4 꼬리지느러미를 자른다.
5 등지느러미를 자르기 위해 등지느러미를 잠깐 펼친다.
6 칼을 내리 그어서 등지느러미를 잘라낸다.
7 손톱으로 내장을 긁어내고 수돗물로 깨끗이 씻는다.
8 칼을 등뼈 위에 밀착시켜 머리 쪽에서 꼬리 쪽으로 쓱싹쓱싹 밀며 자른다.
9 한쪽 포를 잘라낸 상태.
10 이번엔 칼을 등뼈 밑에 밀착시켜 역시 꼬리 쪽으로 쓱싹쓱싹 자른다.
11 갈비뼈를 도려낸다.
12 전어와 같이 작은 생선은 껍질째 길쭉길쭉 세로로 썰면 맛있다.

뼈회(세꼬시) | 보리멸, 볼락 등

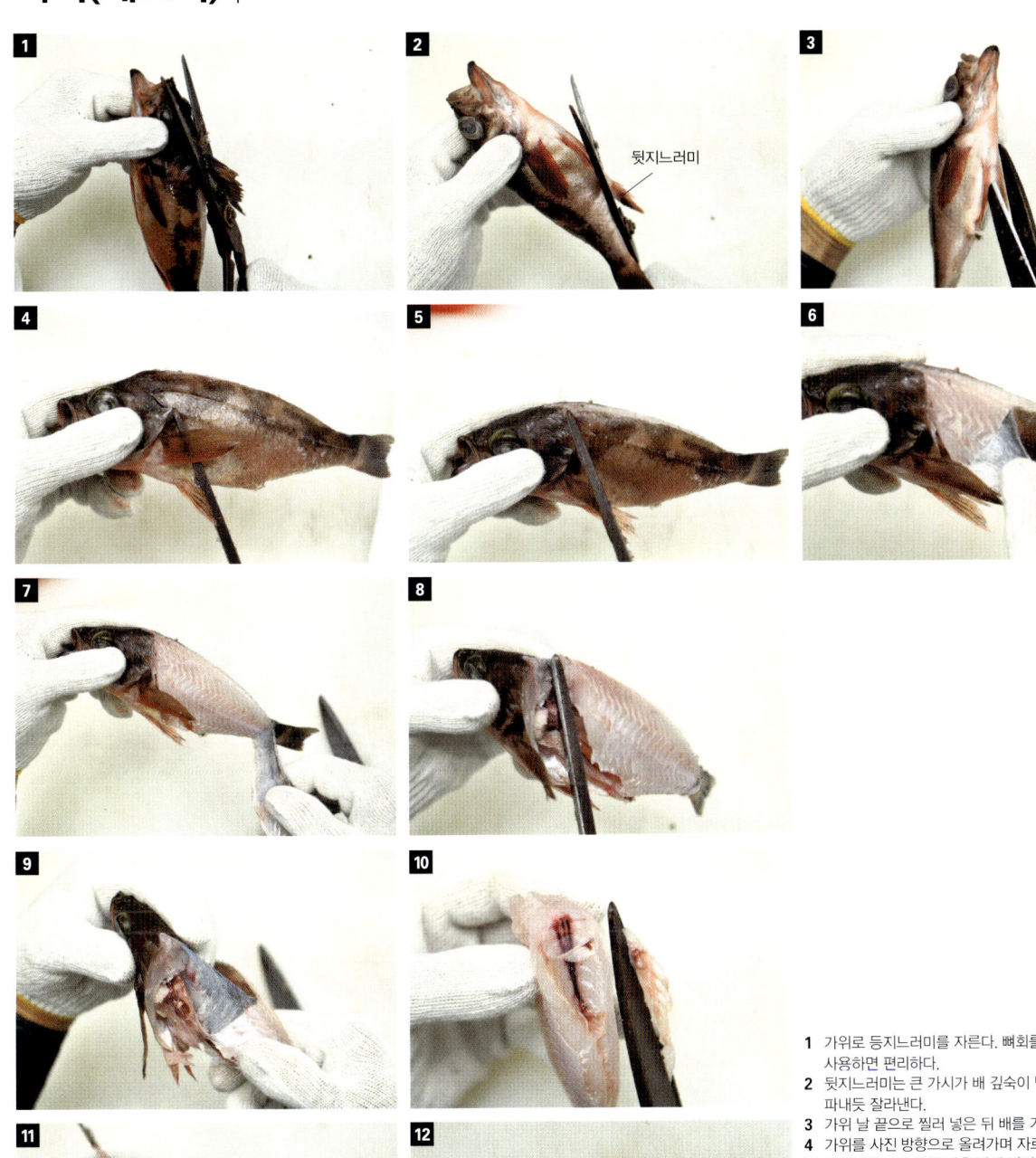

1 가위로 등지느러미를 자른다. 뼈회를 뜰 때는 가위를 사용하면 편리하다.
2 뒷지느러미는 큰 가시가 배 깊숙이 박혀 있어 살과 함께 파내듯 잘라낸다.
3 가위 날 끝으로 찔러 넣은 뒤 배를 가른다.
4 가위를 사진 방향으로 올려가며 자르되,
5 등쪽에 이르면 가위 날을 얕게 넣어 껍질만 잘라 나간다.
6 목장갑을 낀 손으로 껍질을 잡고 당기면
7 껍질만 깨끗이 벗겨진다.
8 이번엔 반대쪽 껍질은 자르지 말고 살만 자른다는 기분으로 가위질을 한다.
9 왼손으로 머리를 잡고 당기면 껍질만 머리에 붙어서 벗겨진다.
10 가위로 배의 지저분한 갈비뼈를 제거한다.
11 가위 끝으로 등뼈의 가장 단단한 부분을 도려낸다.
12 열기로 만든 뼈회 준비가 끝난 모습. 그대로 뼈째 어슷어슷 썰어서 담는다.

길쭉한 물고기 | 갈치

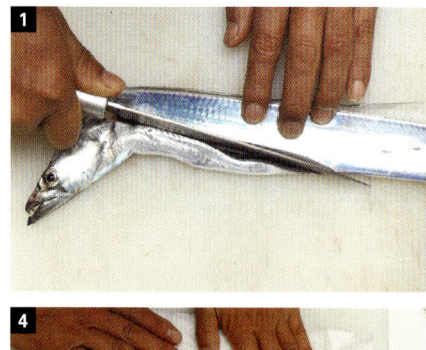

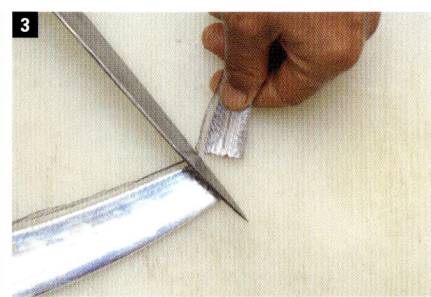
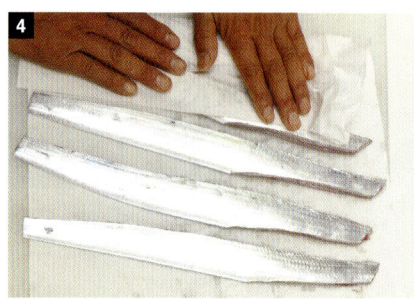
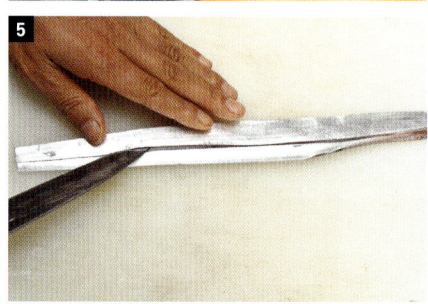
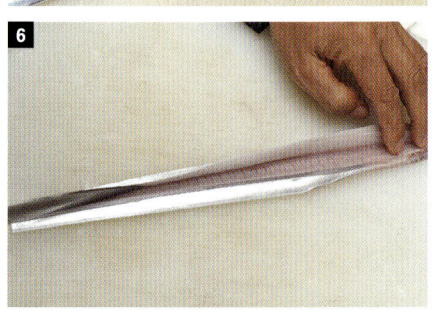
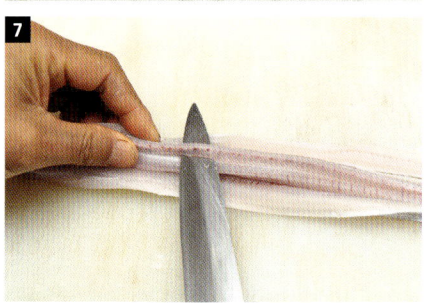

길쭉한 물고기
1. 갈치를 깨끗하게 씻은 뒤 등 쪽에서 내장 쪽으로 비스듬하게 자른다.
2. 내장에 있는 이물질을 제거하고 흐르는 물에 핏기를 깨끗하게 씻어낸다.
3. 꼬리를 자르고 등과 배에 있는 지느러미를 잘라낸다.
4. 키친타월로 갈치의 물기를 제거한다.
5. 갈치 중간에 세로로 칼날을 넣어
6. 비스듬하게 잘라내면 뼈와 살이 분리된다
7. 중간에 있는 뼈 아래에 칼을 넣어 도려낸다.
8. 살에 붙어 있는 하얀 힘줄을 제거한다.
9. 먹기 좋게 잘라내면 완성.
10. 경상도에서 갈치 회보다 더 인기 있는 갈치 뼈회.

납작한 물고기
1. 먼저 가자미 양쪽에 있는 지느러미를 잘라낸다.
2. 머리를 자르고 내장을 제거한다. 머리를 분리하면 내장이 자동으로 빠져 나온다.
3. 껍질을 쥘 수 있게 칼로 껍질을 조금 잘라낸다.
4. 펜치나 손으로 껍질을 잡고 벗겨낸다.
5. 몸통에 남은 내장과 피를 제거한다. 물에 씻어도 상관없다.
6. 몸통 안에 손가락을 넣어 손가락에 걸리는 가장 큰 뼈를 뽑아낸다.
7. 뼈째 썰 때는 고기의 등뼈를 기준으로 반드시 세로로 썰어야 한다. 그렇게 썰어야 갈비뼈가 자잘하게 썰려 먹을 때 뼈가 씹히지 않는다.
8. 세로로 썰면 가운데 척추만 남게 되고 척추의 살도 발라낸 다음 먹기 좋게 썬다.

오징어류
1. 오징어를 깨끗이 씻은 다음 배를 가른다.
2. 내장을 칼로 떼어낸 후 다리를 제거한다. 내장 뒤편에 있는 거무스름한 동전 크기의 내장이 먹물 주머니인데 제거하지 않으면 먹물이 터질 수 있다.
3. 배 속에 남아 있는 등뼈(투명한 연골)를 떼어낸 다음
4. 껍질을 벗긴다. 식초를 푼 물에 오징어를 잠깐 담그면 더 잘 벗겨진다. 껍질을 제거하지 않으면 질겨서 먹기 힘들다.
5 6 껍질을 벗긴 오징어 몸체 중간을 잘라낸 뒤 얇게 썬다. 반드시 세로 방향(오징어를 찢을 때 잘 찢어지는 가로 방향과 수직이 되는 방향)으로 썰어야 쫄깃쫄깃한 식감을 살릴 수 있다.

납작한 물고기 | 가자미류

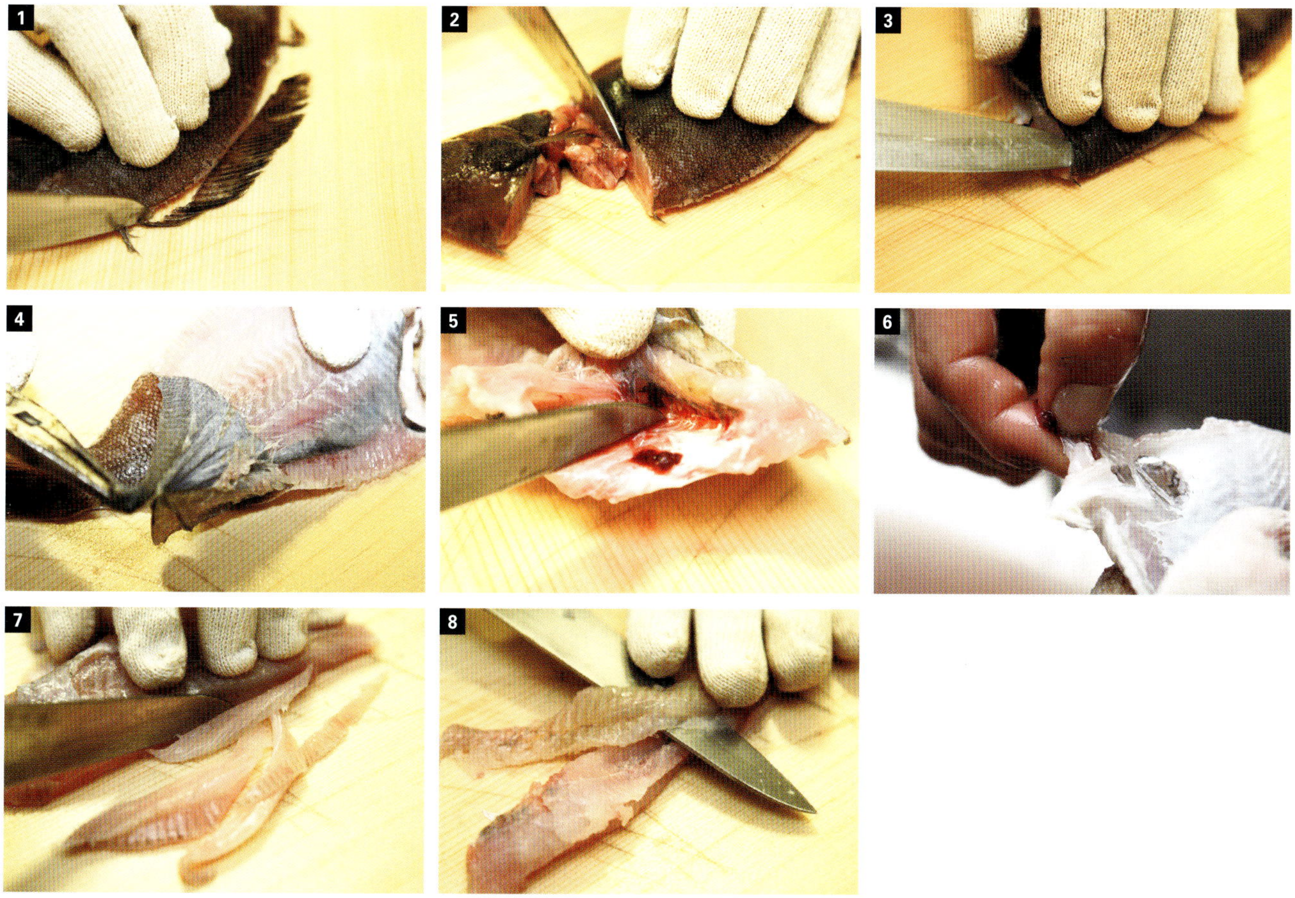

오징어류 | 무늬오징어, 갑오징어 등

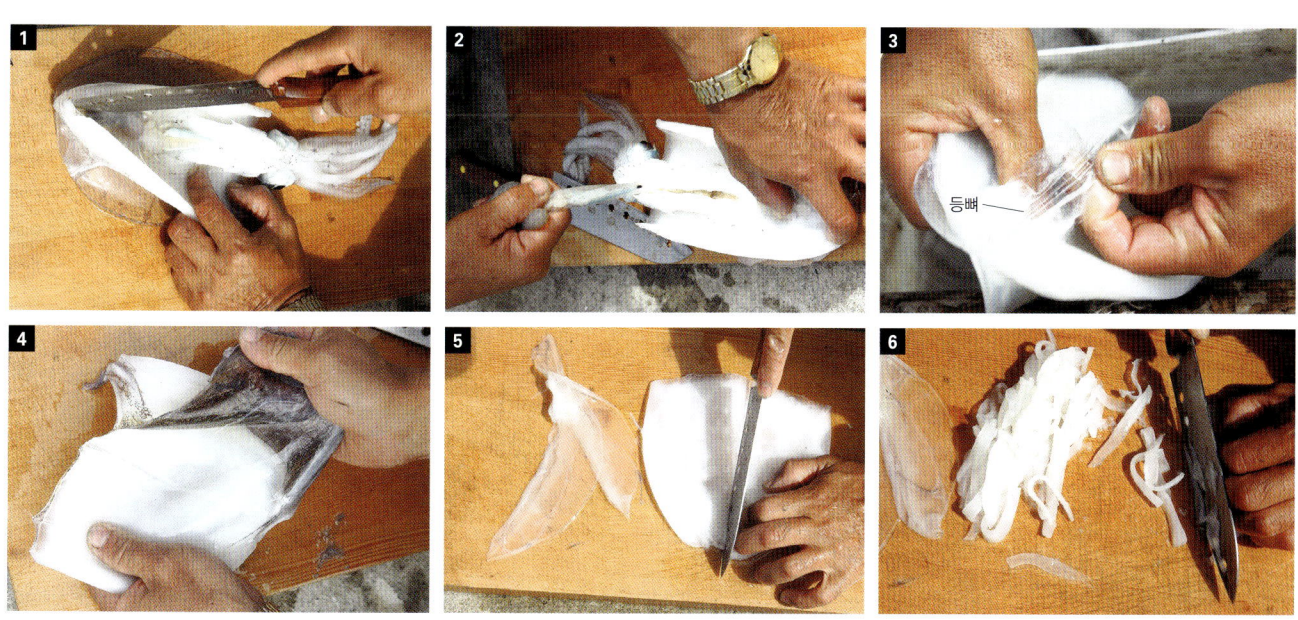

| PART 4 | 요리 3

풍미 넘치는
어종별 레시피 18

캠핑낚시의 매력은 낚은 물고기를 직접 요리해 먹을 수 있다는 것이다.
회 외에도 매운탕, 데침, 찜 등 다양한 레시피로 풍미를 즐겨보자.

가자미 조림

우리나라에서 잡히는 가자미는 종류가 많다. 동해에선 참가자미와 용가자미(어구가자미), 남해에선 문치가자미(도다리), 서해에선 돌가자미가 대표적이다. 가자미 조림은 어떤 가자미를 써도 맛이 좋은 요리방법이다. 양념과 부드러운 가자미 속살이 어울려 짭짤하면서 달콤한 맛이 입맛을 돋운나. 끓일 때 고기와 무에서 배어나온 국물이 약간 실쩍하게 고인 상태에서 조려야 제맛이 난다.

◐ 준비물
손질한 가자미, 무, 조림간장, 고춧가루, 다진 마늘, 청양고추

◐ 요리 과정
1 조림용 냄비에 무를 깐다. 조림 과정에서 무의 단맛이 나오고 가자미가 바닥에 눌러 붙는 것을 막아준다.
2 비늘을 깔끔히 벗겨내고 머리와 꼬리, 내장을 잘라낸 뒤 칼집을 낸다.
3 손질이 끝난 가자미를 냄비에 깐 뒤 살짝 데친다.
4 조림 간장을 골고루 뿌려준다.
5 고춧가루, 다진 마늘, 청양고추 등을 얹고, 센 불에 10분 정도 더 끓인다.

꺽지 회·매운탕·소금구이

꺽지 매운탕

꺽지는 담수어 중에서도 특히 맛있는 물고기로 꼽힌다. 회와 매운탕이 인기 있으며 소금구이가 별미로 꼽힌다.

꺽지는 살이 단단해서 한여름에도 쉽게 상하지 않고 기생충이 없기 때문에 회로 먹을 수 있으며 씹는 맛이 좋다. 꺽지를 회로 만들 때는 비늘과 내장을 제거한 후 뼈째 썰면 되고 큰 씨알은 포를 뜬다. 초고추장이나 고추냉이를 섞은 간장에 곁들여 먹으면 특유의 상큼한 향을 느낄 수 있다.

매운탕은 풋고추, 호박, 양파, 감자 등을 썰어 넣고 고추장을 풀어 물을 끓인 후 내장을 제거한 꺽지를 넣고 충분히 끓이면 매운탕이 완성된다. 취향에 따라 라면이나 국수를 넣어 걸쭉한 맛을 즐기기도 한다.

소금구이는 간단하게 꺽지 특유의 맛을 음미할 수 있는 요리다. 내장을 제거하고 칼집을 내어 소금을 뿌린 후 약한 불에 돌려가면서 굽는다. 하얀 살점은 담백한 맛이 난다.

누치 찜·구이·어죽

누치는 찜·구이·어죽 등으로 요리해 먹을 수 있다. 먼저 낚은 고기를 깨끗이 씻은 뒤 배를 갈라 내장과 비늘을 제거한다. 등에 칼집을 낸 다음 무와 시래기를 고기 밑에 깐 후 양념장을 고기 살에 잘 밸 수 있도록 골고루 뿌려준다. 양념장은 파, 마늘, 설탕, 간장, 고춧가루 등을 함께 섞어 입맛에 맞게 만든다. 센 불보다는 은근한 불로 오래 졸이면 찜이 완성된다.

구이는 깨끗이 손질한 고기에 칼집을 낸 다음 소금을 뿌리거나, 호일을 감은 채로 석쇠에 얹어 화로에 굽는다.

어죽은 누치와 함께 동자개·피라미·갈겨니·메기 등의 강고기를 함께 가마솥에 넣고 뼈가 삭아 내릴 만큼(약 4시간 이상) 푹 고아서 파, 마늘 등 양념을 넣어 먹는다.

누치 조림

대구 찜

대구는 명태와 함께 겨울철을 대표하는 한류성 생선이다. 회보다 익혀야 맛있는데 대구탕, 대구찜, 고니(수컷의 정소)를 넣고 끓인 맑은탕이 별미다. 겨울 대구는 기름이 차고 살이 쫀득하다. 모든 요리는 얼리지 않은 생대구로 해야 맛있다. 냉동하면 살이 스펀지처럼 퍼석해지기 때문이다. 대구를 장기 보관할 때는 냉동하는 것보다 말려서 보관하면 훨씬 맛있는 요리 재료가 된다.

대구를 집에서 말릴 때는, 대구의 머리를 잘라낸 뒤 등 쪽을 갈라 내장을 제거하고 베란다에서 겨울 햇볕에 말리는데, 이틀 정도 말리면 반건조 상태가 되고 열흘 이상 말리면 완전 건조된다. 반건조 대구는 찜을 해먹고 완전 건조된 대구는 구워 먹거나 찢어서 술안주로 삼으면 좋다. 반쯤 말린 반건조 대구로 만드는 찜은 누구나 좋아하는 밥반찬이다.

◉ 준비물
반건조 대구, 무 반쪽, 양파 1개, 양념장, 고추, 파 등

◉ 요리 과정
1 냉동실에서 꺼낸 반건조 대구를 토막 내서 접시에 담는다.
2 먼저 솥에 무를 썰어 넣은 다음
3 무 위에 토막 낸 대구와 썬 양파를 얹는다.
4 준비한 양념장을 골고루 부어준다. 양념장은 국그릇에 물을 반 정도 붓고 간장을 네 숟가락 넣은 뒤 다진 마늘과 썰어낸 파, 고춧가루를 두 숟가락 넣은 다음 소주(혹은 청주)를 두 숟가락 넣는다. 소금을 반 숟가락 넣은 뒤 저어주면 완성.
5 고추를 썰어서 넣는다.
6 20분간 센 불로 끓이면 완성.

도다리 쑥국

'봄 도다리, 가을 전어'란 말이 있듯 도다리는 봄이 제철이다. 정식 이름은 문치가자미이며 3월 하순부터 5월 중순까지 남해안의 진해, 남해도, 신도, 복포 앞바다에서 낚이 잡힌다. 산란 직후인 2~3월에는 맛이 없으며 4월은 되어야 살이 찌고 뼈가 말랑해져 제맛을 낸다.
도다리쑥국은 옅은 된장국에 쑥과 도다리를 넣고 끓인 국인데 원래 통영지방의 토속음식이었으나 지금은 경상남도 어디서나 즐겨먹는 계절 음식이 되었다. 도다리쑥국은 해독작용이 있고 춘곤증을 달래는 보양음식이다. 쑥 대신 미역을 넣어서 끓여도 맛있다.

◎ 준비물
손질한 도다리, 된장 한 큰술, 쑥, 황태로 끓여낸 육수, 마늘, 소금, 들깨가루, 빨간고추

◎ 요리 과정

1 등의 비늘을 제거한다. 도다리는 비늘이 아주 잘기 때문에 칼로 긁어서 깨끗이 제거해야 한다. 배부분도 마찬가지로 이물질을 없애준다.
2 내장을 제거한 후 지느러미를 잘라낸다. 지느러미는 제거하지 않아도 상관없지만, 먹을 때 씹히는 걸 싫어하면 제거하는 것이 좋다.
3 육수를 준비한다. 쌀을 씻은 물로 만들기도 한다. 솔로 살짝 씻은 황태 머리 또는 멸치를 팔팔 끓는 물에 넣고 3분 뒤에 꺼내면 된다.
4 끓는 육수에 도다리를 넣은 후 잘 으깬 된장을 한 큰술 넣는다.
5 5분 후 잘게 다진 마늘을 넣고 국간장이나 소금으로 간을 맞춘다. 10분 정도 충분히 끓인 후 들깨가루를 넣어주면 더 고소하다.
6 빨간 고추를 넣은 후 마지막에 쑥을 넉넉하게 담아서 살짝 끓인다. 쑥은 너무 익지 않게 한다. 쑥은 맨 마지막에 넣고 살짝 끓인다. 그래야 쑥향이 살아있다.

무지개송어 삼나무판구이

은은한 향의 삼나무판 위에서 약한 숯불로 송어 포를 익히는 요리다. 삼나무판을 쓰는 이유는 그 향이 배게 하기 위한 것도 있지만, 송어가 불에 직접 닿는 것을 막기 위한 목적도 있다. 송어는 냉수어종이어서 센 불에 조리하면 살이 허옇게 뜨고 맛이 떨어진다. 이 요리의 맛을 좌우하는 것은 불의 세기다. 시간이 허락하는 한 약한 불로 은근히 익힌다. 그렇게 익힌 송어는 허옇게 변색되지 않고 붉은 색을 그대로 띠게 된다.

⊙ 준비물
그릴, 숯, 삼나무판, 큰 송어 1마리, 호박, 버터, 소금, 후추, 크림소스(생크림, 레몬, 소금, 후추, 딜), 감자, 고구마

⊙ 요리 과정
1 숯불을 피워 그릴을 달구어 놓는다.
2 감자와 고구마를 호일에 싸서 그릴에 얹어 놓는다. 빨리 익지 않으므로 미리 올려두는 것이다.
3 송어를 두 장의 포로 뜬다. 이때 껍질은 벗기지 않는다. 송어 포 중간에는 가시가 줄지어 있는데 집게로 하나하나 뽑아낸다.
4 삼나무판에 애호박을 얇게 썰어 가지런히 깔아준다.
5 호박 위에 송어 포를 올리고 소금과 후추로 간한다.
6 감자나 고구마가 거의 다 익었을 때 간한 송어 포를 그릴에 넣고 버터를 잘게 잘라서 올려준다.
7 1시간 정도 익혔다가 꺼내면 버터가 녹아내린 채 분홍색 살이 그대로 살아 있다. 크림소스를 얹어서 먹기 좋게 잘라낸다.

문어숙회냉채

문어는 강원도와 경상도 어촌에서 잔칫상에 꼭 들어가는 필수 음식이다. 첫 맛은 담백하고 씹을수록 짭조름한 맛과 단맛이 난다. 문어는 날로 먹지 않고 삶아서 먹는데, 오래 삶으면 살이 질겨지고 특유의 향과 맛이 사라지므로 살짝 삶아야 한다. 문어숙회냉채는 쫄깃한 문어숙회와 신선한 야채의 아삭한 맛을 시원하게 즐길 수 있는 영양식이다.

● 준비물
문어, 굵은 소금, 오이, 피망, 당근, 새싹 순, 양파, 게맛살, 해파리 냉채 소스

● 요리 과정

1 산 문어에 굵은 소금을 적당히 뿌려 손으로 박박 문질러 표피의 진액을 뺀다.
2 냄비에 녹차 티백을 넣고 물을 팔팔 끓인다. 녹차 티백은 문어의 잡내를 없애고 먹음직스러운 빨간 색이 올라오게 한다. 이때 식초를 두 스푼 넣어주면 문어 살이 부드럽게 삶아진다.
3 문어를 삶을 때는 다리부터 조금씩 서서히 담가야 좋은 모양으로 삶을 수 있다.
4 큰 문어는 15분, 작은 문어는 10분 정도 삶는다.
5 다 삶은 문어는 몸통을 자르고 다리 수만큼 8등분해 자른다.
6 다리를 최대한 얇게 납작한 절편 형태로 썬다. 이때 표면이 울퉁불퉁하도록 칼질을 내면 씹히는 맛이 좋다.

보구치 회무침

'백조기'로 불리는 보구치는 살이 연해 구이나 찜, 매운탕으로 많이 요리한다. 회는 별 맛이 없지만 회무침을 해먹으면 달콤한 초장 맛을 더해 입에서 살살 녹는 맛을 느낄 수 있다. 보구치 배낚시를 가면 선장이 회무침을 즉석에서 만들어 내놓는데 그 맛이 좋아 집에서 회무침을 해먹는 낚시인도 많다.

◎ 준비물
손질한 보구치, 회무침용 장

◎ 요리과정
1 보구치의 비늘을 치고 머리와 내장을 제거한다.
2 포를 떠서 부드러운 살점만 쓰기도 하지만 뼈회를 써도 상관없다.
3 오이, 깻잎, 양배추를 썰어서 초고추장을 부어 회무침용 장을 만든다. 야채는 가능하면 가늘게 썰어야 회와 함께 씹기 좋다.
4 보구치 회 위에 회무침 장을 부어서 잘 섞는다.

붕장어 소금구이

'아나고'란 일본명으로 더 익숙한 붕장어는 새하얀 살에 듬뿍 담긴 지방질이 부드러운 감칠맛을 낸다. 회, 구이, 딩, 어떤 요리를 해도 맛있다. 붕장어가 여름철에 즐겨 먹는 스태미나 식품으로 알려져 있지만 사실 가장 맛있는 철은 겨울이다. 붕장어는 회 외에도 양념전골과 탕(추어탕처럼 뼈를 추려내고 끓이기도 하고 살코기 그대로 끓이기도 한다)도 있지만 가장 인기 있는 요리는 소금구이이다.

◎ 요리 과정

1 살아 있는 장어가 움직이지 못하도록 도마에 붕장어를 놓고 대가리를 못이나 송곳으로 찔러서 고정시킨 다음 등 쪽에 칼을 넣어 머리에서 꼬리 방향으로 가른다.
2 내장을 제거한 뒤
3 등뼈를 발라낸다.
4 물에 깨끗이 씻어 석쇠나 불판에 올린다. 통째로 굽거나 토막을 내서 굽기도 한다.
5 노릇노릇할 때까지 뒤집어가며 굽는다. 참숯에 구우면 맛이 좋다.
6 어느 정도 구워지면 일정한 크기로 먹기 좋게 잘라낸다.

빙어 튀김

빙어는 냉수성 어종이어서 여름과 가을엔 깊은 수심에 있다가 수온이 내려가는 겨울에 얕은 연안으로 이동한다. 떼를 지어 이동하는 특성상 마릿수를 올리는 것이 어렵지 않다. 빙어를 손쉽게 먹는 방법은 튀김가루 반죽에 입혀 기름에 튀기는 것이다. 따로 손질할 필요가 없으며 다 튀겨진 빙어는 가시가 모두 익으므로 그대로 먹으면 된다. 빙어튀김은 고소하면서도 부드럽고 입에서 살살 녹아 가족 모두가 좋아한다.

❂ 준비물
빙어, 물, 비닐봉지, 튀김가루, 식용유

❂ 요리 과정
1 용기에 튀김가루를 적당량 쏟는다. 더 바삭한 느낌을 주고 싶다면 부침가루를 섞어도 좋다.
2 물을 일정량 부어서 섞어준다. 반죽 정도는 취향에 따라 다를 수 있지만 빙어의 살맛을 더 느끼고 싶다면 묽게 해주는 게 좋다.
3 빙어를 흐르는 물에 씻어 소쿠리 등에 담는다.
4 봉지에 튀김가루를 넣고 빙어를 넣은 다음 흔들어준다. 이렇게 하면 빙어 몸체에 튀김가루가 얇게 입히게 된다.
5 튀김가루를 입힌 빙어를 미리 만들어 놓은 튀김가루 반죽에 넣는다.
6 냄비에 식용유를 붓고 불을 가열한다. 식용유의 양은 많을 필요는 없다. 용기의 1/3 정도면 적당하다.
7 식용유가 끓으면 튀김반죽을 입힌 빙어를 넣는다.
8 한꺼번에 너무 많이 넣지 않는다. 용기의 크기에 따라 다르겠지만 5~10마리씩 튀겨서 꺼내놓는다.
9 좀 더 바삭한 식감을 느끼고 싶다면 한 번 튀긴 빙어를 약한 불로 가열한 식용유에 다시 넣어 한 번 더 튀겨준다.

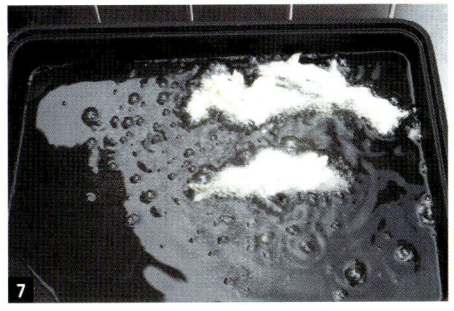

우럭 매운탕

우럭은 서해바다를 대표하는 물고기다. 서해에서 가장 맛있는 물고기 중 하나다. 우럭은 흰살생선으로 역시 회가 으뜸이며 매운탕 맛도 타의 추종을 불허한다. 우럭은 탕, 구이, 찜, 조림 등 어떤 요리를 해놓아도 맛있다. 회는 양식산과 자연산의 큰 차이가 없으나 탕은 자연산이 월등하다. 양식 우럭은 기름이 너무 많아 국물이 느끼한 편이다.

매운탕을 끓일 때는 물 대신 가다랑어포(가스오부시) 국물을 사용하면 시원한 맛을 낼 수 있고 따로 소금을 넣지 않아도 간이 맞다. 가다랑어포나 '가스오 원액'은 백화점이나 마트에서 판매하고 있다.

◯ 준비물

회를 뜨고 남은 우럭, 가스오 원액, 무, 양파 큰 것(2/3), 청양고추(3~4개), 대파(한 뿌리), 쑥갓(5쪽), 깻잎(5장), 미나리(5쪽), 매운 고춧가루(3큰술), 다진 마늘(반 큰술), 쇠미역(곰피) 100~200g, 후추(티스푼 약간)

◯ 요리 과정

1 가스불을 붙인 뒤 손질한 우럭을 먼저 전골냄비에 넣고
2 가스오 원액을 적당량 붓는다.
3 무를 먼저 넣고 끓인다.
4 물이 끓기 시작하면 쇠미역과 다진 마늘과 미리 썰어놓은 양파와 청양고추, 대파 등을 차례로 넣고 센 불에 2~3분 더 끓인다.
5 팔팔 끓으면 비린내 제거를 위해 쑥갓과 깻잎, 미나리 등을 차례로 넣고, 다시 약한 불에 끓이다 고춧가루를 넣은 다음
6 적당량의 후춧가루로 마무리하면 칼칼한 우럭 매운탕 완성.

주꾸미 데침

주꾸미는 팔완목(目) 문어과(科)의 두족류로서 문어류 중 가장 작은 종이다. 낙지와 비슷하게 생겼지만 몸체가 뭉툭하니 작다. 주꾸미는 알을 밴 봄철에는 소라통발로 잡고 가을에는 낚시로 잡는데, 회로 먹기엔 가을철의 작은 주꾸미가 좋고, 익혀서 먹기엔 봄철의 큰 주꾸미가 맛있다.
주꾸미를 데칠 때는 물을 팔팔 끓인 후에 넣어야 잡냄새가 나지 않고 살이 더 쫄깃하다. 오래 삶으면 오히려 질겨지므로 20~30초 뒤에 건져낸다.

◉ 요리 과정

1 캠핑사이트나 집으로 가져온 주꾸미는 손질을 한다. 1차로 물로 깨끗이 씻은 뒤 내장과 먹물, 눈, 입을 제거한다. 낙하산 모양의 주꾸미 머리는 안쪽으로 손가락을 집어넣어 긁어내면 내장이 딸려 나온다. 눈은 아이들이 싫어하는 부위다. 가위로 잘라낸다. 주둥이의 입 역시 꺼끌한 식감을 주므로 이것도 잘라낸다. 8개의 다리 가운데에 까만색의 입이 보이는데 역시 가위로 잘라내면 된다.
2 팔팔 끓는 물에 손질한 주꾸미를 집어넣고 20~30초가량 데친다.
3 데친 주꾸미는 건져 올려 가위로 먹기 좋게 자른다.
4 주꾸미 데침은 보통 그냥 먹지만 초고추장에도 어울린다. 라면스프를 넣고 끓인 물에 데쳐도 짭조름하여 맛있다.

참돔 양념장구이

붉은 체색이 아름다운 참돔은 예로부터 귀한 생선으로 대접받고 있다. '도미' 하면 곧 참돔을 뜻할 만큼 돔류의 대표 어종이다. 참돔은 여름과 초가을에 잘 낚이지만 맛은 늦가을부터 봄까지 좋다. 특징은 60cm까지가 맛있고 더 이상 크면 맛이 떨어진다는 것이다. 그래서 위판가격도 70cm를 넘어서면 오히려 떨어진다.

회 외에 참돔을 맛있게 먹는 방법으로 양념간장에 재워서 구운 양념장구이를 추천한다. 큰 참돔은 회를 떠내고 남은 머리와 뼈로 만들고, 작은 생선은 통째로 굽는다.

◆ 준비물

간장 3큰술, 식초 2큰술, 고춧가루 2큰술, 설탕 1큰술, 물엿 1큰술, 참기름 약간

◆ 요리 과정

1 양념장을 만든다. 먼저 작은 종지에 간장을 붓고 식초, 물엿, 고춧가루와 설탕을 넣고 참기름을 약간 섞는다. 다진 마늘, 후춧가루, 양파, 빨간 고추와 풋고추, 쪽파 등을 적당한 크기로 썰어 넣으면 완성.
2 깨끗이 손질한 참돔에 세로로 3번 정도 칼집을 낸다. 칼집을 내야 양념장이 골고루 배고 속까지 고루 익는다.
3 팬에 식용유를 적당량 넣고 강한 불에서 1분 정도 생선을 익힌 다음 중간불로 낮춰 노릇노릇하게 앞뒤로 잘 익힌다(3~5분 정도).
4 잘 익은 참돔을 접시에 얹고 그 위에 양념장을 얹으면 완성.

피라미 도리뱅뱅이

손질도 쉽고 맛도 좋은 피라미는 조림이나 튀김, 매운탕, 어죽 등 다양한 요리로 즐길 수 있다. 도리뱅뱅이는 프라이팬에 손질한 고기를 동그랗게 둘러놓는다는 의미의 '도리'와 익은 고기를 떼어낼 때 엉겨 붙은 피라미들이 통째로 '뱅뱅' 도는 모습을 보고 붙인 독특한 이름이다. 뜨거운 기름으로 튀겨서 뼈까지 바삭해진 다음에 양념장으로 바짝 졸이며 익히기 때문에 튀김과 조림의 맛을 동시에 맛볼 수 있다.

◎ 요리 과정

1 비늘과 내장을 제거한다.
2 대 사이즈의 프라이팬이라면 20마리 정도가 적당하다.
3 고기들이 서로 겹치지 않도록 프라이팬에 동그랗게 둘러놓고 식용유를 붓는다.
4 5분 정도 튀겨 노릇노릇해지면 식용유를 덜어낸다.
5 고추장 한 수저, 설탕 반 수저, 고춧가루 한 수저, 참기름 한 수저를 넣어 양념장을 만든다.
6 고루 저어 만든 양념장을 고기 위에 적당히 바른다.
7 다시 식용유를 적당히 부은 뒤
8 양념장이 고기 살에 잘 배어들도록 3분 정도 센 불로 다시 한 번 튀긴다.
9 고명으로 쓸 양파, 고추, 파는 가급적 잘게 써는 게 좋다.
10 고명을 올려 보기 좋게 장식하면 피라미 도리뱅뱅이 완성.

PART 5
캠핑&피싱 매듭법

캠핑 소품 활용 · 매듭법 5

캠핑하는 데 있어 알고 있어야 할 매듭법 5가지를 배워보자.
이 중 나무에 로프 묶기와 빨랫줄 치기는 낚시를 비롯해 등산,
요팅 등 다른 레저 분야에서도 활용할 수 있 매듭법이므로 이 기회에 익혀두도록 하자.

로프로 고리만들기

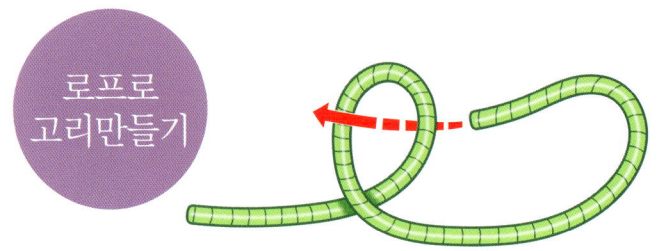

① 동그랗게 고리를 지은 다음 그 사이에 줄 끝을 집어 넣는다.

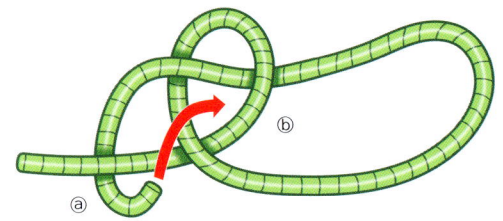

② 고리 속으로 빼낸 줄을 ⓐ 아래로 집어뺀 후 ⓑ 방향으로 빼낸다.

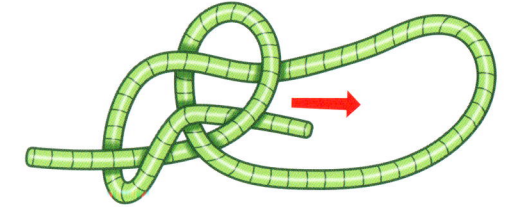

③ 줄 끝을 잡아당긴다.

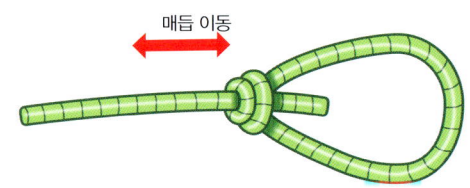

④ 완성된 모습. 매듭을 올리고 내리면서 고리의 크기를 조절할 수 있어 팩이나 돌 등에 걸 때 편리하다.

팩 박기

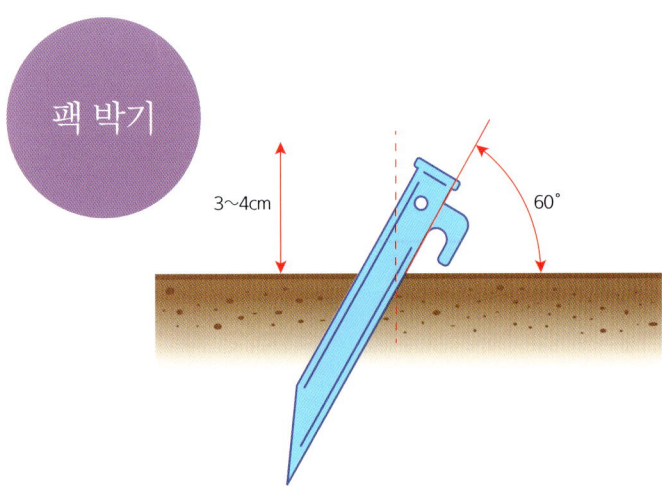

① 팩을 박을 때는 지면으로부터 60° 각도로 팩의 3~4cm 정도만 남게 박는다.

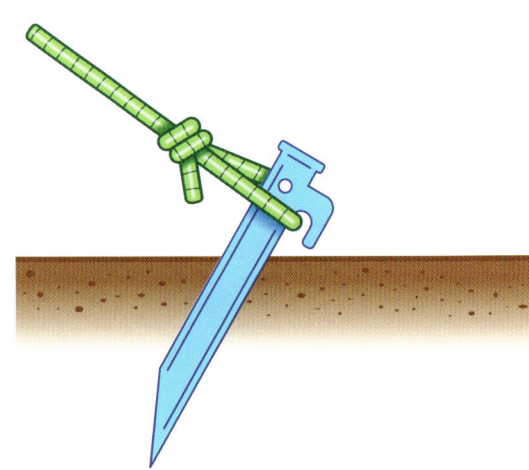

② 팩에 로프를 건 모습

스토퍼의 활용

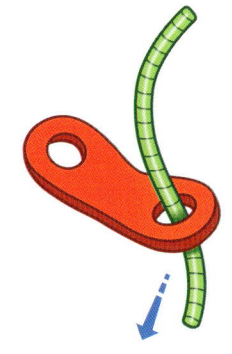

① 스토퍼를 한 쪽 구멍에 끼운다.

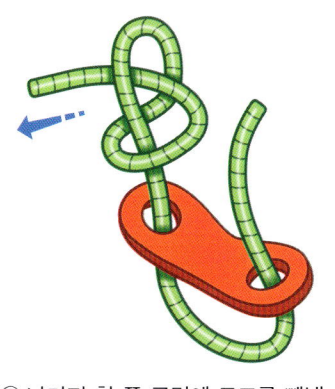

② 나머지 한 쪽 구멍에 로프를 빼낸 후 묶는다.

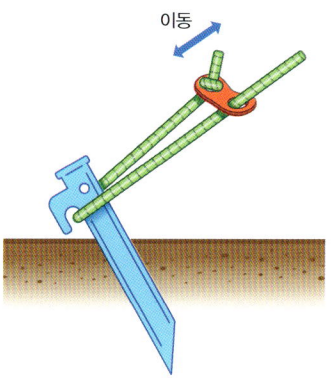

③ 스토퍼를 이동시키면 간단히 로프의 길이를 조절할 수 있다.

나무에 로프 묶기

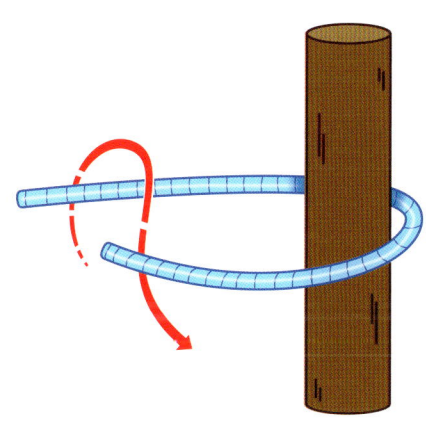

① 로프를 나무에 한 바퀴 돌린 뒤 로프 끝을 그림과 같이 돌려서 넣는다.

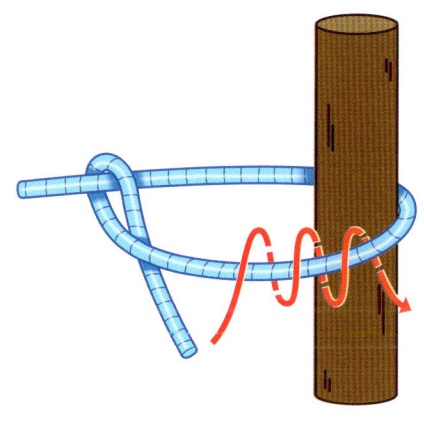

② 로프 끝을 그림과 같이 3~4회 돌려서 감는다.

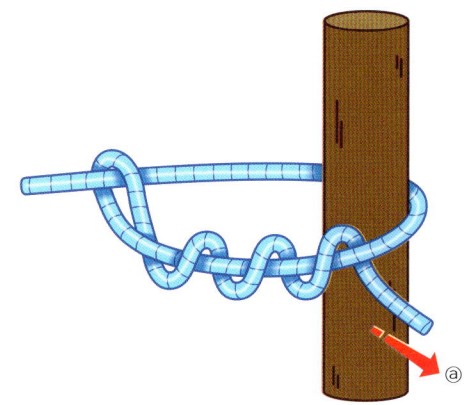

③ ⓐ를 먼저 당긴다.

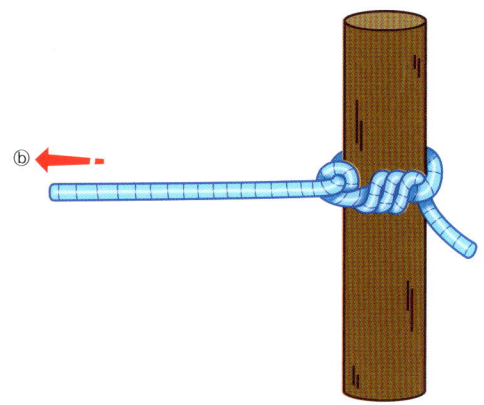

④ ⓑ를 당기면 단단히 조여진다.

캠핑낚시 | **163**

나무나 기둥에 빨랫줄 묶기

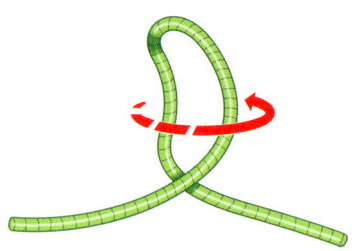

① 로프 중간에 그림과 같이 고리를 만들고 오른쪽으로 비튼다

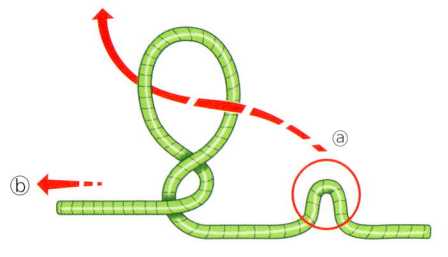

② 비틀어 생긴 고리에 그림의 ⓐ 부분을 통과시키킨 뒤 ⓑ를 당겨서 조인다

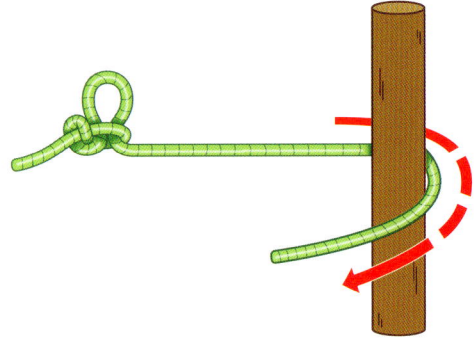

③ 로프 끝을 기둥이나 나무에 한 바퀴 감는다.

④ 로프 끝을 미리 만들어 놓은 매듭 고리에 집어 넣는다.

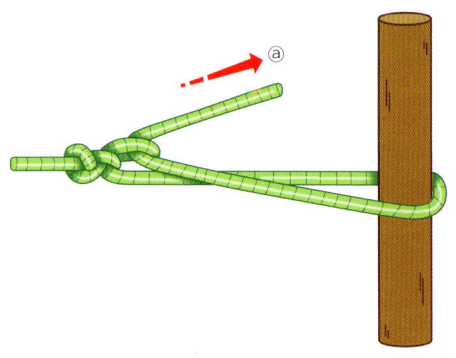

⑤ ⓐ를 잡아 당겨 팽팽한 상태로 만든 뒤

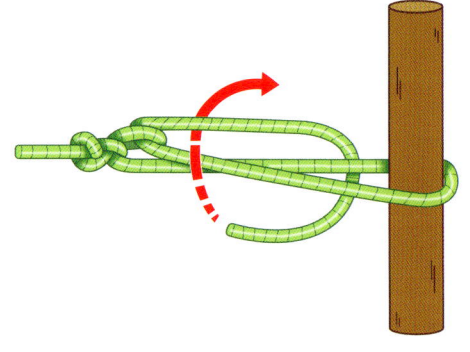

⑥ 팽팽한 정도를 유지한 상태에서 로프 끝을 그림과 같이 고리에 넣어 한 바퀴 돌린다.

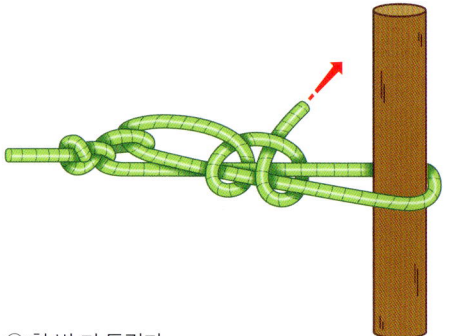

⑦ 한 번 더 돌린다.

⑧ 로프 끝을 당기면 매듭 완성.

낚시 기본 매듭법 11

낚시하는 데 있어 알고 있어야 할 매듭법 11가지를 배워보자.
이 중 낚싯줄과 낚싯줄을 잇는 피셔맨즈노트는 익숙해지는 데 시간이 필요하다.
사진으로 찍어 필요할 때 열어보면 도움이 될 것이다.

낚싯바늘 묶음법 **안돌리기**

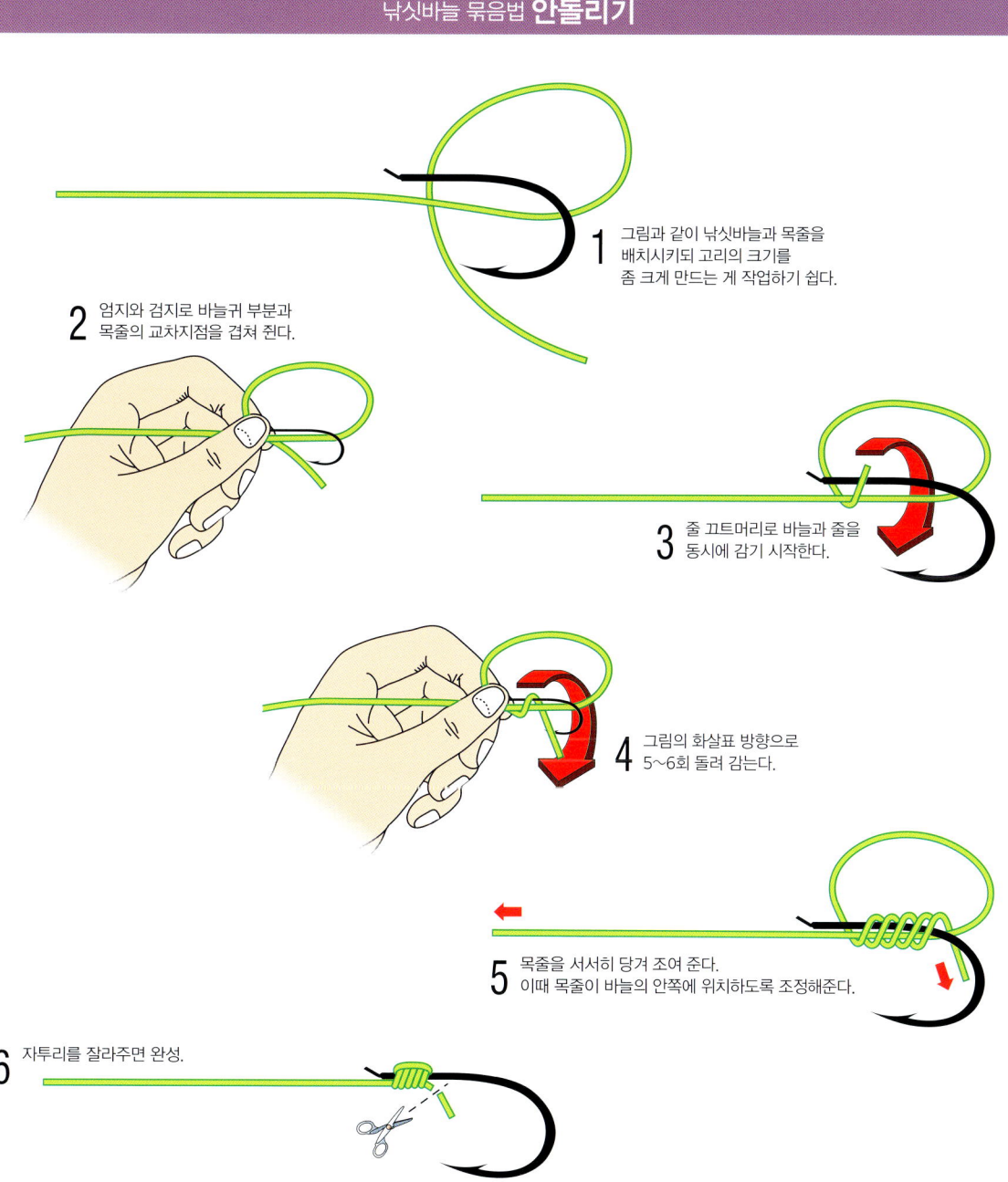

1 그림과 같이 낚싯바늘과 목줄을 배치시키되 고리의 크기를 좀 크게 만드는 게 작업하기 쉽다.

2 엄지와 검지로 바늘귀 부분과 목줄의 교차지점을 겹쳐 쥔다.

3 줄 끄트머리로 바늘과 줄을 동시에 감기 시작한다.

4 그림의 화살표 방향으로 5~6회 돌려 감는다.

5 목줄을 서서히 당겨 조여 준다. 이때 목줄이 바늘의 안쪽에 위치하도록 조정해준다.

6 자투리를 잘라주면 완성.

바늘묶음법 팔로마노트

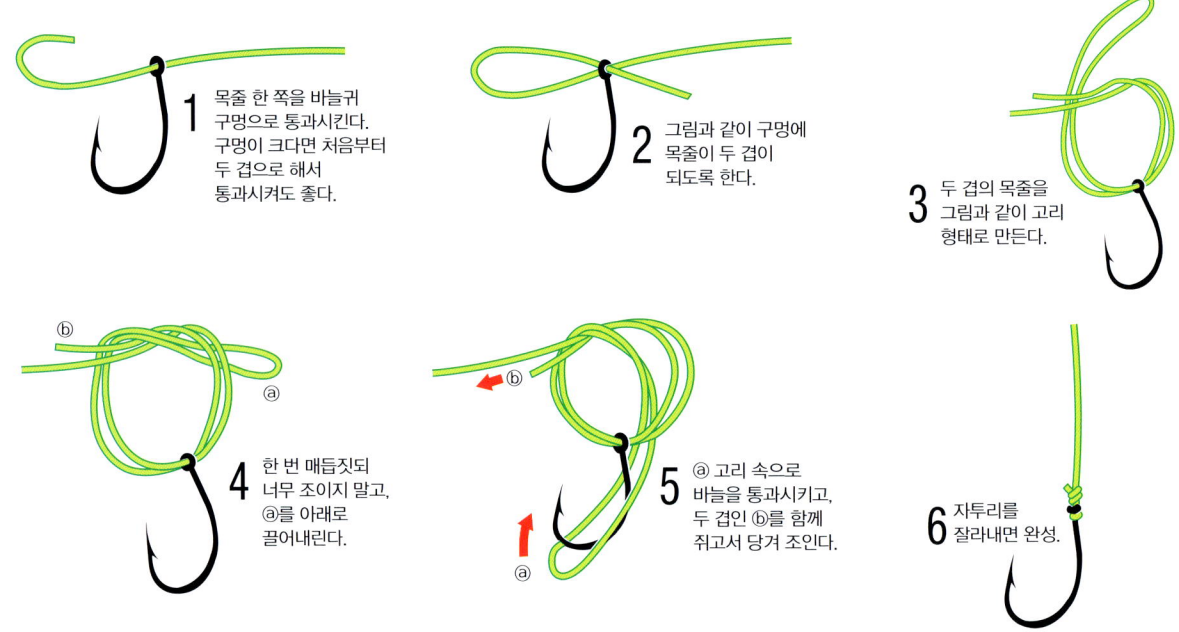

바늘묶음법 다운샷리그

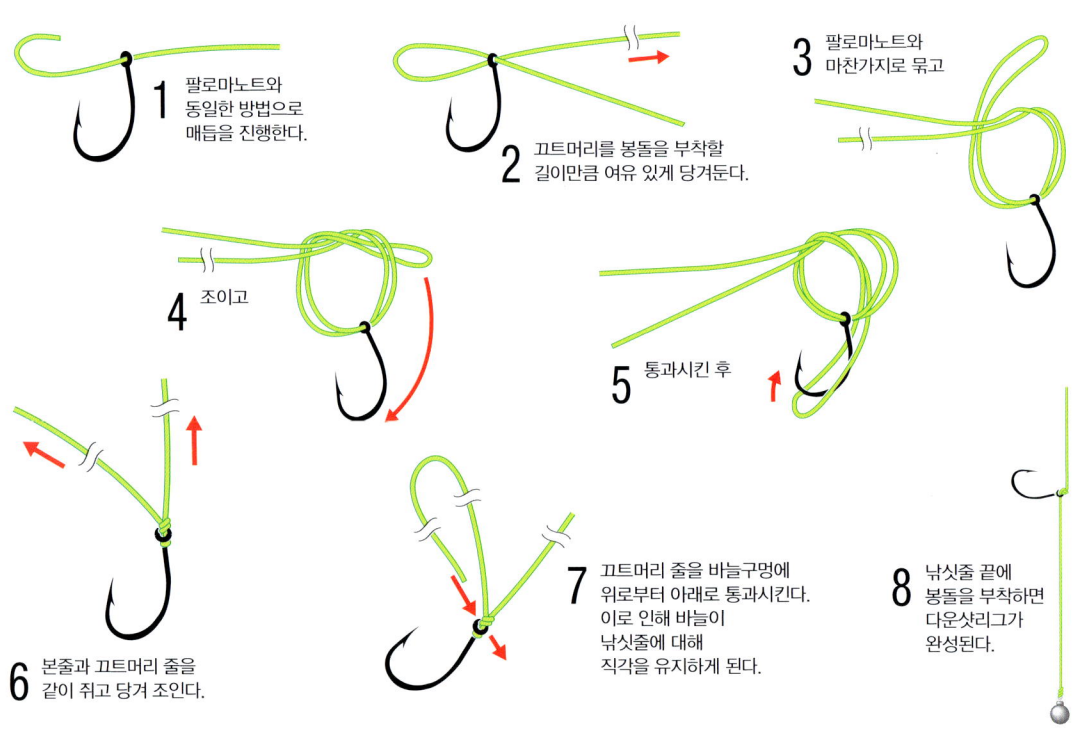

바늘묶음법 **가지바늘**

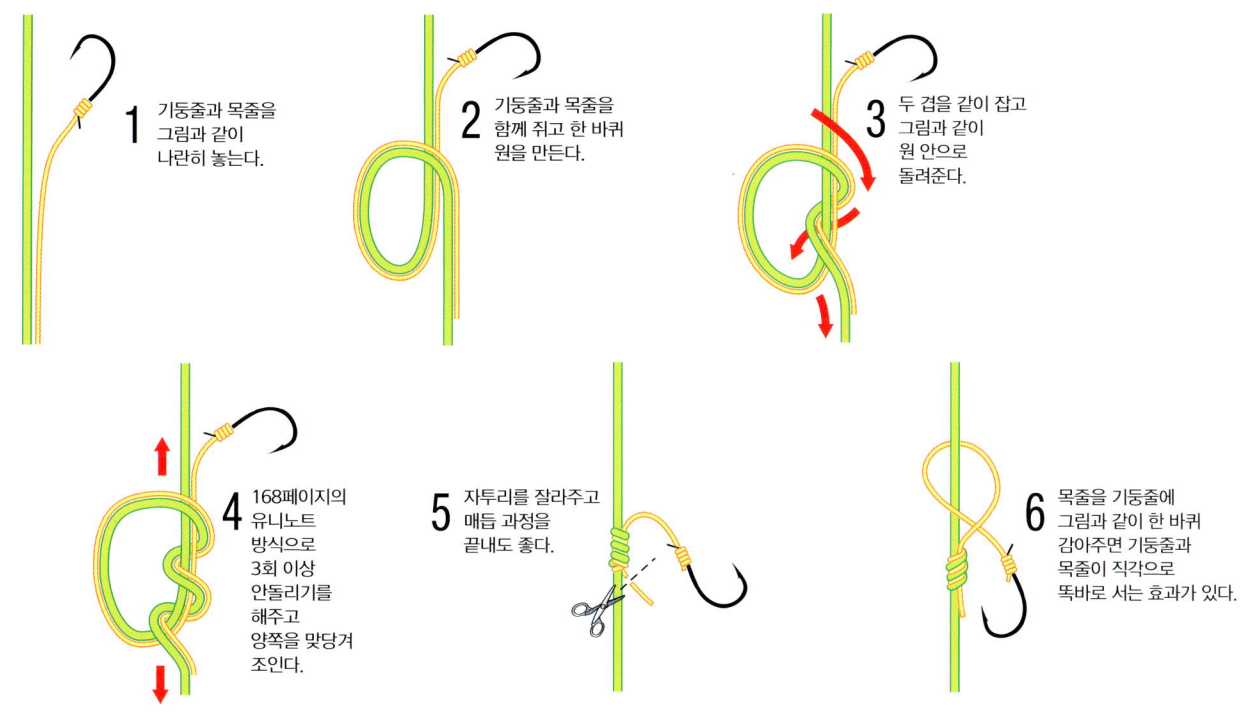

도래·루어 연결법 **클린치노트**

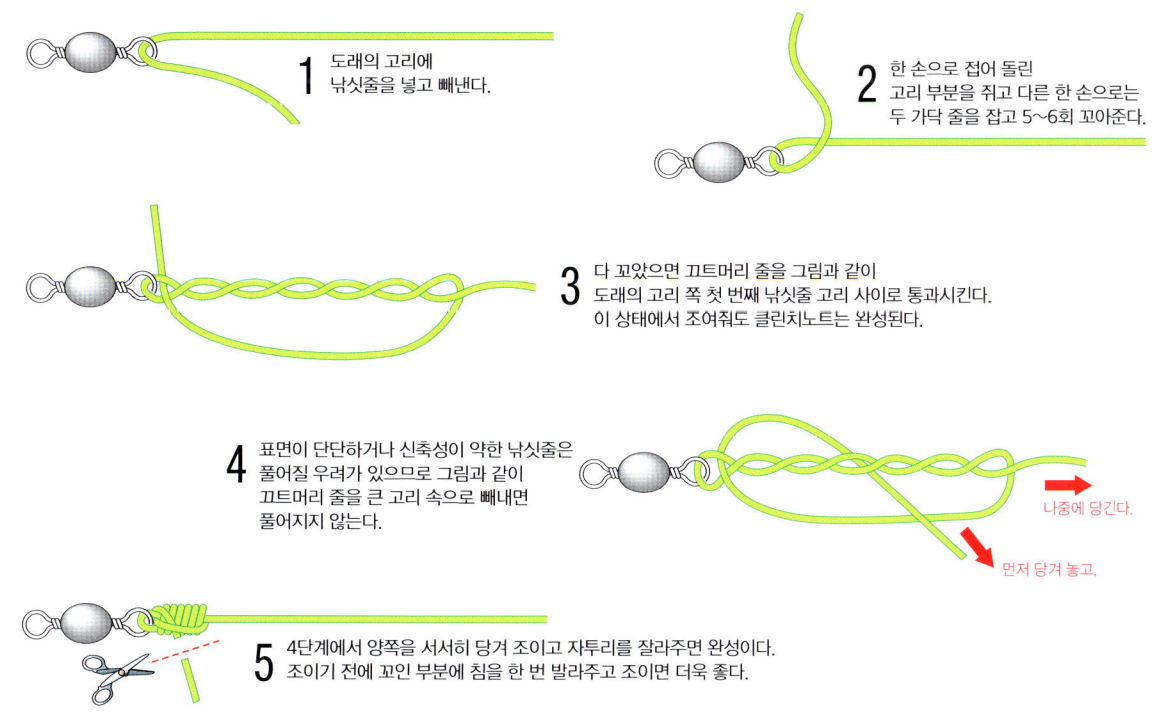

도래·루어 연결법 **유니노트**

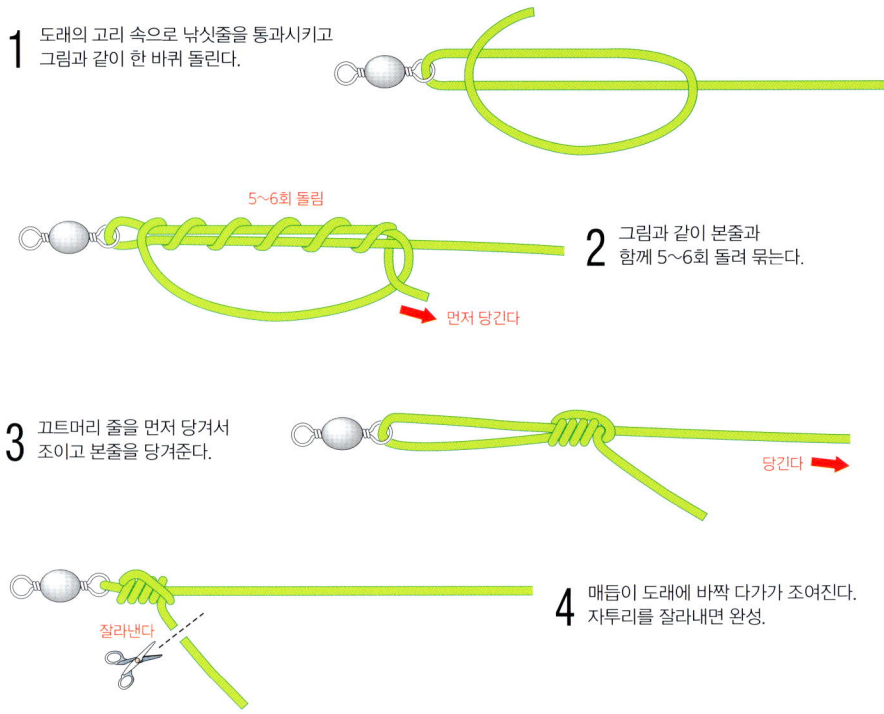

낚싯줄 연결법 **피셔맨즈노트**

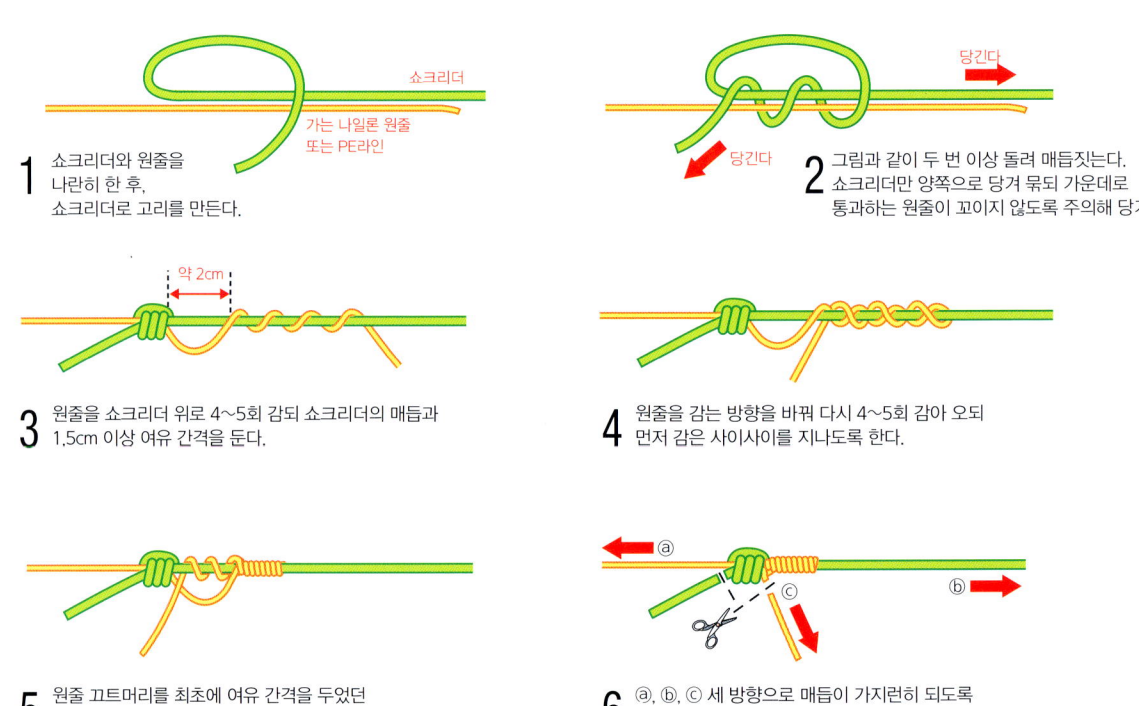

낚시도구 연결법 **릴 스풀 묶음법**

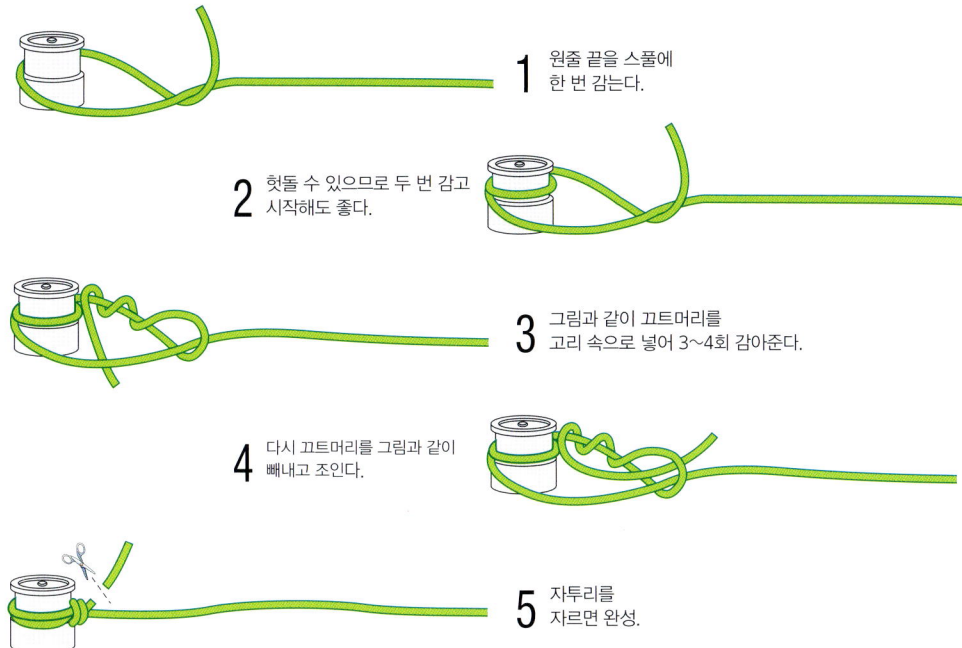

1 원줄 끝을 스풀에 한 번 감는다.

2 헛돌 수 있으므로 두 번 감고 시작해도 좋다.

3 그림과 같이 끄트머리를 고리 속으로 넣어 3~4회 감아준다.

4 다시 끄트머리를 그림과 같이 빼내고 조인다.

5 자투리를 자르면 완성.

낚시도구 연결법 **초릿줄 묶음·연결법**

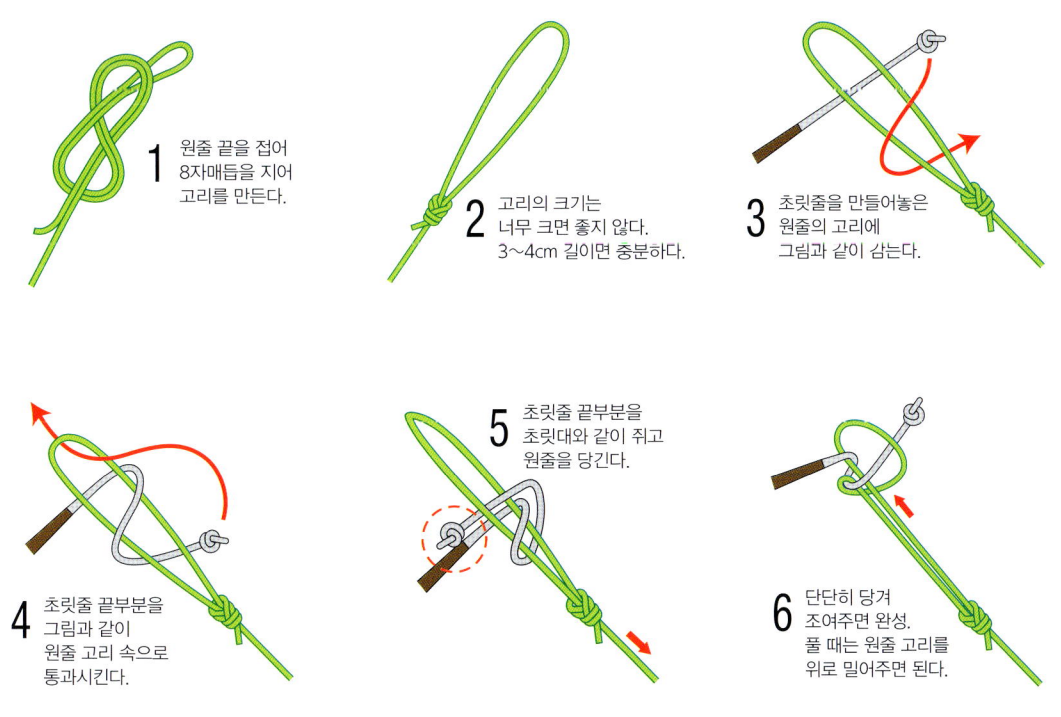

1 원줄 끝을 접어 8자매듭을 지어 고리를 만든다.

2 고리의 크기는 너무 크면 좋지 않다. 3~4cm 길이면 충분하다.

3 초릿줄을 만들어놓은 원줄의 고리에 그림과 같이 삽는다.

4 초릿줄 끝부분을 그림과 같이 원줄 고리 속으로 통과시킨다.

5 초릿줄 끝부분을 초릿대와 같이 쥐고 원줄을 당긴다.

6 단단히 당겨 조여주면 완성. 풀 때는 원줄 고리를 위로 밀어주면 된다.

기타 묶음법 **찌멈춤 매듭**

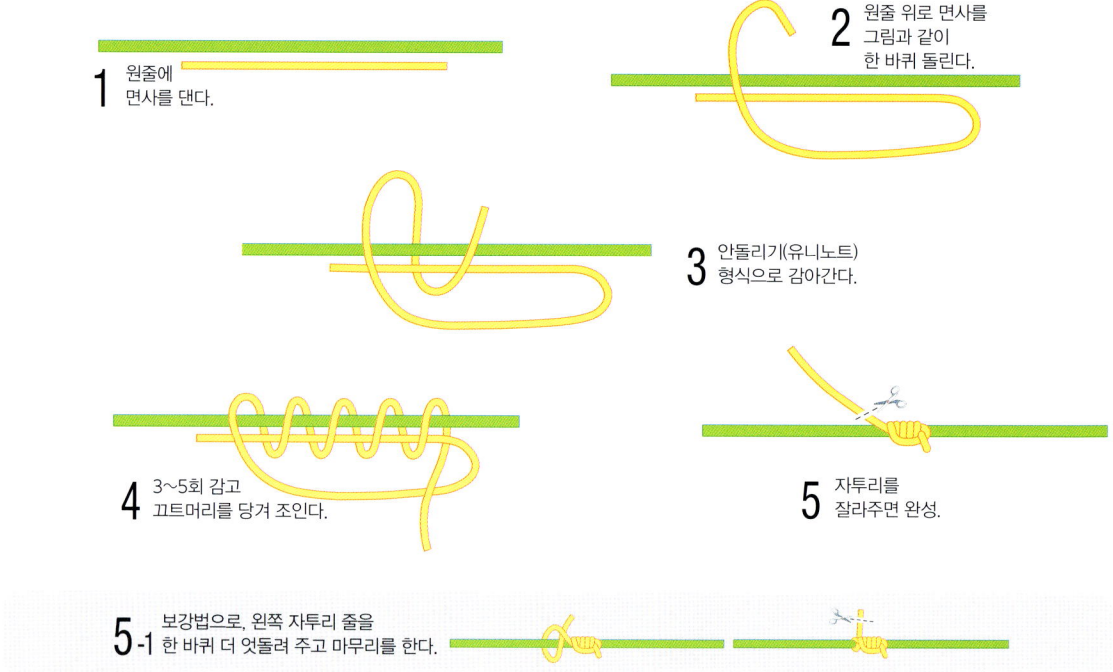

1 원줄에 면사를 댄다.

2 원줄 위로 면사를 그림과 같이 한 바퀴 돌린다.

3 안돌리기(유니노트) 형식으로 감아간다.

4 3~5회 감고 끄트머리를 당겨 조인다.

5 자투리를 잘라주면 완성.

5-1 보강법으로, 왼쪽 자투리 줄을 한 바퀴 더 엇돌려 주고 마무리를 한다.

낚시춘추 무크지 ❽
캠핑낚시

지은이 서성모
펴낸이 정규도
펴낸곳 황금시간

초판 1쇄 인쇄 2021년 8월 11일
초판 2쇄 발행 2022년 12월 28일

편집 이영규 김진현
디자인 정현석 이승현

공급처 (주)다락원 (02)736-2031

주소 경기도 파주시 문발로 211
전화 (02)736-2031(대)
팩스 (031)8035-6907
출판등록 제406-2007-00002호

Copyright ⓒ 2021, 황금시간

저자 및 출판사의 허락 없이 이 책의 일부 또는 전부를
무단 복제·전재·발췌할 수 없습니다.
잘못된 책은 바꿔드립니다.

값 13,000원
ISBN 979-11-91602-11-1 13690

http://www.fishingseasons.co.kr
다락원 홈페이지를 통해 인터넷 주문을 하시면 자세한 정보
와 함께 다양한 혜택을 받으실 수 있습니다.